JN027316

基礎社会学講義

社会学的分析の基本枠組

Fundamental framework of sociological analysis

小林 久高 〔著〕

学 文 社

まえがき

　大学に入ってはじめて社会学なるものに出会った。それから 10 年間の学生生活のあとに教員になってもう 30 年以上になる。社会学とは 40 年以上の付き合いである。その間，いくつかの大学で社会学を教えてきた。非常勤の授業を含めるとこれまで何人の学生に社会学の話をしてきたのかわからないほどになった。

　この長年の授業を筆者はすべて板書をもとに行ってきた。資料の配布もほぼなかったといっていい。紙のメモを 1 枚だけもって授業に出かけ，話し，板書し，質問して議論し授業を進めてきたのだ。授業の細かいノートなどは作っていなかったので，ちゃんとしたノートは筆者よりも授業に出た学生がもっていた。そしてそんなノートは大学前の業者に時に売り渡され，授業を休みがちだった学生を助けることになっていた。

　しかし時代は変わってきたようである。同僚の多くはパワーポイントなるものを利用して授業をしているみたいだ。資料を大量に配っている同僚もいる。しかし，そんなものを作る気分にはなれず，このままのスタイルで大学の教員を終えるものとばかり思っていた。

　そんな中で 2020 年からの新型コロナウィルスの蔓延だ。感染を防ぐためにインターネットでリモート授業を行うことになった。そこでいよいよ講義の資料を作らなければならなくなった。時間はあまりないけれど，作るなら作るでしっかりしたものを作らないと気持ちが悪い。それで，学生がじっくり読むと理解できる資料を作ろうと考えた。簡単なノートにはせず，書籍のようなものにしてしまおうと考えたのである。このようにして作成された講義資料「基礎社会学講義」は 2020 年からのリモート授業で使われた。

　2023 年の春，この資料を目にされた山本努先生から，公刊してはどうか，というお話をいただいた。多くの著者がさまざまな分野について紹介するよう

な社会学の入門書は多いが，それらの基礎にある理論について，統一的視点から解説するような図書は少ない。そう考えられてのことである。筆者もそうかもしれないと思い，紹介していただいた学文社に出版をお願いすることにした。こうして講義資料「基礎社会学講義」は今回の図書『基礎社会学講義——社会学的分析の基本枠組』に生まれ変わった。

　この講義の特徴について少し説明しておこう。この講義では3つのことを重視している。第1は，受講者自身の身近な経験と関連させて社会学の内容を説明しようとしたことである。かつて日本の東北大学にもいた哲学者のカール・レーヴィットは日本の哲学について「2階には西洋の古典哲学から現代哲学まで山のような本があり，1階には日本の日常生活があるが，1階と2階をつなぐ梯子がない」と語ったことがある。そんなことに陥らないように，身近な経験と社会学の知見や理論の関係がわかるように講義するというのが第1の特徴である。

　第2の特徴は，社会学の基本的な枠組をこの講義で提出するということである。身近な話題を重視して講義すると，常識的な世間話になってしまうかもしれない。それを防ぐためには，社会学の諸理論との関係についても同時に語る必要がある。しかし，そうすると多様な理論と多様な現象という説明になってしまいがちになり，結局，社会学的な考えの統一的な側面が伝えられなくなる。そこで，講義では「行為論的社会学」の枠組を提示し，その枠組のもとで議論することを心掛けた。

　第3の特徴は講義でもっとも重視したことだ。それは一言でいうと「社会というものは一筋縄では解けない代物だ」ということを受講者に理解してもらうということである。「一筋縄では解けない」というのは「絶対に解けない」ということを意味するわけではなく「簡単には解けない」し「解けたと軽々しく判断するのは危険だ」ということを意味する。人の意識は合理的なものとは限らない。人がある目的に向けて行動した結果，考えていなかったとんでもない結果が生じるかもしれない。人がよかれと思って行動しても，集団状況におい

ては最悪の結果が生まれかねない。そういったことを講義では重点的に議論しようと思うのである。

　講義は個人の意識から出発し，個人の行動，集団での行動の議論に進む。それらすべての中で，この一筋縄では解決できない事態が解説されることになる。

　各章にはその章の議論の「キーワード」が示されている。最初にざっと眺め，章を読み終わったらこの「キーワード」をもう一度見なおしてほしい。ここにある用語や人名や書名について自分で解説できるようになっていれば，読者はその章は理解したということになる。インターネットなどでキーワードについて調べるとさらに理解は深くなるのでお勧めする。

　より深く学ぼうとする読者のために「文献案内」も示しておいた。そこに示されているのは，身近で読みやすい文献と古典的文献だ。章末には「練習問題」も置いておいた。これはその章で得た知識をもとに，さまざまな現象を社会学的に深く考えてもらうためのものだ。自ら考え，また友人と話し合い，理解を深めてほしい。

　最初に述べたような理由から，本書は講義形式で記述されている。読者には講義を受講しているつもりで本書を読んでほしい。書籍化にともない「マルクスと資本主義」の節を加えるとともにデュルケムに関わる議論を少し補強した。

2023 年 9 月吉日

小 林 久 高

目　　次

科学と社会学 1：批判的精神

①

今回はこれからの講義の導入として，「批判的精神」というものについて話したいと思う。批判的精神はすべての学問にとって重要な精神だ。それが何を意味しており，なぜ重要であるのかを述べたい。今回の講義のキーワードは以下の通りだ。

◇ 用　　語 ◇

批判的精神，大陸合理論，イギリス経験論，帰納法，演繹法，イドラ論，ゲシュタルト心理学，体制化の原理，図と地の認知，錯視，前件否定の誤り，後件肯定の誤り，自己言及のパラドクス

1.1　批判的精神とは

1.1.1　自由と違和感

(1)　家庭教師の話

今から 30 数年前，大学院生の筆者は中学生の家庭教師をしていた。当時の家庭教師は会社から派遣されるようなものではなくて，人づてに「教えてもらえませんか」といって始まるものだった。筆者もそんな風に当時住んでいた奈良の近所の人に頼まれて，中学生の面倒をみていたのだ。幸いなことに，彼はある大学の付属高校に進学した。

そのあと，筆者は，京都に引っ越したが，今度は京都の家で同じ生徒の家庭教師を続けることになった。高校での彼は 3B 政策に基づいて大いに生活を楽しんだ。3B 政策というのはバイクとバンドとバイトだ。大きなバイクをブルブルいわせて京都のアパートにやってくる彼の姿が今でも思い出される。

彼は学校ではまったく勉強をしなかったようだ。でも週 1 回私の家に来た時だけは，しっかり理解しようとしていた。3 年生になった時，彼は，ともに3B 政策をとっていた友人たちが成績不振で系列の大学に進学できなくなった

といい，自分の場合，成績は悪くないので進学できるのだけれど，進学するかどうか迷っているといった。そして，どう思うか筆者に聞いてきたのである。大学進学率が今ほど高くない時代なので，彼がこう言い出すのもそう不自然ではなかった。

　筆者はしばらく考えてこう答えた。「行けるなら行った方がいいと僕は思うな。というのは大学生はひまだから。時間が山ほどあるんだ。ひまだから本も読むし，人と話もする。ひまだから旅行に行ったりもする。ひまだから人生について考える。ひまだから社会についても考える。結局自由があるんだ。この自由を経験するのとしないのでは大きな差があると思うよ。だって，不自由な状況におかれた時，自由を経験してるとなんか変だと感じることができるけど，そもそも自由を経験してないとそんな疑問は湧かないかもしれない。自由の経験は大きいよ」。

　彼はそのあと，系列の大学に進学した。そこでどんなことを勉強したかはよく知らない。ただ，そのころの大学だから自由を経験したことだけは確かだと思う。彼は，4年で大学を卒業し，自動車関係の会社に就職した。今どうしているのかなあ。

(2)　大学と自由

　大学はそのように自由なところだった。出席なんてとる授業はなかった。いや，あったかな。語学の授業は出席をとっていたし，出席に厳しい先生もいるにはいた。しかし，それはそれで代返という自主的な制度でなんとか対処できた。今，法政大学で教えているS先生は筆者のサインができるといっている。彼女は大学のサークルの後輩だったのだが，学部生のころの授業で出席カードに筆者の名前を何度も書いたからだそうだ。

　授業に出席しないということと勉強しないということはまったく別のことだった。授業にはあまり出席せず，いつも哲学書や思想の本を読んでいる先輩がサークルには何人もいた。社会学のYさん，国文学のBさん，心理学のSさんやTさん。みんなそのあと，大学や高校や予備校の教員になったが，筆者はそんな先輩たちとの会話を通して学問の基礎を学んだような気がする。壊れ

かけのサークルのボックス，行きつけの喫茶店や居酒屋でしばしばなされる議論はとても刺激的で楽しいものだった。大学には自分であるいは自分たちで勉強する自由や時間があった。

大学は他の学校と違って自由なところだと実感したのは，大学院生のころ専門学校に教えに行った時のことだ。学校の担当の人は必ず出席をとってくださいといった。それでしかたなく出席をとったのだが，出入りは自由とした。出席をとったあと，大量の学生が退出し，筆者は残った数人の学生たちに教室や喫茶店で授業をした。今ならクビになりそうな話だ。

大学院のある先輩は予備校で教えていた。ある日の授業で，ざわつく生徒たちを前に「聞く気がないなら出ていけ」と怒ったそうだ。そうするとみんな出て行ってしまったんだけれど，彼は授業を続けた。テレビカメラが黒板の方を向いていたからだそうだ。今考えれば，このごろよくある監視カメラのはしりだ。なんとも悲しい話だが笑えるなあと先輩と話したのを覚えている。

「都市の空気は自由にする」というドイツの諺がある。これは農奴などが逃げて1年と1日以上都市にいると農奴の身分から解放されることをいうものだ。これは身分の問題でありちょっとちがうのだが，「大学の空気は自由にする」とかつては確かにいえたと思う。高校までの拘束的な世界とは異なる自由な世界がそこにはあった。大学の中で，かつての高校生は教えを受ける「生徒」から自ら学ぶ「学生」へと変わっていったのである。

(3)　批判的精神と違和感

大学時代に中野秀一郎という先生がいた。中野先生は理論社会学や政治社会学の先生だ。先生はマックス・ウェーバーのように髭を伸ばし，金縁のメガネをかけている。いつも高そうなスーツ姿で，高そうな時計をしていた。アラブの富豪のような大きな指輪をはめていたこともある。女子学生たちはダンディだと騒いでいた。

中野先生には少し厭世的で投げやりなところがあった。今思えば，ベトナム戦争にご家族が巻き込まれていたことも関係しているのかもしれない。彼は左翼にも右翼にも嫌気がさしていた。そして，人間の欲望に辟易しつつ，自身，

享楽的な部分も持ち合わせる先生だった。筆者の卒業論文は人間の自由について書いたものなのだが，それを読んで彼はこういった。「小林君は卒業論文でこういうおとぎ話を書いたんだな」。厭世思想家に「お前は若いな」といわれたのである。

　そのころは中野先生の大雑把な概念の使い方や，分析図式のいい加減さが気になり，正直，筆者はあまり評価していなかった。「この図式は大雑把すぎます」なんてことを生意気にいったこともある。けれど今はちがう。「社会はこの程度大雑把なもんだ」「根本的なところには欲望がある」「理想は胡散臭い」。こういった発想は実に社会学っぽい。中野先生は，実に社会学者であったと思うのだ。中野先生のことを思い出す時にはいつも，パレートというガチガチの理論経済学者が後年社会学に移り，「残基と派生体」といった「欲望と言い逃れ」のようなもので社会は動いているといったり，「キツネとライオン」でエリートについて議論したりしていたことを思い出す。そしてなぜかヴィスコンティの「山猫」を思い出すのだ。

　中野先生がよくいっていた言葉に「水を最後に発見するのは魚だ」というものがある。直接的にはこの言葉は，魚は水の中にいてそれが当たり前の環境だから水を発見できない，という意味だろう。敷衍すると，ある社会の状況や制度にどっぷり浸かっていると，その状況や制度を「なぞ」ともなんとも感じないということだ。終身雇用や年功序列が社会に行き渡っている時，人はそれを謎のシステムだと考えない。自由貿易が一般的な世界では，人はそれを選択の余地のあるシステムだと考えない。資本主義が世界を覆いつくす時，人はそこに外部があることを思いもつかない。

　状況や制度が人びとにあたりまえでないものとしてみえてくるのは別の状況や制度を経験する時だ。その時人は水槽の外から水槽を眺めることができるのである。時代の変化によって，強制的にこれまでの水槽から放り出されることもある。年功序列や終身雇用の世界がそうでない世界に変わった時，かつての世界に生きていたものは新しい世界に違和感を感じる。

　他の社会を経験することによって，今までの水槽を相対化することもある。

留学して帰ってきた学生が日本社会にちょっとした違和感をもつのは，今まで当たり前だと思っていた日本社会の状況や制度を外から眺めるようになったからだ。

違和感はこういった直接的な経験だけでなく，他者の話，読書，ニュースなどさまざまなものを通じて生まれる。年寄りの話も現代を相対化させる貴重な財産なのである。こういった違和感がもともとの状況や制度，新しい状況や制度への関心を生み，その仕組みへの問いかけを生み出す。

自由の経験は違和感を生み出す。言い換えれば，社会を相対化させ，社会に対する謎を生み出す。そしてそれは謎解きにつながっていく。大学は自由を経験させ，違和感を生み出し，謎を明確化させ，謎解きを支援する装置である。大学はいわば「水を発見できる魚を育てる場」いや「そういう魚が勝手に育っていく場」なのである。

違和感を感じ，謎を明確化するために必要なことを以下では批判的精神という観点からまとめる。批判的精神とは，社会を当たり前の世界としてみず，それを相対化し，その意味を問うような精神である。それは魚が水を発見する精神とでもいえる。

(4)　批判的精神と寛容性

批判的というと，それを他者批判に結び付けて攻撃的なものと考えそうだがそれはちがう。むしろそれは他者理解と寛容性につながるものだ。他者の行動に怒りを感じた時，その行動の理由を知ると怒りが収まることが多々ある。ここでなされているのは，他者を自明のものとしてステレオタイプ的にみることをやめ，違和感を感じ，謎ととらえ，謎解きがなされた結果，他者が即自的な怒りの対象ではなくなるということである。

批判的精神と逆の追従的精神は，状況や制度の自明性の中にどっぷり浸る精神だ。そこでは悪人は悪人であり善人は善人である。それに対し批判的精神は自明性を突き破り，それを相対化するものなのだ。そこでは違和感と謎と謎解きが重視される。それは悪人とされるものをも相対化し，その意味を理解しようとする精神なのである。

⑸ 批判的精神の3つの要素

批判的精神を3つの要素から成り立つとすることがある。それは権威を疑うこと，常識を疑うこと，自己を疑うことである。これらはどんな学問においても重要である。

社会学においては，これらとともに重要なことがある。それは権威の正体を知ること，常識の正体を知ること，自己の正体を知ることだ。というのは権威も常識も自己も社会学の研究対象だからである。そういう意味で，社会学にとって批判的精神は二重の意味で重要である。以下，順番に述べることにする。

1.1.2 権威を疑う

⑴ 権威を疑うとは

「権威を疑う」とは，権威ある者が述べたからといって，それを真実であると鵜呑みにしてはいけないということである。ここでの権威者には人やさまざまな機関，さまざまなメディアが含まれる。大手のメディアが述べたからといって，それは必ずしも正しいとは限らない。有名な学者がいってるからといって間違えている可能性もある。ミシュランの星がついていたからといってうまいとは限らない，批判的精神に必要なのはまずこういう心構えである。

権威を疑うことと権威を嫌うことは異なる。○○という大新聞を嫌うということは権威を嫌うことであり，それはただの好き嫌いである。そうではなくて，○○という新聞のいうことはすべて正しいわけではないと考えるのが「権威を疑う」の意味なのである。

⑵ 権威を疑うことを教える教育

筆者がこの精神の学問における重要性を徹底的に叩き込まれたのは，学部生時代の安田三郎先生のゼミだった。安田先生は日本の数理社会学の第一人者だったが，そのころは毎年ゼミで社会学の古典を学生といっしょに読んでいた。その時読んでいたのはパーソンズの『行為の総合理論をめざして』という本だった。筆者は世界的な社会学の権威者であるパーソンズの本をこれまた権威者である安田先生と読んでいたのである。

ゼミは学生が毎回決められた範囲をまとめて発表し，わからないところをみ

んなで解決していくという形で運営された。パーソンズのこの本はとにかく難解で，1回に5ページも進めなかったと思う。2年間毎週1回の授業で本の最後まで到達できなかった。

　安田先生の質問は容赦がなかった。返答に苦慮してなんとかごまかして答えようとする学生に対しては，「そんなことしか言えないようじゃ幼稚園に行った方がいいですね」などとコメントすることもあった。そんなゼミだったが，こんなこともよくあった。

　　筆者：以上です。これで発表を終わります。
　　先生：質問しますけど，小林君は○○と言ったけど，それはちがって××でしょう。
　　筆者：いえ○○です。
　　先生：だってそれじゃあおかしいじゃないですか。
　　筆者：パーソンズは○ページでこう言っていて，ここでこう言ってるわけだから，○○と考えるのが筋が通ると思います。
　　先生：でもここにはこう書いてますよ。僕は××と考えるほうがいいと思う。
　　筆者：先生がそう考えるのはパーソンズが△△という立場をとってると考えてるからですよね。そこが僕はちがうと思うんです。△△なんて立場はとってませんよ。○ページでこう言ってるんですから。
　　先生：（無言でしばらく考えて，うれしそうに）これは安田説の負けですね。

　筆者の説もよく負けたけど，安田説も同じようによく負けた。そして，負けた時には先生はいつもうれしそうにしていた。

　先生にとって自己の主張の勝ち負けなどということはどうでもよかったのだと思う。この本をまず正確かつ合理的に理解すること，そしてまずいところがあればそれを修正していこうというのが基本的な姿勢だったのだ。ひとつのエンジンを前にして，こうすればもっと動くんじゃないかということを，エンジニアであるみんなで話し合うようなゼミの運営をしようとしていた。そんな先生には自己の面子などどうでもよいことだったのだと思う。それはなかなか厳しいゼミだったが，「学問に権威なんか関係ないや」という気分を私に植え付けた。

18

　こんなこともあった。ある日，食事をしようとして大学の食堂にいくと安田先生がおられた。筆者は少し緊張しながら先生のところへ行って一言二言話したあと，「今読んでるパーソンズの本，整理も悪いし実に読みにくいです。だれか社会学者は彼の言っていることを整理しないんですか」とやや不満げにいった。皆さんは，これに先生がどう答えたと思うだろうか。安田先生はこう答えたのだ。

　　「小林君，それは君がやってください」

　大学3年生だった筆者はこの答えに衝撃を受けた。大学とはそういうところだということ，大学は教えてもらうところではなく，自分で知識を作り上げていくところだということを思い知らされたからである。筆者は恥ずかしい気持ちでいっぱいになった。筆者は安田先生から実に大きな影響を受けた。

(3)　権威の正体を探る

　安田先生との間でこんな経験をしたのは筆者だけではないかもしれない。ある時神戸大学のN先生と話していて「小林さんの先生は誰だったの？」と聞かれたことがある。筆者が安田先生だと答えると，彼は驚いたように「ここに安田の弟子がいた！」と喜び，自分の先生の話をうれしそうに語り始めた。「僕の先生は倉沢先生なんだけど，安田先生にはいろいろ教えてもらったとよく話すんです。そして安田先生のことを話し出すといつも涙ぐむんです。なんでだろう」というのだ。

　倉沢進先生は安田先生より少し若い都市社会学の大先生だ。筆者は「へえ〜，そうなんですか。でも，なんとなくわかるような気がするなあ」と答えた。筆者と同じような，あるいはそれ以上の精神的影響を受けた研究者は多いと思うのだ。

　学生生活の中で出会ったこのような先生を筆者は尊敬するほかはなかった。それは筆者の中で安田先生が，内実をもった強烈な権威として生まれていく過程でもあった。そうなんだ。そこには新たな権威が登場する。もちろん安田先

生は「私のいうことを信じろ」とはいわない。むしろ「信じてはいけない。考えよ」という。でもそんな中でも権威が生まれていくのだ。

　権威とはそもそも何なんだろうか。それは命令や服従を超えた何かである。そんな風に筆者は考えることになったのである。

1.1.3　常識を疑う

(1)　常識を疑うとは

　批判的精神の第2の要素は「常識を疑う」ということである。常識はわれわれの見方や考え方を深く広く支配する。われわれは知らず知らずの内に常識的な見方をする。

　常識的な見方をしない者は，時に社会によって攻撃されたり排斥されたりする。そんな者にとって常識は敵だ。しかし，常識を疑うということは常識を敵とすることとはちがう。批判的精神としての「常識を疑う」は，「権威を疑う」場合と同様，常識を大事にする者にも常識を嫌う者にも必要な精神だ。要は常識にどっぷり浸かりそれを相対化できない状況を避けるというのがこの精神のいわんとするところだ。

(2)　常識の変化

　常識はわれわれを支配するのだが，常識は時代や社会によって異なる。身近な例でいうとこうだ。

　中学や高校時代，筆者の所属していた運動クラブでは活動中に水を飲むのはご法度であった。それはシゴキ的な意味ではなく，飲むと疲れるからという理由でそうされていた。これが常識だったのだ。でも今はそんなことはいわない。逆に水分補給は必要不可欠と考えられている。

　うさぎ跳びもよくした。それは足腰を鍛えるのにとてもよいとされていた。しかし，今そんなことを推奨する運動部はないだろう。常識が変わったのだ。

(3)　学生の常識の変化

　常識は変わる。学生に講義していてもそう思うことはいろいろある。学生は授業にきちんと出席するようになった。学生は大学を4年できちんと卒業するようになった。学生は自分たちのことを学生とよばず生徒とよぶようになっ

た。

　面白いのは学生のものの見方の変化だ。筆者は30年以上大学で講義をしているが，講義に関連した映画をみてもらうことがある。よくとりあげた映画のひとつがジャック・ニコルソン主演の『カッコーの巣の上で』で，ストーリーは次のようなものだ。

　主人公は懲役逃れで精神病院に入院するのだが，そこは厳しく管理された無気力な患者たちの集団だった。自由な主人公は驚き，そこでルールを無視した患者たちとの自由な交流を行う。その結果，患者たちは活気を取り戻すのだが，主人公と看護婦長との間で多くのトラブルが発生する。最終的に主人公は婦長を殺そうとしてしまうが，脳の手術によって廃人にさせられてしまう。

　この映画について，カリスマ的支配と合法的支配という社会学的枠組を用いて分析した学生のとてもいいレポートを読んで感心したことがあるが，本題はそこではない。30年ほど前は，この映画をみて婦長に同情する者はいなかった。「ひどい看護婦だ，やっつけてしまえ」という感じが一般的だったのである。しかし最近は，どっちもどっちという反応が多くなっている。学生の常識は確かに変わっているようだ。

(4)　犯罪に関する常識

　犯罪に関わる常識についてはいろいろな例をあげることができる。常識に基づいて新聞やテレビは麻薬使用者を非難する。「○○は麻薬所持で逮捕されました」。人びともとんでもない奴だという。しかし，坂口安吾も太宰治も麻薬の常習者だった。彼らはそのことで非難されることはなかった。法も常識も今とは異なったのである。

　中世ヨーロッパでは動物裁判というものがあったそうだ。これは人に危害を及ぼす動物の裁判だ。弁護士もつくらしい。中世に流行った伝染病として有名なものはペストだ。この病気を流行らせたネズミに対して教会は国外追放や破門を宣告したそうだ。笑ってしまいそうな話だが，神→教会→万物という世界観の中ではそれが常識だったのかもしれない。

　犯罪と関連して責任の問題も常識に関わっている。われわれの社会では，同

様の結果を導いた行為でも，偶然と故意と過失では責任の大きさがちがうというのが常識だ。しかし，そうではない社会もある。アビシニアでは，かつて木に登った少年がすべり降りた時，下にいた少年の上に落ちて彼が死ぬと死刑だったそうだ。同様のことはヘンリー 1 世の時代（11 世紀）のイギリスの法律にもある。アフリカの諸部族にも偶然の殺人を故意の殺人と同様の刑で罰するものがあった（作田，1972）。

(5)　常識の正体を探る

常識は時代とともに合理的でまともなものになっていくと思うかもしれない。しかし，ことはそう簡単ではない。

田山花袋に『布団』という小説がある。教科書には載っていたが読んでいないという人も多いだろう。あらすじはこうだ。ある地方に住む女学生芳子が東京の妻子持ちの小説家，時雄のところに弟子入りする。芳子に彼氏ができる。これが同志社出身の秀夫だ。時雄は芳子を監視するために自宅に住まわせる。しかし芳子は秀夫との逢瀬を重ね勉強しない。ついに時雄は芳子を破門にし，自宅に帰らせる。

有名なのは，芳子に恋心を抱いていた小説家の時雄が，芳子の去ったあと，芳子の寝具の匂いをかぐ場面だが，筆者はそこにはあまり魅かれなかった。筆者が興味をもったのは，秀夫との関係を詰問された芳子が肉体的な関係はないと時雄にいい，時雄もそう信じていたにもかかわらず，芳子の親は「それはしているでしょう」と平然と答えたところだ。伝統的な常識をもつ親からすると，近代的なプラトニックな関係はあきれるほど不自然なものなのだったのだろう。この場合，人間への洞察がより深いのは近代的な常識よりも伝統的な常識の方かもしれない。

常識は変わり続ける。そして，新しい常識は古い常識に比べ，必ずしもより深い人間や社会への洞察を伴ったものとは言い切れない。その常識が人間にとっていかなる意味をもつのか。それはどこから生まれ，何をもたらすのかということを社会学は考えなくてはならない。

1.1.4　自己を疑う

(1)　自己まで疑うと信じるものがなくなる？

批判的精神は権威を疑えという。常識も疑えという。それじゃあ自分だけを信じろということだろうと思うかもしれないが，そうでなはい。批判的精神は自己をも疑うことを要求するのだ。われわれは間違えやすい動物だ。だから自己も疑わなくてはならない。

権威も常識も自己も疑うと，信じるものがなくなってしまってどうにもならんではないかと思うかも知れない。しかし，批判的精神の重要性を指摘する人は，どうにもならんことにはならないと答える。

(2)　知識の動的なイメージ

どうにもならんと考えるのは知識について静的なイメージをもっているからだと批判的精神の主唱者はいう。そして知識はそのようなものではなくもっと動的なものとして考えるべきだと主張する。

われわれは現在ある知識に基づいて思考し行動する。それは当然のことだ。しかし，その知識は絶対のものではなく暫定的な真理だということを忘れてはならない。この暫定的な知識は発展途上の知識ともいえる。そして，現存の知識は暫定的なものだと考える動的な知識観によってはじめて科学は発展し思想は深化する。

権威も常識も自己も疑うことによって，われわれは次の段階の権威や常識や自己を生み出し，それをさらに疑うことによって次の段階の権威や常識や自己を生み出す。疑うことのない固定的な精神からは新たな知識は生み出されない。疑うことによってはじめて，世界は開かれると批判的精神は主張するのである。

1.2　認識を誤らせるもの

1.2.1　ベーコンのイドラ論

批判的精神は自己も疑えと要求する。われわれの認識は誤ることを前提とせよというのである。この節ではこの問題についてもう少し解説しておこう。

　人間が認識を誤るということは大昔からいわれてきたことだ。プラトンの時代からともいえる。人間の認識の誤りについて体系的にまとめたものとして、フランシス・ベーコンのイドラ論がある。ベーコンはイギリス経験論の中心人物で「経験した事実から理論を構築」する帰納法の立場を主張した人だ。それに相対するのはフランスのデカルト。彼は「理論から事実を説明」する演繹法を重視した大陸合理論の中心人物だ。

　イドラ論のイドラとは幻影のことだ。イドラはラテン語で偶像と訳されることもある。アイドルの語源でもある。ベーコンは人間を誤謬に導く4つのイドラをあげた。まず、種族のイドラ。これは、人間の感覚がしばしば外界を正確に反映しないことからくる誤謬だ。われわれすべては錯覚するように運命づけられていることがある。錯視はその典型だ。

　次に洞窟のイドラ。これは個人のもつバイアスに発する誤謬である。われわれは教育や過去の経験から偏見をもって物事をみがちだ。それは洞窟の中から外をみているかのようだ。

　次に市場のイドラ。これは社会生活から生じる誤謬のことだ。とくに言葉の不正確な使用と結び付いている。噂に惑わされることもこれに関連している。

　最後に、劇場のイドラ。これは哲学者たちがさまざまな思想の体系を展開することから生じる幻影で、劇場でいろいろな芝居をみせられている人間が、どれが真の現実であるか識別できなくなってしまうのに似ている。これらのイドラは現代の心理学や社会心理学からも解釈できる。

1.2.2　認知の基本原理

(1)　体制化の原理

　種族のイドラはゲシュタルト心理学の体制化の原理、図と地の認知、錯視などに関連させて解釈できる。まず、体制化の原理について。次の図1-1をみてほしい。ここにある点を何回曲がってもいいので1本の線で結べといわれた時、君たちは普通柄杓の形になるように点を結ぶだろう（図1-2）。それはとても自然なことだ。

図1-1 7つの点

出典）図は筆者作成（以下出典記載のない図表も同じ）

図1-2 7つの点を結ぶと

　では，次に図1-3をみてほしい。ここで，この9つの点を1本のまっすぐな線で結ぶことを考えよう。この時，3回だけ曲がっていいとする。それぞれやってみてほしい。これはなかなかむずかしいクイズだと思わないだろうか。答えは図1-6にある。

　図1-2でみんなが柄杓のような形で点を結ぶのと，このクイズが難しいのは，実は同じ理由による。それは，われわれは環境をみる時，そこに点在するいろいろな事象をできる限りまとまりのあるものとして認知する傾向があるということだ。これは体制化の原理というものだ。この原理があるため，9つの点が四角に並んでいる時，その四角の外部について注意がいかない。そして，四角の内部のどこかで線を曲げようとする。

　体制化の原理があるため，認知は安定したものになるが，逆にいえば，安定した認知からずれたものをわれわれは正確に認知しづらいということにもなる。こういう認知の原理について全体的な枠組から考察してきたのがゲシュタ

図1-3 クイズ

ルト心理学という立場だ。ゲシュタルトとは形態を意味する。

(2)　図と地の認知

　図1-4 は有名なルビンの杯の図だ。向かい合う顔にもみえるルビンの杯は図地反転図形とよばれるものだ。人は環境を認知する時，認知の対象となる図と認知の背景となる地に区分して認知する。これを図と地の認知というのだが，図地反転図形はこれを容易に反転できる図形である。

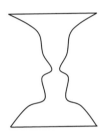

図1-4　ルビンの杯

　通常の世界では図地反転図形と異なり図と地は反転しにくい。そこでわれわれは固定的な地を背景に図をみているのである。しかしそのことは同時に地となったものを前面に押し出して知覚しにくいということを意味する。これはある意味で認知の限界ともいえる。

(3)　錯視

　図1-5 は有名なミュラー・リエルの錯視の図である。図の直線部分の長さは実は同じ長さだ。でも決してそうはみえない。錯視は知覚のゆがみそのものを意味している。われわれは必ずしも外界を正確にとらえられないのである。

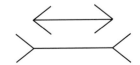

図1-5　ミュラー・リエルの錯視

1.2.3　主観的関心

　洞窟のイドラは社会心理学における「社会的知覚」などに関連させて解釈可能である。社会的知覚というのは当人のおかれている状況に応じて知覚が変わってくるということを意味する。たとえば同じ1万円札でも，お金持ちと貧乏な人では大きさが異なってみえるといったことを意味するのだ。

　このことを検証するのはなかなか難しい。でも状況によって見え方が異なることを示すひとつの有名な実験がある。それは子供たちのキャンプの期間に行われた実験だ。

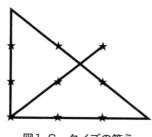

図1-6　クイズの答え

　このキャンプの中では模擬のコインが使われている。そして子供たちに，「今使っているコインは次のどの大きさのダンボールの丸に近いか」とコインを見せずに尋ねる。次に，キャンプでこのコインを使うことをやめる。そしてまたコインの大きさを尋ねる。そうすると，コインの大きさの知覚は明らかに小さくなっているというのだ。われわれのものの大きさの知覚でさえ，人びとのおかれている状況に依存するということがわかるのだ（相良，1968：337）。

1.2.4　言葉の問題

　市場のイドラとの関係で言葉の問題を考えてみよう。社会学者の見田宗介はかつて類似の意味をもつが価値的に異なる言葉について，次のような面白い例をあげていた（見田，1966：358）。

　　勇敢な―大胆な―無鉄砲な
　　若々しい―若い―青くさい

　指導者―有力者―ボス
　文豪―作家―売文家
　援助する―規制する―干渉する
　助言する―勧める―そそのかす

　これらはみんな類似した意味をもつ。でも，君たちは「若々しい」といわれれば少しうれしい気になるかもしれないが「青くさい」などといわれるとちょっとムッとするかもしれない。言葉に付随する価値が異なるのである。

　だから，たとえば大雨で川が増水している時，流されている子猫を助けるのに成功すると，「勇敢にも彼は飛び込み」といわれ，それが失敗して自分もおぼれかかると「無鉄砲にも彼は飛び込み」といわれたりする。やってることは同じなんだけど，価値が異なるから異なる言葉を使うわけだ。われわれの考えはこういったことにも非常に影響を受ける。

　選挙である解説者がこういったとする。「A政党は地域の指導者の助言を受け，若々しい政策を勇敢に押し進めていますが，B政党はこのあたりのボスにそそのかされて，青くさい政策を無鉄砲に実現しようとしています」。これを聞くと，A政党の方がB政党よりずっといいと思ってしまう。でもこの解説者がA政党を好きなだけで，実際のところやっていることは同じなのかもしれないのだ。

1.2.5　推論の問題

　最後に推論で陥りやすい誤りについても少しだけ述べておこう。「AならばB」が成り立つ時Aを前件，Bを後件という。こういった推論の基本的な誤りとして，前件否定の誤りと後件肯定の誤りというものがある。

　前件否定の誤りとは「AならばB」が成り立っている時に「Aが成り立たないならばBは成り立たない」と考えてしまうことだ。たとえば「雨が降ると道が濡れる」というのは真だが，「雨が降らなかったこと」から「道は濡れていない」と判断することだ。水を撒いたって道は濡れるのでこの判断は間違っている。

　後件肯定の誤りとは「AならばB」が成り立っている時に「Bが成り立って

いるからAが成り立っている」と判断することだ。たとえば「雨が降ると道が濡れる」というのは真だが，その時「道が濡れていること」から「雨が降ったと」判断することだ。これも，水を撒いたって道は濡れるので間違っている。

こう書くと当たり前のような気がするのだが，日常生活においてこういった推論は普通に生じる。仮に「自分に敵意をもつ者は自分を攻撃する」ということが真実であるとしよう。でもそこから，自分に敵意をもたない者は自分を攻撃しないと判断することはロジカルにはできないし，自分が攻撃された時に相手が敵意をもっていると判断することもロジカルにはできない。

最後に，推論についての面白い話を2つ。

その1。高校時代に「対偶は真」ということを勉強したと思う。すなわち，「AならばB」が真なら，「BでないならAでない」も真ということだ。では「叱られないと勉強しない」が真であるならその対偶はどうなるだろう。そしてそれは変じゃないだろうか。変になった原因とどうすれば正しい状態になるかは自分で考えてみてください。

その2。今黒板に「今日の授業は休講です」と書き，その下に「黒板に書いてあることは嘘です」と書いたとしよう。この時，休講なんだろうかそうでないのだろうか。「黒板にはウソが書いてある」のだから今日は休講ではないのかもしれない。しかし「嘘が書いてある」という言葉もまた黒板に書いてある。ということは，嘘ではなく本当のことが書いてあり，本当に休講なのかもしれない。これは有名な自己言及のパラドックスに関わるものだ。「すべてのクレタ人は嘘つきだとあるクレタ人が言った時，クレタ人は嘘つきかどうか」というのが有名な例なのだが，こういった事態においてわれわれは混乱に陥ってしまうのである。

さて，今までいろいろ述べてきたことからわかるように，われわれはいつも外界を正しく認知できるわけではないし，時には混乱に陥る。それ故批判的精神というものは実に大事な精神なのである。

ただ，この批判的精神も広く考えると近代の産物といえる。それ故，批判的

精神は近代社会の価値観にどうしても追随的になる。それを乗り越えるために
は批判的精神自体を批判的に考えるという必要も出てくるだろう。今の大学に
求められている精神的な活動にとってもっとも重要なのはそういうことかもし
れないと筆者は思っている。

自習のために

📖 文献案内

　今回は「学問への招待」といった内容の話をしたが，いろいろ哲学的な議論も含
まれていた。この分野にはじめて接する人は，まず次の本を読むといい。
　田中正人・斎藤哲也，2015『哲学用語図鑑』プレジデント社
　Russell, B., 1912, *The Problems of Philosophy.*（ラッセル『哲学入門』高村夏輝
　　訳，ちくま学芸文庫，2005）
　野崎昭弘，2017『詭弁論理学 改版』中公新書

　西洋起源の学問について学ぶためには，ギリシャ神話やキリスト教の知識が必要
になる。筆者がゼミなどの学生に「これが入門，すぐ読めるから読んでおくこと」
と述べているのは次の3冊。
　吉田敦彦，2013『一冊でまるごとわかるギリシア神話』だいわ文庫
　中村明子，2017『ビジュアルワイド 図解 聖書と名画』西東社
　遠藤周作，1982『イエスの生涯』新潮文庫

　社会学の事典や社会心理学の概説書もあったほうが便利だ。
　見田宗介他（編），1994『縮刷版 社会学事典』弘文堂
　作田啓一他（編），2011『命題コレクション 社会学』ちくま学芸文庫
　我妻洋，1981『社会心理学諸説案内』一粒社
　田中正人・香月孝史，2019『社会学用語図鑑』プレジデント社

　以下の章では社会学の重要な古典的研究も紹介していく。それらに直接あたるこ
とは大事だけれど，実際には時間も限られているので読めないこともあるだろう。
そんな時に役立つものを3冊あげておく。後二者は社会学史のテキストだが，社会
学上の重要な古典についての秀逸な解説があり，実にためになる。
　見田宗介他（編），2014『縮刷版 社会学文献事典』弘文堂
　奥村隆，2014『社会学の歴史Ⅰ』有斐閣
　奥村隆，2023『社会学の歴史Ⅱ』有斐閣

✎ **練習問題** ━━━

(1) 一見，客観的にみえるニュース報道にも価値的表現が含まれることがある。そういった表現を実際のニュースから発見しよう。次に，なぜそういった表現をするのか，そういった表現をすることで人びとの間に何が生まれるのかを考えてみよう。

(2) この章には今から40年ほど前の大学についての記述がある。今の大学と同じ点，ちがう点を列挙し，次に，ちがいが生じた原因について考えてみよう。

② 科学と社会学2：科学・社会科学・社会学

　今回は社会学というものはどういうものなのかということを解説する。議論は「命題」についての話から出発する。「なんで社会学で命題の話なのか」と思うかもしれないが，もっとも基本的なところから話をはじめたいのでそうなるのである。この話のあとで，社会学という学問の学問世界での位置づけについて述べる。「社会学というのは，魅力的だが何をする学問なのかよくわからない」という声をよく聞く。ここではこの疑問に答えたい。最後の話は「価値自由」ということについての話だ。科学は客観的でなければならないといわれるが，社会学はいかなる意味で客観的なのかを解説したい。今回のキーワードなどは以下の通りだ。

◇ 用　語 ◇

論理命題，価値命題，経験的命題，経験科学，科学，論理実証主義，ウィーン学派，検証可能性，反証可能性，自然科学，社会科学，社会学，理解社会学，価値自由

◇ 人　名 ◇

ウィトゲンシュタイン，ポパー，ウェーバー，ミルズ，マーシャル

2.1　命題と科学

2.1.1　さまざまな命題

　10個の命題をまずみてほしい。

(1)　$1+1=2$
(2)　$3+2=1$
(3)　プロテスタントの諸国のほうがカトリックの諸国よりも自殺率が高い
(4)　北欧の福祉政策は日本の福祉政策よりもよい
(5)　人間は死ぬ

⑹　人間は死なない
⑺　水を電気分解すると水素と酸素ができる
⑻　殺人はいけない
⑼　世界の多くの人は殺人をいけないと考えている
⑽　きれいはきたない，きたないはきれい

　⑴や⑵の命題は数学の命題だ。⑴は正しいけれど，⑵は間違っている。⑶の自殺率の命題は社会学者のエミール・デュルケムがいう命題だ。自殺率というのは人口 10 万人当たりの自殺者数のことだが，本当にプロテスタントの国の自殺率はカトリックの国の自殺率より高い。⑷はよくいわれる福祉政策についての命題。⑸と⑹は人間の死についての命題だが，⑸は正しくて⑹は間違いだ。⑺の水の電気分解は中学生の時にやった。確かにそうなった。⑻と⑼は殺人についての命題。⑽はシェークスピアの『マクベス』の最初のところで魔女たちが踊りながらいう言葉だ。

　さて，これら 10 の命題を 3 つに分けることを考えよう。皆さんそれぞれで，まずやってみてほしい。こんなことには正解はないので，どんな分け方をしてもいい。いろいろな分け方があると思う。

2.1.2　命題の 3 分類

　こういったいろいろな分け方の内，今回紹介したいのは論理命題と経験的命題と価値命題に分けるというものだ。

　まず，命題全体をみてみると，そこには真か偽かを問えるものとそうではないものがあることがわかる。⑴の「1 + 1 = 2」をはじめ，ほとんどの命題は真か偽かということに関連している。⑽の「きれいはきたない」だって，文学的にはどうあれ，ロジカルに考えれば偽の命題だ。

　しかし，上の命題の中には 2 つ，真偽という判断には関連しないものがある。それは，⑷の「北欧の福祉政策は日本の福祉政策よりもよい」と⑻の「殺人はいけない」だ。これらは真偽判断に関わるというよりも，善―悪，正―邪，美―醜，快―不快という判断に関わる。⑷や⑻のように善―悪，正―邪，美―醜，快―不快という判断に関わる命題のことを価値命題という。

　注意が必要なのは(8)の「殺人はいけない」と(9)の「世界の多くの人を殺人はいけないと考えている」は形式的にはまったく異なるということだ。(9)は真偽判断が可能だが，(8)は真偽判断が不可能なのである。

　さて，価値命題以外の残りの8つの命題についてみてみよう。これらは真偽判断に関わる命題なのだが，異なった2種類のものが含まれる。

　第1のグループに属するのは，数式についての(1)(2)と「きれいはきたない」の(10)である。第2のグループに属するのは，宗教と自殺率に関する(3)，人間の生死に関する(5)(6)，水の電気分解についての(7)，多くの人が殺人をいけないと考えているという(9)である。

　2つのグループがどうちがうかというとこうだ。第1のグループの命題の真偽判断は命題の世界の内部だけで完結する。それが真であるか偽であるかは，約束に従っているかを判断するだけでいいのである。数学の約束の中で，1＋1は2で真であり，3＋2は5であって1ではない（偽）。また「きれい」は「きたない」の反対なので，「きれいがきたない」ということはありえず，この命題は偽となる。

　それに対して，第2のグループの命題の真偽判断は，命題の世界の外部に目を向けないと不可能である。「プロテスタントの諸国のほうがカトリックの諸国よりも自殺率が高い」という命題の真偽を検討するには，命題の外部にその実際の対応物をみつけ，実際のプロテスタント諸国とカトリックの自殺率を検討する必要があるし，「人間は死ぬ」という命題が真であることも，外部観察によってはじめて可能になる。

　命題の世界の内部で真偽判断の処理が可能な前者の命題は論理命題といわれ，命題が指し示す外部の世界を観察してはじめて真偽が明らかになるような後者の命題を経験的命題，あるいは事実命題という。

　命題についてのこういった見方は，ドイツの哲学者であるウィトゲンシュタインの前期の思想を表す『論理哲学論考』や彼の影響のもとにあった「論理実証主義」の基本的な考え方による。ウィーンに拠点をおいた彼らはウィーン学派とよばれた。彼らはここで述べた論理命題や価値命題との対比で，経験的命

題にこそ意味があるとし，その検証が科学のもっぱらの課題だとしたのである。

　当初，外的世界との関係で真偽が「検証可能」な命題が，彼らの科学的命題かどうかの基準だった。しかし，命題が指示することすべてを検証することは不可能である。それ故カール・ポパーは科学の基準を「検証可能性」から「反証可能性」へと置き換え，科学を反証可能な命題を探求するものとした。われわれはすべてのカラスをみることなんてできないから「カラスは黒い」という命題はいつまでたっても検証できない。でも，白いカラスが発見できたらこの命題は否定できる。この反証可能かどうかということを科学的命題の基準としたわけだ。

2.1.3　命題の3分類と学問の世界

　命題について3つのグループを区別したが，学問の世界もそれに対応して分類することができる。すなわち，それぞれの学問が3つのグループのどの形式の命題の探求を第一目的としているのかという観点から学問が分類できるのである。

　まず，論理命題を研究の対象としている学問であるが，論理学や数学はこの典型といえる。次に価値命題を研究対象としているものだが，美学や倫理学がそこには含まれる。経験的命題（事実命題）に対応するものが科学，きちんといえば経験科学である。経験科学には自然科学や社会科学が含まれる。

　自然科学の中には物理学や生物学，化学などが含まれ，それらは自然現象を取り扱う。数学も自然科学とされることもあるが，経験科学としての自然科学といわれることはない。すでに述べたように，そこで研究の目的とされる命題は事実命題というよりも論理命題であり，経験的事実を扱うものとはいえないからだ。社会科学には経済学，政治学，社会学などが含まれる。

　このように典型的な学問は命題の形式に従って整理できるが，学問によっては複数の領域にまたがるものも多い。政策研究などの世界では事実命題とともに価値命題の探求も同時に目的とされることがある。社会福祉学，看護学，医学などにおいても「どうなるか」だけでなく「どうするべきか」まで含めて探

求されることがある。文学研究などの人文学もまた，事実の学と価値の学にまたがっている学問と考えることができる。このように3つの命題領域の境界を超えて活動する学問が存在するのである。

　諸学問の目的から以上のようなことがいえるが，命題との関係をより広くとらえる時，すべての学問は3つの様式の命題すべてに関わっているといえる。というのは，どの学問もロジカルな議論の展開を要請されており，数学を道具として使う学問も多いからだ。そのことはあらゆる学問が論理命題に関わっていることを意味する。論理命題の解明を目的とするわけではないが，すべての学問はそれを手段として用いているのである。

　価値命題もまたすべての学問に関連している。すなわち，すべての学問は何らかの動機づけに基づいて発展していくのだが，その基礎には何らかの価値命題が存在しているのである。美しい数式を作りたいと思う数学者は，その価値命題に基づいて学問を続ける。社会学者もたとえば「幸福な社会を実現したい」といった価値的な命題に誘導され，研究を進めていくのである。

2.1.4　自然科学と社会科学の方法論的違い

　自然科学は自然の客体を研究し，社会科学は人間の社会生活を研究する。人間の社会生活を研究するために，社会科学は自然科学とは異なる方法を採用する必要が生じる。自然科学が用いる外部観察法に加え，対象である人間の意識を理解するという方法も同時に採用する必要があるのである。

　今，あるものがビルの屋上から落下したとしよう。物理学ではそれは物体の運動の法則から記述される。すなわち，$v = gt$ の速度で落下していく。しかし落ちていくものが人間だった場合，われわれは決してその説明で満足できない。「彼はどうして落ちたのか」「事故なのか，自ら落ちたのか」「自ら落ちたのならなぜそうしようとしたのか」。われわれが説明してほしいのはそんな事柄である。この説明を行うためには，落下したという事実を外部から観察するだけでなく当事者の意識についてみていく必要がある。

　当事者の意識を理解してその行動を説明する，そして行動の集積である社会現象を説明する。これが社会科学の基本的な立場であり，社会学の分野ではこ

の方法を理解社会学という。

　湯浅八郎という人がいる。戦前の京大の滝川事件で処分に反対し，そのあと同志社総長となり，ICU の礎を築いたクリスチャンである。彼は次のように述べた。「生きることは愛すること，愛することは理解すること，理解することは赦すこと，赦すことは赦されること，赦されることは救われること」。社会科学のそしてとくに社会学の「意識を理解する」という方法は，この精神にもつながるところがあると筆者は思う。

2.2　社会学とは

2.2.1　興味と戸惑い

　大学に入ったころ，社会学とはどんな学問かがよくわからなかった。自分でわからないから友人にも説明できない。「社会学ってどんなことするの」などと聞かれても「うーん……」となってしまっていたのである。

　ある友人が新聞を開いて筆者に説明してくれたことがある。「ここが総合面，それからここが政治面，そしてここが経済面，そしてずっと行ってここに社会面というのがある。社会学って結局こういうことするんやろね」。そこに書かれているいわゆる三面記事をみて，少し残念に思った覚えがある。他の学問より格が低い感じがしたのである。

　ちょっとちがうような気がするなあと思い図書館の社会学の棚を眺めても，ますます混乱するばかりだ。そこにはいろいろな本が並んでいる。『マスコミの社会学』『現代家族の病理』なんて本が社会学の棚にある。『盆栽の社会学』もある。『経済の社会学』『政治の社会学』もあり，経済学や政治学とどうちがうのかと考えてしまう。『集団の一般理論』や『行為の総合理論を目指して』や『社会体系論』といった本も並んでいて，開いてみると複雑で哲学的な議論が書いてある。

　論文をみるともっとわけがわからなくなる。「仮想的所得再分配による不平等と幸福総和の変動」といった難しいタイトルのものがあって，「2005 年SSM 調査データを用いたシミュレーション分析」という副題がついている。

開けてみると数式がやたらに並んでいる。これと『盆栽の社会学』はどう関係するかということがわからない。こういった本や論文がみんな同じ社会学として括られているので，図書館に行っても社会学というのはよくわからないなあ，ということになってしまう。

　多くの社会学者も勉強しはじめたころには同じ経験をしていると思う。著名な社会学者である上野千鶴子氏も『構造主義の冒険』の中で，社会学とは何かよくわからなかったと書いている（上野，1985）。

2.2.2　社会学の研究対象

　「社会学」とは一体何をする学問なのだろうか。これを考えるためには，他の社会科学を同時にみていく必要がある。図2-1には社会科学が対象とする社会生活のさまざまな領域についての絵が描いてあるが，これをもとに解説しよう。

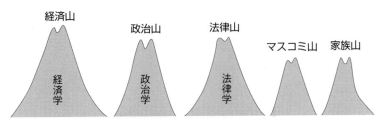

図2-1　社会学は社会科学の王様

　図2-1では，社会生活のさまざまな領域が山脈として描かれている。この山脈にはいろいろな山がある。経済山，政治山，法律山，マスコミ山，家族山，社会生活の領域を山にたとえるとほかにもいろいろな山がある。この山に対応して，経済学，政治学，法律学などの学問が成立している。

　では，社会学はどういうものなのか。実は，社会学という学問については伝統的な2つのイメージがある。ひとつは，社会学は社会科学の王様だというイメージである。それはどういうことかというと，社会学の中に経済学や政治学や法律学が全部含まれるということだ。図2-1でいえば，灰色に塗られた全体を対象にするのが社会学だということだ。つまり，社会学こそが社会科学ということである。こういう考え方を「総合社会学」といったりする。だから「経

38

済学，政治学，法律学とそれぞれ独立しているかもしれないが，それは社会学の中のほんの一部分にすぎないのだよ」というわけだ。「社会学は帝王」という考え方だ。

もうひとつの考え方はこれとまったく違って，社会学というのは「社会科学の中の隙間科学」，ニッチ産業といったらいいのかもしれないが，他の社会科学が研究しない隙間の部分を研究するという考え方だ。社会の中には経済や政治や法律といった領域があり，それぞれについては経済学，政治学，法律学といった古くからある学問が研究している。しかしマスコミというのはどの学問も研究していないし，家族に関してもそうだ。だから社会学はこういう他の学問が研究していない隙間の部分を研究するというわけだ。図2-2の絵の灰色の部分が社会学の領域，まさに隙間科学というイメージだ。

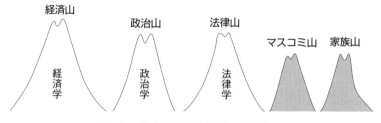

図2-2　社会学は社会科学の隙間産業

こういう2つのイメージは古い一般的なイメージだが，実は，どちらもあまり現実的ではない。現実的なイメージは，これまでの山脈を火山山脈と考えるものだ。このイメージは前述の中野秀一郎先生が『ソシオロジー事始め』で書いていたものだけど，なかなかよくできていると思う（中野編, 1996）。図2-3はそのイメージを示している。この新しいイメージにおいて，社会学の研究対象はマグマの部分と灰色の部分を合わせたものになる。

マグマは，それぞれの社会科学の基礎部分を表している。たとえば，経済学のマグマとはこういうものだ。経済学の出発点は市場であることは知っていると思う。そこで，交換が生じるところから話ははじまるのである。しかし，なぜ交換が起こるのだろう。どうして奪いあいの闘争が起こらないのだろうか。こういう話が，経済学の基礎にはあるはずなのである。これが，経済学のマグ

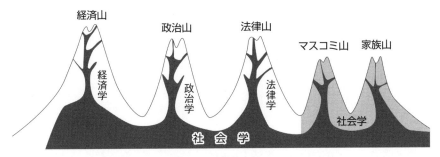

図2-3　社会学の研究対象であるマグマと火山

マなのである。

　では，経済学は自身のマグマまで含めて検討しなければならないのかというとそうではない。経済学は出発点を明確にし，そこから巨大で精密な体系を作り上げた。それはすばらしいことで，経済学はやはり社会科学の王といえる学問だ。マグマの部分は社会学にまかせておいていい。もちろん，時にこういうマグマを問う経済学者が生まれたりもする。制度学派や歴史学派の経済学，経済人類学といった分野はマグマに関わっている。そしてこういう立場の人たちは社会学に近い研究をしており，時に社会学者とよばれることもある。

　法律学においても同じようなことがある。法律学には法の実際問題への適用について研究する実定法学と法に関する基礎的研究を行う基礎法学の分野がある。基礎法学の分野は法律学山のマグマの位置にあり，法哲学，法史学，比較法学などと並んで法社会学や犯罪学などが存在する。そこではそもそも法とは何なのか，犯罪とは何かという原理的な問題が考察されるが，その領域は社会学の領域でもある。

　政治学についても同様である。政治学は主に国家，国際関係，自治体などの政治過程を研究する。しかし政治をより一般的にとらえると，それは「集団の成員を拘束する意思決定」ということになる。これは政治学のマグマの部分といってもいい。このマグマから政治をとらえる時，政治は家族，学校，職場その他どこでも生じているということになる。これら一般的な観点における政治を考えていくのは社会学の役割である。

マグマとは社会があると常に存在する問題に関わっている。それは秩序の確立・維持・崩壊，コミュニケーション，リーダーシップ，集団成員の社会化，集団規範の形成，逸脱などさまざまなものを含む。こういった領域は社会学の対象領域になるのである。

さて，今まで述べてきたことをもとに，図書館の社会学の棚にあった本や論文はどうなるかをみておこう。『マスコミの社会学』や『現代家族の病理』は他の学問でやっていない社会生活上の領域を取り上げているものだ。これは図の灰色の部分に関する本と考えたらいいだろう。『経済の社会学』や『政治の社会学』は経済学や政治学の下にあるマグマについての本，基礎部分に関しての本ということになる。『集団の一般理論』『行為の総合理論』『社会体系論』などはマグマ全体に関する本だと考えればいいのである。

2.3 価値自由

2.3.1 価値自由とそれへの疑問

科学や社会科学，社会学について論じる今回の講義の最後に述べたいのは価値自由についての話である。これは「社会科学が認識の客観性を保つためには価値判断から自由でなければならない」とするマックス・ウェーバーの主張である。ウェーバーは「経験科学は人は何をなしうるか，なにを欲しうるかを教えることはできても，何をなすべきかを教えることはできない」と述べ，価値判断と事実判断の区別，理論と実践の区別の重要性を指摘する。そして，社会科学を事実判断の学であるとするのである。彼のこの主張についてもう少し考えてみよう。

レービットは『ウェーバーとマルクス』において，ウェーバーを資本主義の研究に駆り立てているものは，現代の人間世界における人間性の運命如何という問いなのであって，資本主義はまさに，この人間世界の問題性を特徴的に表現しているのである，という (Löwith, 1932)。だとすると，ウェーバー自身は価値自由的な研究をしていないのではないかという疑問が生じる。ライト・ミルズは『社会学的想像力』の中でもっと端的に次のようにいう。「社会科学が

道徳的にそして知的に約束することは，自由と理性とを貴重な価値として守ること，それらが問題提起のなかで真剣に，たえず，創造力豊かに駆使されるということであろう」(Mills, 1959)。このような立場もまた価値自由の精神に反しかねないようにみえる。

2.3.2　客観性確保のための 3 つの方策？

われわれはどう考えたらいいのか。その手がかりとして『社会学事典』の価値自由の項目をみると，おおよそ次のようなことが書いてある（見田他編，1994）。

研究の客観性を確保するためには 3 つの立場がある。1 つ目の立場は，主観や価値を離れて客観性を獲得するという立場であり，これはある意味では成り立つが，科学の技術化を避けられない。問題は些末になり方法は複雑になっていく。

2 つ目の立場は，支配的な価値と考えられる価値に依拠すれば客観性が保証されるという立場である。しかし，これでは価値にとらえられてしまって客観性が損なわれるとされる。

3 つ目の立場は，主観や価値をもちながらそれにとらわれない自由な態度をもつということによって客観性を確保しうるという立場である。これは，人間を価値判断の主体と自覚し，自分の価値判断を可能な限り鮮明にすることによって，価値判断を自覚的に自己統制していくという立場だと解説されている。

事典はこの 3 つ目の立場が価値自由の立場だというが，やはり少しわかりにくい。価値判断を鮮明にし，価値判断を統御するというのはどのようなことなのかがよくわからないのである。

2.3.3　2 つの水準の価値

(1)　価値関心

こういった問題を理解するためには，価値の概念，ならびに研究の概念を少し整理する必要がある。まず価値の概念の整理だ。価値という概念には少なくとも 2 つの水準がある。1 つ目は一般的な使い方で，「価値がある」というのは「望ましい」という意味である。その社会で望ましいとされていることや自

分自身が望ましいと思っていることに従って行動がなされる時，それらは価値に従った行動ということになる。この意味での価値に関わる意識をここでは「価値関心」とよぶことにしよう。

(2) 認識基盤的価値

　もうひとつの水準の価値はより根源的なものだ。今仮にここに4羽の鳥がいて，それらは2羽のカラスと2羽のニワトリだとしよう。この4羽の鳥を2つのグループに分ける時，われわれは普通カラスとニワトリに分ける。ではなぜカラスとニワトリに分けるのだろうか。おそらく，ニワトリ2羽は特徴が似ており，カラス2羽も特徴が似ているから，それぞれが別のグループになるというわけだろう。カラスは黒いがニワトリは白い，カラスは飛ぶがニワトリは飛ばない，などなど。しかし，鳥の特徴とはいったいいくつあるのかを考えていくと，ことはそう簡単ではないことがわかる。細かくみていけば特徴は無限といっていいほどある。そう考えると，色であるとか飛んだり飛ばなかったりするのは，無限にある特徴の中のほんの一部にすぎない。無限の中の一部分をくらべているだけだから，ロジカルに考えると，ニワトリとカラスは区別できないことになってしまう。無限分の10も無限分の100もともに0だからだ。

　しかし，われわれはニワトリとカラスを区別する。実はそこには価値が関係している。われわれは多くの特徴から，価値的にいくつかの特徴を取り出し，その少数の特徴を比較することでニワトリとカラスを区別しているのだ。われわれの認識基盤は，このように価値的に構成されている。

　この価値は認識基盤を構成する価値ともいえる。この価値をここでは「認識基盤的価値」とよぶことにしよう。認識基盤的価値の中にも多様な水準があり，ヒトならばそこから逃れることの困難なものもあるし，変化する可能性をもつものもある。ニワトリとカラスを分けるという認識基盤はかなり固定的なものだろう。それに対して，健康と病気を分ける認識基盤や，犯罪者とそうでないものを分ける認識基盤はさほど固定的ではないだろう。

2.3.4　研究のプロセスと価値自由

　次に，研究について整理しておこう。研究は，状況の存在—問題設定—情報

入力―情報加工―情報出力―状況の変化という一連の流れの中で生じる。ここで広義の研究とは問題設定から情報出力までをいい，狭義の研究とは情報入力から情報出力までをいう（図2-4）。

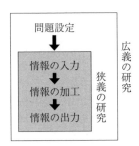

図2-4　広義と狭義の研究

さて，2.3.3で考えた価値の2水準とここでの研究のプロセスの関係について考えよう。まず認識基盤的価値について。認識基盤的価値は，広義・狭義の研究のすべての段階に必ず関わってくる。認識基盤がなければ，概念設定や推論も不可能になるからである。この認識基盤に価値が介在しているため，そういう意味では研究から価値を排除することはできない。しかし，その認識基盤自体を可能な限り自覚的に意識することは重要である。認識基盤についての自覚的とは，たとえば，研究の中で「AもBもみな犯罪者としている今の枠組で研究を進めていいのだろうか」「結婚を法律婚だけから考える今の研究枠組は再考する必要はないのだろうか」といったことを意識することだ。その意味で，認識基盤に関わる価値は研究のすべてのプロセスに関わるが，それについて自覚的でなければならないということが価値自由の立場である。

次に，価値関心について。価値関心は，問題設定を含めた広義の研究においても，それを含めない狭義の研究においても，プロセス内のすべての段階に介在させることもさせないことも可能である。すなわち，価値関心に基づき問題を立て，価値関心に基づき情報を集め，価値関心に基づき情報を加工し，価値関心に基づき情報を出力することもできるし，すべてのプロセスから価値関心を排除することもできる。価値自由の立場は，この価値関心との関連でいうと，狭義の研究，すなわち情報入力から情報出力までのプロセスにおいて，価

値関心を研究に介在させてはならないということを意味する。自身にとって都合のいい情報収集，加工，出力は行ってはならないということである。

　まとめておこう。狭義の研究において価値関心を排除すること，ならびに研究全体において自己の認識基盤（認識基盤的価値）について反省し続けること，これが基本的な価値自由の立場なのである（図2-5）。

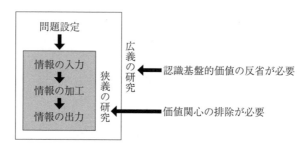

図2-5　基本的な価値自由の立場

2.3.5　問題設定と狭義の研究における価値関心

　研究の問題設定において価値関心は介在したりしなかったりすると先に述べたが，ウェーバーはこの点において価値を介在させていたことは明確だろう。彼の研究は「時代における人間性の運命」への問いかけであり，それは彼の価値関心に基づく問題設定に他ならない。ミルズの「自由と理性とを貴重な価値として守ること，それらが問題提起のなかで真剣に，たえず，創造力豊かに駆使されるということ」というのも，価値関心から問題を立てるべきだという強い訴えを意味する。彼らの立場は次の図2-6のようなものなのである。

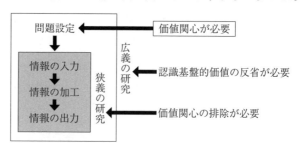

図2-6　ウェーバーやミルズの立場

　ここで問題設定における価値関心の介入・不介入と狭義の研究における価値
関心の介入・不介入を同時にみることによって，ウェーバーやミルズの立場を
整理しておこう（図2-7）。ここでは縦軸に問題設定における価値関心が強いか
（上）弱いか（下），横軸に狭義の研究において価値関心が排除されているか
（左）混入しているか（右）で4つの象限が作られている。

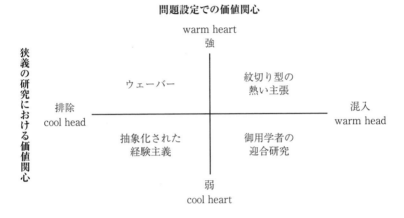

図2-7　問題設定と狭義の研究における価値関係性

　問題設定での価値関心が強く，狭義の研究に価値関心の混入する第1象限
は，十分な証拠なく自己の主張をただ繰り返すものであり，「紋切り型の熱い
主張」とでも名づけられるだろう。問題設定での価値関心が弱く，狭義の研究
に価値関心の混入する第4象限の研究は「御用学者の迎合研究」とでもいえ
る。その研究についての内的動機づけは乏しく，研究を要請したものの意向に
よって結果はねじまげられていく。問題設定での価値関心が弱く，狭義の研究
から価値関心を排除した第3象限の研究は，方法はきちんとしているが，取り
扱っている問題はどうでもいいこと，といった研究だ。ミルズはこういった立
場を抽象化された経験主義とよんだ（Mills, 1959,）。鈴木廣によればこの手の研
究は批評の精神もない受験勉強めいた「研究」でしかない（鈴木，2007）。問題
設定での価値関心は強く，研究から狭義の価値関心を排除した第2象限の研究
は，ウェーバーの立場であり，ミルズの立場であり，そして次に述べるマーシ

ャルの立場だ。これが社会科学の研究の理想とされる姿であることはいうまでもない。

マーシャルは有名なイギリスの経済学者だ。彼は母校のケンブリッジ大学に教授として迎えられた時，就任公演をした。ちょっと脚色しているけれど，こんな感じだったんだろうと思う。最後の言葉は間違いない。

母校のケンブリッジに戻ってきてとてもうれしく思います。君たちはとても優秀だから私もやりがいがあります。でももし君たちがロンドンのスラムに行って何も感じないならば君たちは経済学をしているとはいえない。経済学には cool head だけでなく warm heart が必要なのです。

図 2-7 でいうと，cool head は横軸の左，warm heart は縦軸の上になるから，マーシャルの位置はウェーバーの位置と同じである。マーシャルの言葉は，経済学だけでなくすべての社会科学についていえることである。社会学には cool head と warm heart が必要なのである。

2.3.6　補：価値についての補足

この章の最初のところで，命題を論理命題，経験的命題，価値命題という形で 3 つに分類した。そして，論理命題や経験的命題については真偽判断が可能だが価値命題はそういった判断ができない点でそれらと異なる種類の命題だとした。そういった議論をしながらも，価値自由の議論に際して，認識の基盤にも価値が存在するとして，それを「認識基盤的価値」とした。ここから，真偽判断に関わる命題にも認識基盤的価値が関連していることを予測した読者も多いと思う。そうなのである。すべてのわれわれの認識には根源的な意味での価値が介在している。

たとえば，次の 2 つの命題をみてみよう。

「マツタケを食べても体調を崩さないが，ベニテングタケを食べると体調を崩す」

「マツタケを食べてもいいが，ベニテングタケは食べてはいけない」

命題の分類でいうと，最初の命題は経験的命題で真偽判断が可能である。お

そらくこの命題は真なる命題だ。後のほうの命題は「いい」とか「いけない」とか述べられているので価値命題であり，真偽判断は不可能な命題だ。だからこれら2つの命題は形式的には異なる。しかし，これらの命題は実質的にはほとんど同じ命題である。というのは，これらの命題はそもそも世界にあるキノコを人にとって有益なキノコと有害なキノコに分け，それぞれに属するマツタケとベニテングタケについて述べた命題だからである。

　価値命題とそれ以外の命題を分けることは近代的な科学的研究を行う上では必要なことである。しかし，科学の基盤をさらに検討すると，両者の違いが次第にあいまいになっていく。すべての認識はわれわれの価値に支えられている。事実や価値の問題を考える際には頭の隅にこのことを置いておいてほしい。

自習のために

■ 文献案内

　今回もやや哲学的な内容を含んでいた。前章で紹介した文献を参考にしつつ理解してほしい。「命題と科学」で話をしたウィトゲンシュタインは風変わりで魅力的な哲学者だ。とにかく徹底的に考える人で，読んでいると実に緊張する。前期と後期で全然ちがうことをいっているんだけれど，その双方が大きな学問的影響を与えている。次のものは前期の代表作。

　Wittgenstein, L., 1922, *Tractatus logico-philosophicus.*（ウィトゲンシュタイン『論理哲学論考』野矢茂樹訳，岩波文庫，2003）

　「価値自由」で紹介したミルズの次の本は社会学の古典といっていい。多くの入門書で読むべき本として紹介されている。

　Mills, C. W., 1959, *The sociological imagination*, Oxford University Press.（ミルズ『社会学的想像力』鈴木広訳，紀伊國屋書店，1965）（ミルズ『社会学的想像力』伊奈正人・中村好孝訳，ちくま学芸文庫，2017）

　今回，理解社会学というものについて少し話をした。行為の動機を考えるのは文学では一般的で，さまざまな小説を読むことは社会学的研究を進める上でとても重要だ。次の本は実際の社会的な事件について動機をもとに記述したものだ。面白いので読んでおくといい。本書の以下の各章の理解が深まるし，下の練習問題(2)を考える際にも役立つ。

見田宗介，2008『まなざしの地獄』河出書房新社
中島岳志，2013『秋葉原事件』朝日文庫
中島義道，2015『ヒトラーのウィーン』ちくま文庫

🖊 練習問題

(1) 「社会学ってどんな学問？」と友人に聞かれた時に，自分なりに説明できるようにしておこう。

(2) メディアで報道された犯罪をひとつ取り上げ，加害者になったつもりで，どんな気持ちでその事件を起こしたのかを考えてみよう。

③ 意識と行為の基礎1：意識の基本枠組

　社会学は社会現象を分析する学問だ。社会現象ならどんなものでも社会学の対象になる。なぜ戦争が起こるのか，なぜ企業がリストラをするのか。なぜ少子化が進むのか，なぜ高齢者の自殺率が高いのか，なぜ地方で過疎化が進むのか，こういうことはすべて社会学が扱う問題だ。

　では社会現象とは何だろう。細かくみていくと，そこには人びとの行動が関わっていることがわかる。少子化が進むのは子どもを産むという行動に関わっているし，過疎化の進行は地方からの都市への移動という行動に関わっている。社会現象は大雑把にいうと人びとの行動の集積だ。

　この人びとの行動の基礎には行動を起こした人の意識，行動の動機がある。だから意識を考えることが重要になってくる。あるビルから人が落ちたとして，社会学で「落下速度は gt だ」という説明をすることはない。われわれが知りたいのは故意なのか，失敗なのか，故意なら何を考えて落ちたのかといったことだ。

　今回はこの出発点である意識について，その基本構造を解説する。基本構造の解説という性質上，今回の講義はそう面白くはならないはずだ。しかし，今後の講義の基礎となる部分なのできちんと理解してほしい。今回のキーワードは次の通りである。

◇　用　　語　◇

事象，意識事象，意識の担い手，意識作用，意識内容，意識の入れ子構造，表象化，事実判断，価値判断，事実意識，価値意識，感情的意識，評価的意識，欲求，義務意識，意欲，準拠集団，相対的剥奪，社会意識（集合意識）

◇　人　　名　◇

マートン，マンハイム，マルクス，デュルケム，見田宗介

3.1 事象と意識事象

3.1.1 事　　象

　まず事象というものを考えよう。ここでいう事象とは，さまざまな事（コト）のことをいう。「私が今論文を書いている」というコトも事象であり，「昨日は雨が降っていた」というコトも事象である。事象は，実際に生じていても生じていなくてもかまわない。また，決して生じえないものも事象と考えられる。すなわち，「赤い絵の具に黒を混ぜると黄色ができる」といったありえないコトも事象である。

　世界にはさまざまな事象が生起している。たとえば，講義をしている今，教室の中では「蛍光灯がついており」「机が並んでおり」「私はしゃべっており」「君たちはノートをとっており」といったさまざまな事象が生起しているのである。ところで，このことを視点を変えて考えてみるとこうもいえる。この「蛍光灯がついており」「机が並んでおり」「私はしゃべっており」「君たちはノートをとっており」といったさまざまな事象がこの教室内の世界を作っているといえるのである。これは，現実世界は生じている事象の集まりであるということを意味する。

3.1.2　意識事象とその構成要素

　さて，これら世界を構成する事象の中に少々風変わりな事象がある。それは「誰かが何かを考えている」という事象である。たとえば，今この教室の中でAさんが「授業が終わったら食堂でカレーを食べよう」と考えているとしよう。その時，「Aさんが〈授業が終わったら食堂でカレーを食べよう〉と考えている」という事象がこの教室内で生じているのである。これは「蛍光灯がついており」「机が並んでおり」「私はしゃべっており」「君たちはノートをとっており」といった事象と異なり目にみえることはない。けれどもそれはやはりこの教室内で生じているひとつのコト，すなわち事象なのである。こういった事象を意識事象とよぶことにしよう。

　意識事象は意識の担い手，意識作用，意識内容という3つの構成要素から成り立っている（図3-1）。

図3-1 意識事象の構造

「Aさんが〈授業が終わったら食堂でカレーを食べよう〉と考えている」という例でいうと，Aさんが意識の担い手，「考える」が意識作用，「授業の後，食堂でカレーを食べること」が意識内容である。意識作用にはこの「考える」のほか，「思う」「思い出す」「想像する」などさまざまな作用がある。

3.1.3 意識事象の入れ子構造

ところで，意識内容については注意しておくべきことがある。それは，意識事象の意識内容もまた事象であるということだ。すなわち，前の例では「食堂でカレーを食べること」という事象が意識内容となっているのである。

さて，事象の中には意識事象という事象もあるということはすでに述べた。そして今，意識内容は事象であるということを述べた。そうすると，意識内容としての事象が意識事象ということもありうることになる。たとえば「B氏は釣りにいくつもりだと，A氏は考えている」というような事象は，A氏を担い手とする意識事象であるが，その意識内容は「B氏が釣りに行こうと考えている」というB氏を担い手とする意識事象なのである（図3-2）。

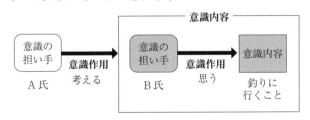

図3-2 意識の入れ子構造

入れ子はさらに複雑になりうる。たとえば，「AはBと交際しているとCは考えているとDは思ったとEは想像した」というのは，担い手をEとする意識事象だが，その意識内容にDを担い手とする意識事象を含み，さらにその

意識内容にCを担い手とする意識事象を含み，この意識内容が「AはBと交際している」という事象なのである。このように，「意識事象はその内容として意識事象をもつ」という入れ子構造が成立しうることをここで確認しておこう。

ところで，意識内容としての事象が現実に対応するとはかぎらないことには注意が必要だ。すなわち，「昨日は雨」とある人が思ったとしても，本当は晴れていたかもしれないし，「B氏が釣りに行こうと思っている」とA氏が考えていても，本当にB氏がそう考えているとはかぎらない。意識内容としての事象と現実の事象との存在の水準を混同してはならない。

意識事象の入れ子構造に関連して，イギリスの精神科医ロナルド・D・レインの魅力的な作品をここで紹介しておこう。『結ぼれ』という本の中にあるジルとジャックの会話の形で示される詩だ（Laing, 1970）。

ジル　　あなた，わたしがばかだと思っているのね
ジャック　きみがばかだなんて，思っていないよ
ジル　　もしあなたがそう思っていないのなら，あなたはわたしがばかだと思っている，と思うなんて，わたしはばかなのに違いないわ。それとも，あなたはきっと嘘をついているのよ。
　　　　どっちみち，わたしはばかなの。
　　　　もしわたしがばかなら，わたしはばかだと思うなんて
　　　　もしわたしがばかでないなら，わたしはばかだと思うなんて
　　　　もしあなたがそう思っていないのなら，あなたはわたしがばかだと思っている，と思うなんて

ジル　　わたしって滑稽ね
ジャック　いや，そんなことないさ
ジル　　滑稽でもないのに滑稽だと感じるなんて滑稽よ。
　　　　あなた，きっと，わたしのこと笑ってるんでしょ
　　　　もしあなたがわたしのことを笑っていないとしたら，あなたがわたしのことを笑っていると，わたしが感じているからといって。

この詩，面白いと思わないかな。よく検討してみるとすこし水準が混乱しているんだけど，すごく魅力的な詩だと思う。われわれの意識の世界の複雑さがよく表れてる。それも魅力的な姿で。

3.2 事実意識と価値意識

3.2.1 意識作用・事実意識・価値意識

(1) 表象化（イメージ化）

ここまでは意識作用を「考える」「思う」「思い出す」「想像する」などと例示してきた。この意識作用をもっと根本的なところから考えよう。筆者の見解では，意識作用には「表象化（イメージ化）」「事実判断」「価値判断」があるとするのが合理的である。まず，表象化について述べよう。

表象化という言葉で意味するものは，事象を思い浮かべる（事象をイメージする）意識作用にほかならない。表象化（イメージ化）によって思い浮かべられた事象は表象（イメージ）である。思い浮かべる事象は，過去にあった事象でも，現在生じている事象でもいいし，未来に生じるであろう事象であってもいい。存在しない事象や不可能な事象を思い浮かべることも表象化である。

(2) 事実意識

次に事実判断である。事実判断とは，表象された事象について，その事象は真か偽か，現実に存在するのか，生じる確率はどのようなものかといった判断を意味する。したがって，事実判断は表象に深く関連している。

今，原発の大事故が生じるかもしれないと考えている人がいるとしよう。彼が思い浮かべているのは「原発の大事故」という事象である。彼はこの事象を表象しているのである。彼はまた，その表象が現実に生じる確率を考えている。この確率を考えたりする意識の作用が事実判断である。

表象化と事実判断によって確定されるのが事実意識である。事実意識とは表象された事象に事実判断が加えられたもので，上の例の「原発の大事故が生じるかもしれない」はひとつの事実意識である。ある人がある事実意識をもっているということは，細かくいうと，ある人が問題となっている事柄を表象しそ

れについてある事実判断を加えているということである。

(3) 価値意識

　価値判断も事実判断と同様，表象と深く関連している。人は表象された事象について価値判断を加え，価値意識を形成しているのである。

　たとえば「自民党が政権を取ることに賛成ですか」という質問を受けた時，人びとはまず「自民党が政権を取る」という事象を表象化する。そしてその表象である「自民党が政権を取ること」にたいして「良い（悪い）」といった価値判断を付与し，「自民党が政権をとることは良い（悪い）」という価値意識を作り上げるのである。ある人がある価値意識をもっているということは，細かくみれば，ある人が問題となっている事柄を表象しそれについてある価値判断を加えているということである。

　表象と事実意識，価値意識の関係は図3-3のように表せる。

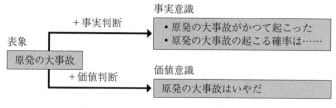

図3-3　表象・事実意識・価値意識

　事実意識においても価値意識においてももう少し複雑な構造になっているものもある。たとえば，「アメリカの大統領がイランを敵視することについて，あなたはよいことだと思いますか」という質問から得られる回答はもう少し複雑である。そこでは，「大統領（担い手）がイランの現在のありようを思い浮かべ（表象），それを敵視している（価値判断）」という事象（大統領の価値意識）を回答者が思い浮かべ（表象），それに対してよいことと思うかという「価値判断」を加えた回答者の価値意識をたずねているからだ。入れ子構造になっているのである。

(4) 感情的意識と評価的意識

　価値判断は感情的判断と評価的判断に区別される。表象に感情的判断が加わ

って設定される意識を感情的意識，表象に評価的判断が加わって設定される意識を評価的意識とよぶことにしよう。感情的意識とは美醜，快不快という基準に関連した意識であり，評価的意識とは善悪，正邪という基準に関連した意識である。「生き物を殺すことはいけない」というのは評価的意識であり，「タイガースが勝つとうれしい」というのは感情的意識である。それらは表象された「生き物を殺すこと」「タイガースが勝つこと」という事象に対して，それぞれ評価的判断，感情的判断が加えられた結果生じた意識である（図3-4）。

$$価値意識 \begin{cases} 感情的意識 \\ \\ 評価的意識 \end{cases}$$

図3-4　感情的意識と評価的意識

　調査との関連で指摘しておくべきことは，質問によっては感情的意識と評価的意識を区別できるとはかぎらないということである。われわれはしばしば「○○はいいと思うか」などと質問するが，ここで明らかにされるのは感情的意識かもしれないし評価的意識かもしれない。しかし，それはいずれにしても価値意識であることにはかわりはない。

3.2.2　欲求と義務意識

(1)　欲　　求

　行動を引き起こす動因として，欲求（要求）が考えられることが多い。では欲求とは何かというと，今度は「行動が必要である生活体の状態」などと定義されるのがつねである。これでは循環的になってしまいとらえどころがない。

　そこで，ここでは欲求を次のようにとらえることを提案したい。すなわち，自己の未来の行動についての感情的意識を欲求とよぶと。その場合，行動はある種の一般的行動であってもいいし，特定の行動であってもいい。欲求をこのようにとらえるならば，調査における質問との整合性が生まれる。すなわち，「次の選挙で投票したい」などという意識は，「次の選挙での自分の行動」についての感情的意識と考えられ，それは定義上，欲求にほかならないということになるのである。

(2)　利己的欲求と利他的欲求

　人の欲求にはさまざまなものがあり，1次的欲求と2次的欲求，生得的欲求と獲得的欲求といった区別がなされることが多い。しかし，社会学的研究を進める上で，もっとも基本的な分類は，利己的欲求と利他的欲求の区別である。ここで，利己的欲求とはもっぱらみずからの個人的利益のみを求める欲求のことを意味し，利他的欲求とは他者の願望の実現をはかろうとする欲求のことを意味している。利他的欲求もまた自己の行動についての感情的意識であることには注意しておく必要がある。それは評価的意識ではない。

(3)　義務意識

　おおざっぱにいうと，社会科学上の行動についての理論には一元論と二元論がある。一元論とは，行動を欲求のみから説明するもので，経済学や社会学の合理的選択理論などにみられる考え方である。一方，二元論的立場は，行動を欲求だけでなく義務からも説明する。すなわち，両者をともに行動の動因とみなすのである。社会学では後者のほうがより一般的であり，筆者もそのような見解をとる。

　ところで，これまで議論してきたことからすると，義務意識は，自己の未来の行動についての評価的意識と考えられる。すなわち，義務意識は自己の行動についての正邪，あるいは善悪の意識なのである。欲求と義務意識が異なるのは，それが感情的意識か評価的意識かの違いによる。

　義務意識について注意しておかねばならないことは2つある。第1は，義務意識は単に行動についての評価的意識ではないということである。それは「自己の」行動についての評価的意識なのである。たとえば「日本の社会には変革が必要だ」という意識はまだ義務意識とはいえない。というのは，そこでの意識の対象は当事者の行動ではないからである。「日本の社会を変えるために，私は行動しなければならない」という意識こそが義務意識とよばれるものである。

　第2に注意しておくべきことは，欲求との関連である。われわれはしばしば欲求を義務意識と対立するものととらえる。しかし，それは正確ではない。た

とえば，投票にいくという行動を考えてみよう。「人は義務感のみによって投票に行く」などという考えには，やはり少し無理がある。投票は何らかの欲求の充足ももたらすと考えたほうが自然だろう。このように，欲求を充たしかつ義務の履行にもなるという行動もあるということを忘れてはならない。むしろこのほうがより一般的だと思われるのである（図3-5）。

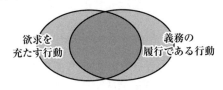

図3-5　欲求と義務

(4)　意　　欲

　感情的意識と評価的意識について述べた部分で，調査においてそれらは区別して把握できるとはかぎらないということを述べた。欲求と義務意識は，それぞれ自己の行動を対象とする感情的意識と評価的意識であるから，ここでも同様に区別できるとはかぎらない。たとえば，意識調査でしばしば用いられる次のような質問について考えてみよう。質問文は「あなたの生活目標にいちばん近いものはどれですか」というものであり，回答には〈快〉「その日その日を自由に楽しく過ごす」，〈利〉「しっかりと計画をたてて豊かな生活を築く」，〈愛〉「身近な人たちとなごやかな毎日を送る」，〈正〉「みんなと力を合わせて世の中をよくする」という4つの選択肢が設けられている（NHK世論調査部，1991）。このような問いは，行動主体自身の行動についての意識を尋ねているという意味において，欲求あるいは義務意識を尋ねている問いと判断できる。しかし，そのどちらかというと，どちらともいいがたい。

　われわれはすでに，感情的意識と評価的意識の総称を価値意識とした。それと同様，欲求と義務意識の総称を考えておく必要がある。筆者はその総称として「意欲」という用語を採用したい（図3-6）。

図3-6　意欲・欲求・義務意識

　意欲とは行動主体の未来の行動についての望ましさの観念を指し，その望ましさの意味は感情的（欲求）であっても評価的（義務意識）であってもかまわない。意欲とは，自己の未来の行動についての価値意識であり，「強い意欲がある」というのは強い欲求や義務意識があることを意味し，「意欲が弱い」というのは欲求や義務意識が弱いことを意味する。

　具体的調査では，欲求と義務意識が区別不可能であり，意欲しか明らかにできない場合が多い。しかし，区別ができないことは必ずしも問題ではない。そのような区別が不要な場合も多いからである。問題かどうかはそれぞれの研究目的に依存している。

3.3　意識を規定するもの

3.3.1　物質的条件

　さて，人がある意識をもつ時，当該の意識の主体（担い手）である個人がその意識をもつにいたった条件は何か。この講義では，この意識に影響を与える条件を物質的条件，文化的条件，社会的条件の3つに分けて考える。

　まず，物質的条件について述べよう。物質的条件にはさまざまなものがある。気候や風土はもっとも基礎的なものだ。それらによって何を食料とするかは変わってくるし，生活のリズムも変わる。建造物のありようも基礎的な物質的条件である。

　人やものの移動がどうなっているのかも意識に影響を及ぼす重要な物質的条件である。閉ざされた地域社会に住むことが普通であったかつての人びとと，世界的な移動が普通になった現在とでは人びとの意識は当然異なる。今，大阪から東京に行こうとする人は，高速バスで行こうか，新幹線で行こうか，飛行機で行こうかと悩むかもしれない。しかし，100年前にそのようなことを考え

るような人は決していなかった。高速バスも新幹線もなかったし，飛行機の路線もなかったからだ。

　人が所有する財の多さ少なさも人の意識に影響をもたらす。豊かな社会と貧しい社会では人の意識のありようは変わってくる。同じ社会の中でも金持ちと貧乏な人では意識のありようはさまざまな点で異なることは当然予想できる。われわれの意識はこういった物質的条件によって規定されている。物質的条件の中には当該意識主体の肉体的条件なども含まれることを付け加えておこう。

3.3.2　社会的条件

　当事者の意識に影響を及ぼす第2の条件は他者や集団である。この他者や集団の意識や行動やありようが当事者の意識に影響をもたらすのである。

　他者や集団が自己の意識に影響を及ぼすことについて，社会学では準拠集団論という分野で議論が展開されてきた。準拠集団とは，当事者の意識が構成される時に基準となる集団を意味する。人はこの準拠集団の提供する認識や判断の枠組に強く影響され，自身の認識を形作ったり判断したりするのである。たとえば，ほとんどの者が大学に進学する高校に在学するものと，大学に進学する者があまりいない高校に在学する者では，同じ能力や財力があったとしても，大学進学への意識は異なってくるだろう。彼らの準拠集団はちがうからである。

　準拠集団は相対的剥奪という概念にも関係している。ここでいう剥奪とは不満のことだ。社会生活の中で，人はさまざまな不満を感じる。たとえば，経済的条件故に，大学に行きたかったのに行けないとすると，人は不満をもつことになるだろう。しかし同じような条件におかれていても，不満を感じる人もいればそうでない人もいる。それはわれわれの不満が絶対的な意味ではなく相対的な意味をもつことが多いからである。大学に進学する者があまりいない高校に在学する者の不満は，ほとんどの者が大学に進学する高校に在学する者の不満にくらべて小さいと考えられるのである。

　サミュエル・A・ストウファーは『アメリカ兵』の中で，昇進機会の少ない部隊に属する者の方が昇進機会の多い部隊に属する者より昇進に対する不満が

小さいことを明らかにしたが，これは準拠集団論に関わる重要な研究である（Stouffer, 1949)。ロバート・K・マートンは『社会理論と社会構造』の中で，準拠集団について広範囲な考察をしている（Merton, 1957)。これらは機会があれば読んでおいたらいいだろう。

当事者の選ぶ準拠集団は当事者の属している集団にかぎらない。人は属していない集団を準拠集団とすることがある。自身のあこがれる集団を準拠集団として，その集団のスタイルで考え，行動しようとすることはよくあることである。

3.3.3　文化的条件

⑴　文化情報と文化媒体

意識は当事者のおかれている文化的条件によっても影響を受ける。文化とは「ある社会における人びとの思考の様式，行動の様式，ならびに人びとの作り出した人工物の様式の全体」とここでは定義しよう。ここでいう様式とは，多少なりとも定型化されたものであり，1回限りの独特なものではないということを意味している。ある時代のある社会において一人の個人だけが行う時代や社会の潮流に反した独特な思考や行動は，未だ様式となっておらず，そのままでは文化とはいえない。

文化を考える際には意味の解釈という問題について考えておく必要がある。今，私の前に開かれている本のあるページに注目しよう。物質的事象としてこのページをみるならば，そこには単にインクのしみが付着している紙があるにすぎない。しかし，私はそのインクのしみについて，しみと認知することをこえて，そこに何が書かれているかを読みとることができる。すなわち，記述されている文を読むことができるのである。記述されている文の意味をここでは文化情報とよぶことにしよう。それは，事物の情報的側面と表現することができる。それに対して，その文が掲載されているページや本やしみを文化媒体とよぶことにする。文化媒体とは文化情報が刻まれている事物のことである。文化媒体には音声なども含まれる。この講義では文化情報を文化の意味の中心と考え，意識に影響する文化的条件も文化情報のありようとしている。

⑵ 事実情報と価値情報

　文化情報には事実情報と価値情報がある。事実情報とは事実意識の構成に寄与する情報である。多くの書籍には原発とは何かということについての記述がある。そして，原発に大事故が起これば何が起こるかについての記述もある。人がこれらの書籍を読み，何らかの知識を得たとするならば，ここで生じたことは，文化情報をもとに事実意識が構成されたということにほかならない。

　一方，価値情報とは，望ましい事象とは何なのかということを示す情報である。この情報の中で，もっとも重要なのは制度についての情報である。法はまさにこの価値情報の中心をなす。

　ひとつの文化情報が事実情報と価値情報をともに含んでいることは少なくない。絵画や音楽の様式にはいろいろあり，たとえばロマン派はかくかくしかじかの形態をとるなどという事実情報を含んでいるが，それだけでなくある種の美的望ましさについても示しているのである。

3.3.4 物質・社会・文化の区別について

　物質的条件，社会的条件，文化的条件という区別を設けたが，それらは厳密には区別できないことも多々ある。他者の意識は当該意識の主体にとって外部にある社会的条件だが，他者の多くが同じような意識をもち，それらが一定の固定した様式をもつならば文化的条件とも考えられる。たとえば，ある会社に勤めている人にとってまわりの人びとが「会社人間」的意識をもっていると感じているならば，その「会社人間」的意識は当該意識の担い手にとっては社会的条件であり，それが一定の決まりきった様式をもっているなら当該主体にとっての文化的条件でもある。

　また，文化的条件は物質的条件や社会的条件と区別しにくい。たとえば，社会調査では「小さいころあなたの家には本がたくさんありましたか」といった質問をすることがある。ここで本自体は文化媒体であり物質的条件である。それに対して本に示されている情報は文化的条件でもある。したがって，この質問は物質的条件と文化的条件の双方を尋ねている質問となっている。この回答を当事者の物質的条件とみるか文化的条件とみるかはなかなかむずかしい。

次のような問題もある。ファッショナブルな衣服にはこのような服装が望ましいという価値情報が暗示的に含まれる。それゆえ，そのような衣服は文化媒体であり，そこには文化情報が刻まれていると考えることができる。衣服自体は物質的条件であり，暗示的な文化的条件がそれに乗っかっているのである。この衣服を身につけている人まで含めて考えると問題はさらに複雑になる。社会的条件である他者が物質的条件である衣服を身につけ，そこに文化的条件が付着しているということになってしまう。

　このように，物質的条件，文化的条件，社会的条件を実体として区別することは難しい。それゆえ，厳密にいえば区別は分析的にのみなされる。しかしながら，経験的研究に基づき現実的な理論を構築する際には，適切な基準を設け実体として区別する必要も生じる。すなわち，所有する本は物質的でもあるが文化的条件とする。住んでいる家は趣味の良し悪しといった文化的条件としての意味は度外視し，物質的条件とする，といった基準である。どういった基準で条件を区別するかは研究の目的に依存する。

3.3.5　意識の分析図式

(1)　分析図式の基本

　さて，これまでの物質的条件，文化的条件，社会的条件の議論をまとめると図3-7になる。

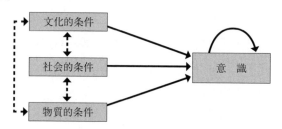

図3-7　意識の分析図式

　この図は，当事者のある時点での意識がどのように形成されるのかを検討するための分析図式である。意識は物質的条件，社会的条件，文化的条件，の下で形成される。図には意識から自分自身に向かう矢印も描かれているが，これは知識や記憶に基づいた思考を意味する。われわれは自分自身の頭の中で，い

ろいろと思いめぐらせ意識の内容を変えていく。そういったことを示すため，意識から自身に向かう矢印が付け加えられているのである。

(2)　知識・記憶と社会化

ここで意識と書かれた箱の中を少しだけ覗いてみよう。そこには，その時点での物質的条件・文化的条件・社会的条件についての意識の担い手の意識内容がある。しかし，それだけでなく当事者の意識の中には膨大なこれまでに蓄積された知識や記憶も存在する。

たとえば，レストランで生ガキが出てきたとしよう。「生ガキが出てきたぞ」というのは物質的条件を認知したということだ。ここで当事者はこんなことを思い出すかもしれない。「かつてこれを食べてたいへんなことになった」。これは彼のかつての記憶である。そして，彼はこの料理はパスしようなんて考えるかもしれない。

意識の中にはこういった膨大な記憶があるのだが，これは直接経験によって作られるものばかりではない。それらは教育を含む社会化によっても作られるのである。「盗んではいけない」「人を殺してはいけない」「腕力が強いことは望ましい」「目上の人の言うことはきくべきだ」「恥をかかされたら攻撃しなければならない」。こういったさまざまな意識は社会化によって植えつけられるのである。

人の意識を考える際には今だけをとらえるのでは不十分であり，その当事者の過去からの経験とそこで植えつけられた意識を押さえなくてはならない。経験の内容は時代や場所によっても異なるし，時代や場所が同じであっても個人によって異なるはずである。

意識の箱の中には膨大な記憶が含まれると述べたが，その中には当人に意識されないものも含まれる。いわゆる「無意識」である。これについては少しあとの 5 章で解説する。

(3)　条件間の関係についての把握の必要性

さて，図式の中の文化的条件，社会的条件，物質的条件の間には相互に矢印が引かれていた。これはそれらがお互いに影響関係にあり関連しあっていると

いうことを意味している。面白い例があるので紹介しよう。これは行動についての話で，意識の話をしている現段階では少し先走った話しなのだが，意識が行動を左右すると考えるならば意識の問題ともとらえられる。

　君たちは多くの動物で子を産む時期が決まっていることは知っていると思う。発情期が決まっていて子を産む時期も決まっているわけだ。では人間ではどうだろう。そんなものはないというのが大半の意見だろう。2000年の出生者の月別割合をみたものが表3-1だ。ここから子を産む時期は決まっていないという大半の意見は正しいことがわかる。

表3-1　月別出生者割合（2000年）

（％）

1〜3月	4〜6月	7〜9月	10〜12月	計
24.7	24.4	26.0	24.9	100.0

出典）「人口動態調査」より作成

でもそれは最近のことであって，かつてからそうだったとは言い切れない。図3-8は1920年から2000年までの出生者の月別割合の推移を示したものだ。

　ここから，かつては月によって産まれる割合が違っていたことが読み取れる。じゃあ人はかつて発情期があって今はなくなったということなのかな。それもちょっとちがうと思う。人間の発情期がなくなったなんていうこと，すなわち動物としての人間の生物的変化だけをみるのは危険なのだ。

　図3-9は市部と郡部の人口割合の変化を示したものだ。これをみると，1955年あたりに人口割合が逆転し，そこから都市人口がどんどん増加していることがわかる。そうなると，実は農村や都市の生活様式と出生月には関係があるのではないかということを思いついたりする。たとえばこんな仮説だ。

　かつての農業を中心とした社会においては年単位の家族労働的な生産のリズムがあって，出産もそのリズムの中で行われていたため月別の出生者割合が異なっていたが，都市的世界ではそのようなリズムがなく個人労働が中心のため月別の出生者割合が同じになった。

　もちろんこの仮説が正しいかどうかはもっと十分な検討が必要だ。けれども，ここで注目してほしいのは，「子を作る」という人びとの内的な欲求が自

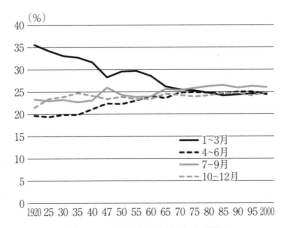

図3-8　月別出生者割合の推移

出典）「人口動態調査」より作成

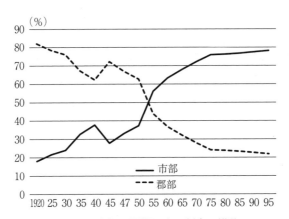

図3-9　市部と郡部の人口割合の推移

出典）「国勢調査」より作成

律的に変化するのではなく，外的な物質的条件（生産のリズム），社会的条件（養育への手助け），文化的条件（養育に関する家族規範）などの歴史的変化が相互に関連して，人の子を作る意識や行動の変化に影響しているということである。

　今はまだ意識の話をしているので行動の話をするのは早いのだけれど，物質的条件，社会的条件，文化的条件は相互に関連しつつ，人びとの意識や行動に

影響するということは理解できると思う。ちなみに，社会学者の中では，ウェーバーは文化的条件に重点をおき，デュルケムは社会的条件に重点をおき，マルクスは物質的条件に重点をおく。もちろん彼らはそれらの相互関係にも配慮している。

3.4 社会意識

3.4.1 社会意識とは

さて，これまで個人の意識について述べてきたが，社会学においては集団などのカテゴリーに属する人が共通してもっている意識に注目することが多い。こういった意識のことを社会意識というが，この概念については注意しておくべきことがひとつある。それは，社会意識という概念には2つの用法があるということである。

ひとつは特定の社会的カテゴリーに属する多くの成員がもつ意識を意味する。これは意識の担い手に注目した社会学での一般的な用法だ。この意味での社会意識は共通的態度と表現されることもある。この講義では，一般的な社会学の用法を採用し，社会意識を「何らかの社会的カテゴリーに含まれる人びとに共通する意識」と定義する。ここで社会的カテゴリーというのは，全体社会であってもいいし部分社会であってもいい。また，実際の集団であってもいいし，単なる統計的集団であってもいい。

もうひとつの用法は，社会に対する人びとの意識を意味する。それは，たとえば環境意識，消費意識といった用語と同じく，意識の対象に注目した用法である。これについて，この講義では「社会についての意識」や「社会観」という用語を用いることにする。

3.4.2 社会意識の整理

(1) 類似概念

さて，第1の意味での社会意識について整理しておこう。まず，類似概念として集合意識やハビトゥスがある。集合意識はデュルケムの用語であり，社会を成り立たせる根源的な社会意識というニュアンスがある（Durkheim, 1895）。

ハビトゥスはブルデューの用語で，意識と行為双方に関連するものであり，その意味で社会意識よりも射程範囲が広い。ハビトゥスとは，何らかのカテゴリーの人びとが自身で意識していない意識と行動の習慣とでもいったらいいだろう（Bourdieu, 1979）。

(2)　2つの水準

ハビトゥスもそうなのだが，意識の担い手である集団は，その意識を自分たちがもっていると自覚している場合とそうでない場合があることを理解しておく必要がある。すなわち，当人たちに意識されている社会意識と当人たちに意識されていない社会意識があるのである。当人たちに意識されていない社会意識について明らかにすることは社会学の重要な仕事だ。これには西洋人にみられる「オリエンタリズム」の研究などがある。

(3)　担い手による整理

社会意識は何らかのカテゴリーの人びとがもつ意識だからさまざまな担い手についての社会意識を考えることができる。階級意識・階層意識（ブルジョワの意識，労働者の意識，ホワイトカラーの社会意識など），年齢層による意識（若者の意識，中年の意識，老人の意識など），性別の意識（男性の意識，女性の意識，性的マイノリティの意識など），歴史的な意識（前近代人の意識，近代人の意識，現代人の意識など），地域的な意識（日本人の意識，ドイツ人の意識，都市住民の意識，農村住民の意識など）などさまざまなものがある。

(4)　対象による整理

社会意識は何らかの対象についての意識であるから，その点からも整理できる。政治についての社会意識，文化についての社会意識，経済についての社会意識，自然についての社会意識などさまざまだ。

社会を対象とした意識（社会観）はとりわけ重要な社会意識である。この研究にはイデオロギーの研究，社会に対する満足感や不満の研究，社会は公正かどうかという感覚についての研究など，さまざまな研究が含まれる。

3.4.3　社会意識の分析図式

社会意識の分析図式も図3-7の個人の意識の分析図式と同様のものである。

そこでは，その社会的カテゴリーの人びとの物質的条件，文化的条件，社会的条件，そして，そのカテゴリーの人びとの思考法が問題とされる。

物質的条件の中ではそのカテゴリーの人びとが共通しておかれている経済状況がもっとも重要だ。それはそのカテゴリーの人びとの意識に大きく影響する。これはカール・マンハイムが『イデオロギーとユートピア』で述べた「存在被拘束性」の議論や（Mannheim, 1929），カール・マルクスの『経済学批判』の序文にある「人間の意識がその存在を規定するのではなくて，逆に，人間の社会的存在がその意識を規定する」という有名な一節にも関連する話である（Marx, 1859）。本書の 13.1.2 でも少し解説しているが，図書館やウェブでその意味を調べておいてほしい。

文化的条件とは，そのカテゴリーの人びとがいかなる文化情報にどのように接しているのかを示すものだ。社会的条件とは，そのカテゴリーの人びとにとっての共通の他者の意識・行動のことを意味する。これらもまた共通の意識に大きく影響する。こういった諸条件の下で，当該カテゴリーに属する人びとは自らも思考し，ある意識をもつようになるのである。

話が抽象的になりすぎたので，もう少し具体的に述べよう。今，若者の結婚についての意識を探ろうとしているとしよう。この時まず検討されるべきは，彼らの物質的条件である。そこではたとえば，彼らは経済的に結婚できる状況にあるのかどうなのか，といったことが問題とされる。次に，文化的条件が検討される。そこでは，彼らの接する文化情報は結婚をどのようなものととらえており，どう評価するのかということなどが問題とされる。次いで検討されるのは社会的条件である。そこではたとえば，結婚についての認識や評価の枠組を提供する準拠集団は何か（親や親族，友人集団など），それらの準拠集団の結婚についての見解はどのようなものか，といったことが問題とされる。そして，こういった３つの条件の下で，若者たちがどのように考え自身の結婚観を作り上げていくのかが全体として検討されるのである。

今の例では，「若者」という社会的カテゴリーが設定されていたのだが，この問題を考える時にはこのカテゴリーを２つに分割し，それぞれの条件につい

て検討したほうが明確な議論になることもある。すなわち，若者を「自分は結婚する」と思っている者と「結婚しない」と思っている者という2つのカテゴリーにまず分け，この2つのカテゴリーの物質的・文化的・社会的条件を比較することによって，2つの意識がどのように生じるかを明らかにしたりするのである。

3.4.4　社会意識を間接的に知る

さて，具体的な調査で社会意識をとらえるためには，何らかの質問で人びとの意識を探り，それを集計するという方法がよくとられる。しかし，このような意識調査の方法でしか社会意識がとらえられないかというと，決してそうではない。人びとの意識は彼らの行動や彼らを代表する人の書いた著作などに現れているからである。すなわち，社会意識は行動や文化情報の形で社会に刻まれており，これらは社会意識の表現と考えることができる。

自殺率や離婚率，犯罪件数などは「行動の集積」という形をとった社会意識の表現であり，ベストセラーやヒット曲，テレビドラマなどは，文字や画像，音声としてシンボル化された社会意識の表現である。デュルケムは『自殺論』で，さまざまな社会的カテゴリーの自殺率を検討することによって，それぞれの社会意識を見事に浮かび上がらせた (Durkheim, 1897)。見田宗介の『現代日本の精神構造』『近代日本の心情の歴史』などは，ベストセラーやヒット曲などをもとに日本におけるさまざまな社会的カテゴリーの社会意識を明らかにしたものだ (見田宗介, 1965 ; 1978)。法などもその時代の人びとの社会意識の表現と考えることができる。デュルケムの『社会分業論』は法をもとに社会意識の時代的変化を検討している重要な著作である (Durkheim, 1893)。

行動もシンボル化された文化情報も社会意識そのものではない。しかし，それらは社会意識を反映している。それゆえそこから社会意識を推論し検討していくことが可能なのである。

自習のために

■ 文献案内

　本章と次章の基本文献は下の安田三郎らの文献だ。なかでも，安田三郎によるⅠ巻の「行為の構造」「行為者としての個人」「行動文化」の章はコンパクトにまとまっており，この分野の必読文献だと思う。

　　安田三郎・富永健一・塩原勉・吉田民人編，1980-1981『基礎社会学Ⅰ～Ⅴ』東洋経済新報社

　この章全体に関わる古典としてはまずウェーバーの次のものがあげられる。これは読んでおいたほうがいいだろう。

　　Weber, M., 1921a, *Wirtschaft und Gesellschaft,* Erster Teil 1, Kap. 1. （ヴェーバー『社会学の根本概念』清水幾太郎訳，岩波文庫，1972）

　パーソンズについては，次の文献がこの章全体に関連する。どれも社会学の偉大な古典だが，一人で読むのはたいへんだ。友人たちと「ここはわからんぞ」といいながら読んでいくといいだろう。

　　Parsons, T., 1951, *The Social System,* Free Press. （パーソンズ『社会体系論』佐藤勉訳，青木書店，1974）

　　Parsons, T., & Shils, E., 1951, *Toward a General Theory of Action,* Harvard University Press. （パーソンス・シルス『行為の総合理論をめざして』永井道雄・作田啓一・橋本真訳，日本評論社，1960）

　　Parsons, T., 1937, *The Structure of Social Action I, II,* McGraw-Hill. （パーソンズ『社会的行為の構造1-5』稲上毅・厚東洋輔・溝部明男訳，木鐸社，1974-1989）

　「社会意識」のところで紹介したデュルケムの文献も社会学の古典中の古典だ。『自殺論』はあまりに有名だが大部なので途中で挫折する学生も多い。そんな時には最初は第1編をパスしていい。第2編を読むと「なるほど」と感心するだろうし，第3編を読むと社会学の時代的精神を感じるはずだ。それから第1編に戻る。

　　Durkheim, E., 1893, *De la division du travail social.* （デュルケーム『社会分業論』田原音和訳，青木書店，1971）（デュルケム『社会分業論』井伊玄太郎訳，講談社学術文庫，1989.）

　　Durkheim, E., 1897, *Le suicide.* （デュルケーム『自殺論』宮島喬訳，中公文庫，1985）

　同じく「社会意識」で紹介したマンハイム，マルクス，マートンの文献はそれぞれ次のものだ。

　　Mannheim, K., 1929, *Ideologie und Utopie.* （マンハイム『イデオロギーとユートピ

ア』鈴木二郎訳，未來社，1968)

Marx, K., 1859, *Kritik der Politischen Ökonomie.* (マルクス『経済学批判』武田隆夫他訳，岩波文庫，1956)

Merton, R. K., 1957, *Social Theory and Social Structure* (revised ed.), Free Press. (マートン『社会理論と社会構造』森東吾他訳，みすず書房，1961)

✎ 練習問題

(1)　政府の統計としてまとめられているさまざまなデータは現代人の社会意識を反映している。人口，婚姻，離婚，出生，自殺に関して，どのような統計データがあるのかを e-stat（政府統計の総合窓口）で調べてみよう。

(2)　上の人口〜自殺のどれかについて時代的推移をみてみよう。またそこから，社会意識がどのように歴史的に推移しているのか考えてみよう。さらに，その変化の原因について考えてみよう。

付記　この章と次の章の内容は筆者が 2009 年度に関西学院大学に提出した博士論文「現代政治の社会学的研究」の第 1 章をもとにしている（初出は小林，1996)。

4

意識と行為の基礎2：行為の分析枠組

　この講義は全体として，意識から行為，行為から社会現象を解説していくものだ。前回は意識というものについて議論した。今回は行為について解説する。今回のキーワードは次の通りだ。

◇　用　　語　◇

行動と行為，目的手段関係の因果論的組み換え，行動主義，古典的条件づけ，オペラント条件づけ，状況の定義，行為の準拠枠，行為の分析図式，ハビトゥス，行為の4類型，道具的行為（手段的行為），充足的行為，型の変数，構造機能主義，AGIL 図式

◇　人　　名　◇

パブロフ，スキナー，ワトソン，ウェーバー，シュッツ，パーソンズ，ブルデュー，大塚久雄

4.1　行動と思われた行動

4.1.1　日常的な行動の説明

　われわれは行動する。そして，その行動について説明を求められることがある。どうして大学に進学したのか，どうしてこの大学に来たのか，どうしてこの会社に就職したのか，どうして彼女と別れたのか，などなど。これらは，進学という行動，就職という行動，彼女と別れるという行動がなぜ生じたのかについての質問だ。

　「どうして大学に来たのか」と学生に聞くといろいろな答えが返ってくる。「やっぱり大学に行かないといい就職口にありつけないからですよ」「高校では大学に行くのが普通で，僕もそれで大学に来たんです」

　「どうしてこの大学に来たのか」と聞くと，これもまた答えはさまざまだ。「この大学，自宅から通えるんです」「偏差値的にここが適当だったんです」「もちろん社会学を勉強したくてですよ」。

　さて，こういった回答は実は2つのパターンに集約される。ひとつはその行動が生じる以前の条件について語るものだ。典型的には「どうして遅刻したんですか」という質問に対する「今日は事故で電車が遅れてしまったんです」といった説明があげられる。ここでは，遅刻という行動が，行動以前に生じた事故という条件で説明されている。上の例でいうと「高校では大学に行くのが普通で……」とか「自宅から通える」とか，「偏差値的に……」はこの例である。

　もうひとつのパターンは，目的について語るものである。典型的には「どうして早退するんですか」という質問に対する「今日はサークルのコンサートに出演しなくちゃならないんです」といった説明だ。ここでは行動以後に生じる目的をあげて行動が説明されている。上の例でいうと，「やっぱり大学に行かないといい就職口に……」とか「社会学を勉強したくて」とかいう回答はこのパターンの説明の例である。一方は行動を条件から説明しており，一方は行動を目的から説明している。

　ここで少し考えてほしい。過去の状況から現在の状況を説明するのは一般的なことだ。これは科学で普通になされていることといえる。しかし，未来の状況から現在を説明することなんて科学ではあり得ない。でも，目的による行動の説明は未来から現在を説明するようにみえる。どこか変だ。こんな疑問が出てこないだろうか。

4.1.2　目的はどこにあるのか

　この不思議さについて考えるためには，目的というものについてきちんと理解しておく必要がある。現実世界における行動を非常にシンプルに描いたものが図4-1の「行動の図」である。

　行動の目的をこの図の中に位置づける時，目的は結果の中に位置づけられる

図4-1　行動の図

とみんなは考えるかもしれない。しかし，ちょっと待って次のような事態を考えてほしい。

　今，「ラーメンを5杯食べると無料!!!」という張り紙を貼っているラーメン屋があったとしよう。お腹のすいた太郎は，張り紙をみて食べられるだろうと思い，店に入りラーメンを注文する。最初は軽快にラーメンを食べていた太郎だが，3杯目を食べ終わるあたりからだんだん苦しくなってきて，結局，4杯目でギブアップする。そこに花子がやってきて，苦しんでいる太郎に心配そうに「いったいどうしたの，何しようとしてたの」と聞いたとしよう。太郎は「ラーメン5杯食べようとした」と答える。すなわち，行動の目的はラーメン5杯食べることだと答える。花子は太郎に「それで結果はどうだったの」と聞く。太郎は「4杯でギブアップ」と答える。すなわち，行動の結果はラーメン4杯食べたという事態だ。

　ここからわかるように，目的は結果ではない。結果の位置に目的を位置づけることはできないのである。目的はこの図4-1の行動の図とは次元の異なった世界に存在するものなのである。では目的はいったいどこに存在するのだろうか。それを示したものが図4-2の「行為の図」である。

　この図が示しているのはこういうことだ。行動主体は行動に先立ち，自身の行動について意識する。そこで考えられているものは，これからの行動の条

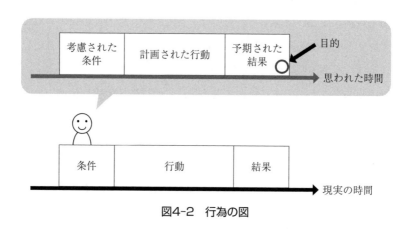

図4-2　行為の図

件，行動自体，行動のもたらす帰結である。図でそれらは，「考慮された条件」
「計画された行動」「予期された結果」と表現されている。実は，「目的」は行
動主体のこの意識の中の「予期された結果」の一部として存在する。それは行
動主体によって「意図された結果」とも表現できる。目的，あるいは意図され
た結果は現実の世界に存在するものではなく，意識された世界の存在物なので
ある。

　この図を用いて目的から行為を説明することについて解説するとこうなる。
目的から行動を説明するというのは厳密にいうと「思われた世界の目的」から
「現実の世界の行動」を説明するということである。目的は思われた世界の中
では計画された行動のあとにある。しかし，現実世界において目的が設定され
るタイミングは現実の行動の前にある。したがって，ある目的を設定したとい
うことをもとに現実世界の行動を説明するならば，それは現実世界の時間から
考えて未来から現在を説明することにはなっていない。それは過去から現在を
説明するという形になっているのである。だから，目的を用いた行動の説明は
時間を逆転させるような摩訶不思議な説明というわけではなく，広い意味では
科学的な説明のひとつなのである。

4.1.3　現実の世界の行動と思われた行動

　現実の世界と意識された世界は水準の異なる世界である。われわれは現実に
存在する行動の条件をすべて考慮することはできない。大学に行こうとして家
を出たのに駅で定期を忘れていることに気づき，家に引き返すようなことがあ
る。大学に行こうと思って家を出る前には，現実には定期をもっていない状態
なのに，定期をもっていると思っているのである。「現実の条件」と「考慮さ
れている条件」は異なり，現実の条件を行動の環境，考慮されている条件を状
況ということがある。われわれの行動の計画は条件の考慮をもとになされる
が，この条件の考慮のことを状況の定義という。この用語を用いるならば，状
況の定義をもとに行動が計画されるということになる。

　「現実の行動」が「計画されている行動」と異なることもよくある。ものご
とは計画通りにはなかなかいかないものなのである。

　「現実の結果」と「予期している結果」も異なることは多い。「予期している結果」には意図している結果である「目的」と意図はしていないが予期している結果が含まれるが，その両方ともが現実に生じないことがあるし，まったく予期も意図もしていない結果が行動から生じることもある。行動には考慮されていない条件があるため，そんなことはよく起こるのである。

　結局，目的と行動と結果の間には一筋縄ではとらえられない複雑な事態が生じうる。このことについては後の章で述べることとして，基本的なことをもう少し解説しておこう。

4.2　行動と行為

4.2.1　行為の概念

　筆者はここまで行為という概念ではなく行動という概念を主として用いてきた。それは，行為と行動とを区別するという社会学の伝統的な考え方に基づいている。ウェーバーによると，行為とは，単数あるいは複数の行為者が主観的な意味を含ませている限りでの人間行動を指し（Weber, 1921a），シュッツは行為を，行為者によってあらかじめ思案されているひとつの進行中の過程としての人間行動，つまり，前もって考えられた企図に基づいている進行中の過程としての人間の行動と規定する（Schutz, 1962）。われわれは，ウェーバーとシュッツの線に沿った形で行為を定義しよう。すなわち，行為とは，行為者の意識に基づいて行われる人間の行動である。行為をこのように定義する時，行為とは図4-2の「行為の図」をもとに考えられた行動のことを意味する。すなわち，図4-2にあるように，行動主体の意識まで含めてとらえられる行動が行為なのである。行動を行為としてとらえた時，行動主体は行為者とよばれる。

4.2.2　行動主義

　行為は意識をともなう。しかしながら，この意識という概念はぼんやりしていてあまり科学的な概念とはいえない。それゆえ，かつて意識を排除して行動を説明しようとする立場があった。この立場の基礎となっているのは古典的条件づけの理論である。古典的条件づけは，ロシアのパブロフによる犬の実験で

有名だ。有名なので知っている人も多いと思う。犬に餌をやると唾液を出すが，餌をやるのと同時にベルを聞かせると，ベルの音だけでも唾液を出すようになるという実験だ。筆者はパブロフの犬は1匹だと思っていたが，たくさんいてそれらみんながパブロフの犬ということだったようだ。知らなかった。

　さて，このパブロフの実験のあと，アメリカのスキナーはスキナー・ボックスというものを作った。この箱にはハトが入れられていて，レバーを押すと餌がでてくるようになっている。ハトが偶然レバーを押すと餌が出る。そして，ずっておいておくてハトはレバーを押し続けるようになる。これがスキナーの実験で，オペラント条件づけの実験として知られる。パブロフの受動的な犬とは違い，ハトが自発的に押すので新たにオペラント条件づけとよんだのである。

　人間の行動についてもこのように意識を排除する形で研究を進める立場があった。行動主義という立場で，代表者はアメリカの心理学者ワトソンである。彼は赤ん坊に白いネズミをみせ，興味をもってねずみを触ろうとした時，鉄のハンマーで巨大な音をたてて赤ん坊を何度も怖がらせるという実験をした。この結果，赤ん坊はねずみを怖がり，それだけでなく白ウサギや毛皮のコート，白いひげなどを怖がるようになったのである。なんともえげつない実験だ。

　こういった条件づけの実験は意識を取り扱っていない。それらは刺激に対する反応として行動をとらえているのである。それは図4-1の「行動の図」から行動をとらえようとしたものだ。問題とされているのは刺激の結合（条件）とそれの引き起こす反応（行動）である。

　こういった行動主義の立場をとる社会学者はほとんどいない。彼らは行為として人びとの行動を研究する。意識を重視するのである。意識を重視する立場からすると，ワトソンのような立場は実に不自然なものにうつる。どこに書いてあったのかは忘れてしまったが，筆者はこんな文をみたことがある。「ワトソンはなぜ論文など書くのだろう」。意識なんてあやふやだと考えているワトソンの自己矛盾への皮肉である。

4.2.3　目的―手段関係の因果論的組み換え

　では，意識を重視する社会科学ではどのようなアプローチで研究を進めていくのだろうか。このことを考える前に「手段」という概念について整理しておきたい。「手段」には２つの意味がある。ひとつは客体という意味での手段である。「ダイヤモンドを手段にして結婚を迫る」「交通手段は電車です」といった場合の手段は客体としての手段であり，具体的なものを表している。ここではこの手段を手段客体とよぼう。手段客体は資源といわれることもある。

　それに対して，「大学に進学することは将来よい職業につくための手段だ」というような場合，大学に進学することが手段とされている。ここでは進学行動という行動が手段である。ここでの手段を手段行動とよぶことにする。このように手段を行動とみた時，「目的―手段」の関係は「目的―手段（行動）」の関係としてとらえられる。この考えをもとに話を進めよう。

　すでに述べたように，目的は思われた世界の中に存在する。そしてここで手段を現実の行動とすると，それは「思われた目的」から「現実の行動」を説明することになる。科学の説明は原因―結果の関係，すなわち因果関係の解明であるが，この観点からすると，「思われた目的」が原因，「現実の手段行動」が結果ということになる。大塚久雄は，社会科学の説明のあり方のひとつとして，このような説明法を取り上げ，「目的―手段関係の因果論的組み換え」とよんだ。

　マックス・ウェーバーの社会学の方法は，まさにこの方法を用いたものだ。ウェーバーの社会学では，動機の意味理解，すなわち行為の主観的に思念された意味の理解が重視される。それゆえ，彼の立場は理解社会学といわれる。

　この彼の立場は，正確さという点では確かに難があるのかもしれない。また意識を厳密な意味で原因と考えてよいのかという問題も残る。意識はただの随伴現象にすぎないのではないかという議論もあるからだ。しかし，この方法をとることによって，他者の行為は追体験的に理解できる。そして，それは実質的であり魅力的である。前に述べたように，人のビルからの落下の説明に，落下運動の式を用いた説明では不十分であり，われわれはもっと別の説明を求め

ているのである。

4.3　行為の分析図式

4.3.1　行為の準拠枠

　行為を行為者の目的からとらえるという視点は基本的な視点としては有効な
のだが，もう少し別の要素も考慮に入れて行為を説明するほうがいいかもしれ
ない。この点について，パーソンズの「行為の準拠枠」は参考になる。パーソ
ンズの呈示した行為の準拠枠は，目的─手段図式よりも包括的な行為の図式だ
からである（Parsons, 1951; Parsons & Shils, 1951）。行為の準拠枠は，目的，状況，
規範，動機づけという行為の 4 要素を含む。パーソンズによると，この 4 要素
からとらえられる行動が行為であり，行為はこの 4 要素に注目して分析される
ことになる。

　目的─手段図式に比べ，この行為の準拠枠は，目的だけではなく他の要素も
含めて行為を説明しようとしている点で評価できる。しかしながら，改善を要
する難点も存在する。もっとも問題なのは，思われた世界と現実の世界の区別
があいまいな点である。行為は，現実の世界をみた行為者が意識を形成し，そ
の意識に基づいて始動する。この行為者の現実世界への参照のありようが，行
為の準拠枠では不明確なのである。

　このことは，もうひとつの問題につながる。すなわち，行為の準拠枠から行
為をとらえ，どのような行為を行為者が成したのかが明らかになっても，その
行為が何をもたらしたかという「行為の結果」は明らかにならない。これもま
た，現実世界の行為を準拠枠の中に積極的に取り入れていないことによる。

　パーソンズの議論は保守的であるという批判がなされてきたが，それは「行
為の準拠枠」に関連した問題でもある。行為の準拠枠は，行為以前の要因に焦
点が当てられて構築されている。このような図式で行動を考えるならば，行為
が何をもたらすのかということが等閑視されてしまう。もっとも問題なのは，
行為が制度の変化を含めた文化的条件の変化をもたらすということを図式から
明らかにできないことである。このことは，制度と行為のダイナミズムをとら

80

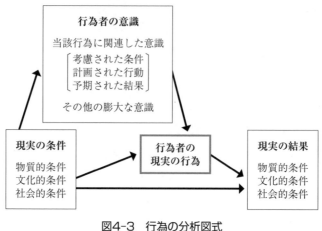

図4-3　行為の分析図式

えることを困難にさせるのである。

4.3.2　行為の分析図式

　以上の点を考慮して，筆者がここで提出したいのは図4-3の「行為の分析図式」である。図の内容について。最初に基本的なことを述べておこう。この図式は行為者の意識と現実世界をともに考慮した図式である。図の上部の箱は行為者の意識を表し，下部の3つの箱は現実世界を表している。もっとも，意識も現実に生じていることなので，すべてが現実であり，上部が行為者の意識，下部が行為者の意識以外の現実世界というほうが正確である。

　「行為者の意識」には「当該行為に関連した意識」と「その他の膨大な意識」がある。当該行為に関連した意識には「考慮された条件」「計画された行動」「予期された結果」という記載があるが，これらはそれぞれ，下部の「現実の条件」「行為者の現実の行為」「現実の結果」に対応するものである。行為者は現実から行為の条件を読み取り，結果を予測しつつ計画を立てるのである。

　この図式は時間の流れの中の一部を切り取ったものである。すなわち，現実の帰結は次のタイミングでは現実の条件になり，そこから同じパターンで行為が生じると考えている。

　図の中にある物資的条件，文化的条件，社会的条件は3.3.5の「意識の分析

図式」で説明したものと同じである。すなわち，物質的条件はさまざまな物質的資源を指し，社会的条件は他者の意識や行動を指す。文化的条件は文化情報を意味する。

　最後に，パーソンズの行為の準拠枠との関連について。パーソンズの準拠枠での目的は，この行為の分析図式の「予期された結果」の一部として存在する。状況は「現実の条件」ならびに「考慮された条件」である。動機づけは「計画された行動」の意欲として存在する。規範は「現実の条件」の文化的条件ならびに「考慮された条件」内の対応物として存在する（規範については9章で詳しく解説する）。

　以上，基本的事項について述べてきた。こういった図式にすると複雑にみえるが，それほど複雑なものではない。なんらかの状況に直面した行為者は，その状況を把握し，どう行動しようかを考え，実際に行為して，何らかの帰結をもたらす，といっているにすぎないのである。きわめておおざっぱなものであり，「1つの行為を分析するにはこういったところに注目すればいい」ということを指摘した枠組と考えてほしい。

　さて，図の矢印で示される影響関係について説明しておこう。まず「現実の条件」から「行為者の意識」に向けての矢印である。行為に先立ち，行為者は現実の諸条件を吟味する。どれだけの資金があるのか（物質的条件），どんなルールがあるのか（文化的条件），他者はどう行動するのか（社会的条件），といったことを考えるのである。それによって「考慮された条件」が作られる。この過程は状況の定義とも表現される。この過程にはさまざまな錯誤の可能性がある。後の認知的不協和理論のところでも述べるが選択的情報接触といったメカニズムも働く。都合の悪い客観的世界の情報をわれわれは取り入れたがらないのである。

　こうした歪みを孕みつつも，「考慮された条件」が設定されたとしよう。ここから「計画された行為」や「予期された結果」が生まれる。この行為を計画したり結果を予測するに際してもさまざまな歪みが生じうる。あとで述べる「防衛機制」「認知的不協和理論」「バランス理論」といったさまざまな意識を

安定させようとするメカニズムがはたらき，合理的な行為の計画が立てられないこともあるのだ。

　こうした歪みを孕みつつも行為についての意識が成立し，行為者の現実の行為が始動する。それは「行為者の意識」から「行為者の現実の行為」に向かう矢印の示していることだ。こうして行為が進行しても，進行が途中で妨げられることがある。現実の行為は行為者の思いだけでなく，現実の諸条件にも影響されるからである。これを示したのが「現実の条件」から「行為者の現実の行為」に向けた矢印である。先に，「定期を忘れて電車に乗れず引き返す」という例をあげたが，これは「現実の条件」が整っていなかった身近な例である。「資金が足りず行為を途中で断念する」（物質的条件），「思ってもなかった他者の妨害があり行為の継続が不可能になる」（社会的条件）といったことは社会でよく起こっている事態である。

　さて，こういうさまざまな問題をクリアして行為は継続し終了したとする。だが，ここで生じた結果は，行為者の願っていた結果だと簡単にはいえない。そこには行為者の考えていなかったような現実の条件の影響が存在するからだ。これを表すのが「現実の条件」から「現実の結果」に向かう矢印である。「薬の服用で病気は治ったが，予測していなかったような副作用が生じた」（物質的条件）などということがあるのである。

　このように，行為は行為者の思い通りに進展するわけではない。ここにあげた例はすべて行為者にとって都合の悪い例ばかりだが，逆のこともありうる。たとえば「思いがけない他者の援助があって」（社会的条件）といった形をとったりする。しかし，いずれにせよ行為は行為者の思いとズレていく可能性を孕んでいる。そして根本的なところで，行為者の思いは歪んで形成される可能性をもつのである。

　さて，意識の分析図式もそうだが，この行為の分析図式も，何らかの社会的カテゴリーに属する人びとの行為についての分析に利用可能である。その時には，そのカテゴリーにおかれている人びとに共通した「現実の条件」や彼らが「思う条件」をもとに，彼らがどのような「行為をしよう」とし，現実にどう

「行動し」，そこからどんな「結果」が生じるのかをみていくことになる。

　こういった行動や意識の背後に，当事者自身の気づかない性向や枠組を考えるほうが都合のよいこともある。すなわち，ある社会的カテゴリーに属する者の自覚されない意識や行動の性向や枠組を想定するのである。その性向や枠組は人びとが所属する社会的カテゴリーの中で生活し，順応することによって，身につけたとみなせることがある。この場合，そういった性向や枠組のことを，その社会的カテゴリーのハビトゥスという。フランスの社会学者のピエール・ブルデューの諸研究における中心概念である（Bourdieu, 1979）。

4.4　行為の類型

4.4.1　ウェーバーの行為の 4 類型

　行為はいくつかの種類に類型化されることがある。有名なのはマックス・ウェーバーの「行為の 4 類型」である。これは「行為者の意識」との関係で「現実の行為」をみた時，現実の行為はどう類型化されるかという観点から考えられたものである。この講義での「行為の分析図式」でいうと，図 4-4 の網掛け部分と太い矢印に焦点がおかれている。

　ウェーバーは行為について，感情的行為，伝統的行為，価値合理的行為，目的合理的行為という四類型を設定する。

　感情的行為とは感情を表出する行為である。ここでは，結果は度外視されている。子供たちが遊んでいる時，どうして遊んでいるのかと尋ねても答えに窮するだろう。彼らは，別に何らかの目的を達成するための手段として遊んでいるわけでなく楽しいから遊んでいるのである。このように行為のもたらす結果ではなく，行為自体に喜びがあるような行為を充足的行為というが，感情的行為は充足的行為である。

　伝統的行為とは同じ行為の個人的・社会的繰り返しにより，もはや動機が意識されない行為である。習慣化した日常の行為はこの伝統的行為に含まれる。伝統的行為は慣習的行為，習慣的行為といわれることもある。

　感情的行為と伝統的行為は似たところがある。それらは行為についての明確

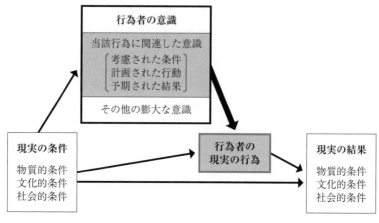

図4-4　ウェーバーの行為の四類型の焦点

　な意識が存在しないのである。行為の分析図式（図4-4）でいえば，行為者の
「当該行為に関連する意識」の部分が明確な像になっておらず，ぼんやりした
状況なのである。

　それらに対して価値合理的行為や目的合理的行為ではこれから行う行為が明
確に意識されている。分析図式（図4-4）でいえば，行為者の意識（思われた世
界）の部分が明確な像になっているのだ。

　目的合理的行為の典型は経済的行為である。そこでは ① 手段性，② 欲望追
及性，③ 最大効用性，④ 計算可能性が特徴とされる。行為者はこの類型の行
為を行う際，自己の欲望が結果的に最大限充足されるように計算して行為の計
画を立て行為する。行為自体には行為者の喜びはなく，行為の結果に喜びがあ
るのだ。欲望の充足は遠い結果が出現するまで延期される。そういった意味
で，この行為は充足的行為の反対である道具的行為の典型とみなされる。行為
自体は，行為者にとって不快であってもなされることがある。われわれの生き
ている現代社会はこの目的合理的な経済的行為に満ち溢れている。

　最後に残った価値合理的行為はやや理解しにくい類型だ。典型は宗教的な行
為とされるが，他にも倫理的，美的基準でなされるような行為もこの類型に含
まれる。端的にいうと，その行為は「天命だ」という思いの下になされる行為

だ。

　価値合理的な行為はある意味，感情的行為に似ている。というのは行為自体が喜びをもたらすという充足的な側面をもつからだ。しかし，行動の一連の流れが意識されるという意味で。行動についての行為者の意識（思われた世界）は明確な像を結んでいる。その意味で価値合理的行為は合理性をもっており，この点が感情的行為と異なる。われわれは合理性という言葉で目的に対する効率性といったものを考えがちであるが，ウェーバーのいう合理性の意味はそれよりも広く，明確な意識があるか否かという基準をもつように思われる。そのことを考慮すると，目的合理的行為は目的理性的行為，価値合理的行為は価値理性的行為とでも表現したほうがわかりやすいのかもしれない。

　価値合理的行為は経済的な基準とは異なった基準でなされる。したがって，目的合理性の観点からは非合理的なものとなってしまう。宗教的な教えを守った清貧の生活者，食べることなど忘れて制作に没頭する貧乏な芸術家，殺されるかもしれないのに「それでも地球は動いている」といった科学者，そういった人びとの行為は，経済的な目的合理性をもたないが，価値合理的な行為なのである。彼らは経済的価値ではない宗教的価値や美的価値，真理を求める価値に突き動かされている。そしてそれは「天命だ」「天職だ」という感覚を伴い，どこか「命がけ」というニュアンスがともなう。

　価値合理的行為という類型がどうもわかりにくいのは，現代においてこの類型の行為をみることが少なくなってきたからだろう。金銭や健康や寿命といった個人的欲望に関わる価値がのっぺりと社会を覆い，その充足に向けての目的合理的行為，さらにそれが習慣化，伝統化された行為が一般的になった世界では，宗教や真理や善や美といった価値の領域に関わる行為が少なくなってきているのである。

4.4.2　型の変数（パターン変数）

　パーソンズは『社会体系論』や『行為の総合理論をめざして』の中で「型の変数」というものを提示した（Parsons, 1951, Parsons & Shils, 1951）。それは規範（文化的条件）や欲求（行為者の意識）や行為（行為者の現実の行為）を類型化するの

に利用できる道具である。

　型の変数は，感情性―感情中立性，普遍主義―個別主義，属性本位―業績本位，限定性―無限定性，自己志向―集合体志向の5つの二項対立から成り立つ。

　「感情性―感情中立性」は感情によって対象を判断するか，感情に流されず判断するかということに関わる。「普遍主義―個別主義」は一般的な基準で対象を判断するか，個別的に判断するかに関わる。「属性本位―業績本位」は対象を性質で判断するか，能力で判断するかに関わる。「限定性―無限定性」は対象の限られた側面を判断するか，全体を判断するかに関わる。「自己志向―集合体志向」は自分の利益を重視するか，集団の利益を重視するかということに関わる。

　パーソンズは論理的には独立したこれらの5つの二項対立から，規範や欲求や行為が類型化できるとする。たとえば，入学試験の採点は，感情中立性―普遍主義―業績本位―限定性―集合体志向となるだろう。すなわち，「クールに」「一般的な基準から」「その人の限られた側面の」「能力を」判断して，「自己の損得ではなく大学にふさわしい」人材を合格させよというようになる。差別してはいけないのである。

　近代化の中で，社会のさまざまな領域での行為がこういった型の組み合わせを要求されるようになってきた。就職試験などでもコネはかつてよりも排除されている。しかし，そうはなっていない大きな領域がまだ残されている。

　それは恋愛の世界だ。熱い恋人同士がお互いに対して要求する基準は産業社会で要求される型の組み合わせとはまったく異なる。それは，感情性―個別主義―属性本位―無限定性―集合体志向となるだろう。つまり，「何にもできなくっても」「私のすべてを」「特別扱いにして」「愛して」「そして2人で幸せになりましょう」というものだろう。恋愛は特別扱いという意味での差別を要求するのである。

　このように社会のさまざまな領域で要求されている行動は異なる。そして，それぞれの領域で要求される行為も歴史の進展によって変化する。なぜそうい

った行為が要求されるのか。なぜそれは変化するのか。そういったことを考えるためには，まずこのような行為を分類する基準が必要になるのである。

4.4.3　AGIL 図式

　パーソンズはこういった図式を作るのが得意な人で，行為の準拠枠，型の変数のほかにも AGIL 図式という有名な図式を考案しているので紹介しておこう(Parsons & Smelser, 1956; Parsons & Bales, 1956)。AGIL 図式というものは，行為の図式というよりも集団や社会の図式としての利用頻度が高いが，行為においても利用可能だ。基本的な発想は構造機能主義という理論的立場に基づく。それはざっくりいうと，集団や社会にはその構造を維持・存続させるものとしての機能的要件があり，その要件が満たされることによって社会は維持・存続可能だとする考えである。

　パーソンズはこの機能的要件を A（適応：Adaptation），G（目標達成：Goal attainment），I（統合：Integration），L（潜在的価値の維持：Latency）とした。A（適応）とは，その社会が環境に適応し目標達成に必要な資源を調達するという要件である。社会における経済の機能に対応する。G（目標達成）とは，その社会の目標を立て，それを達成するという要件であり，政治の機能に対応する。I（統合）とは，その社会の成員を統合するという要件であり，コミュニティの機能に対応する。L（潜在的価値の維持）とは，その社会の価値が維持され，成員に共有されているという要件であり，教育の機能に対応する。

　かなり抽象的なのだがかみ砕いていうと，集団や社会というものは，（L）メンバーが共通の価値を信じ，（I）お互いに統合されており，（A）外部に適応しつつ，（G）目標達成に向けて活動するものであって，このどれもが集団にとっては大切で，どれかが満たされない集団はどうも具合が悪いということである。

　AGIL の機能は人びとの行為によって達成される。したがって，それぞれの機能の達成に向けた行為という観点から，これは A に関わる行為，これは G に関わる行為といった形で行為の類型構築ができるのである。

　ところで，AGIL 図式そのものではないが，AGIL 図式のような考えはさま

ざまな分野に登場する。たとえば，リーダーの組織目標を達成させる能力
（P：Performance）と集団のコンフリクトを調整する能力（M：Maintenance）につ
いて，両方とも高い能力をもつリーダーが集団の生産性とモラールを高めると
する三隅二不二の PM 理論がある（三隅二不二，1984）。これは，パーソンズの
いう G 機能と I 機能についての議論とも考えられるのである。

自習のために

📖 文献案内

　この章に関わる基本文献と古典は前の章とほぼ同じなので，そちらの文献案内を
参照してほしい。ここでは，追加的に次の文献をあげておく。ウェーバーとマルク
スの方法論がとてもわかりやすく示されているのでお勧めだ。

大塚久雄，1966『社会科学の方法』岩波新書

📝 練習問題

(1)　あなたがこれまで行った行為の中で，失敗した行為を思い浮かべ，その行為の
　　目的と結果を明確にし，失敗の原因について考えよう。

(2)　あなたが日々行っている行為の中で，感情的行為，伝統的行為，目的合理的行
　　為，価値合理的行為とみなされるものは何かを考えよう。さらに，当初，目的合
　　理的行為的であったが習慣化され明確な意識がなくなってきたものはないか検討
　　しよう。

(3)　恋愛の世界は産業社会で要求される型の変数の組み合わせとは異なり，感情性
　　―個別主義―属性本位―無限定性―集合体志向だと述べたが，最近では変わって
　　きているのかもしれない。あなたはどう思うか。

意識と行為の基礎3：意識の体系性と安定性

　前々回と前回の講義で意識や行為の分析図式なるものを提出した。そこで主に想定されていた意識や行為はどちらもいわば合理的でしっかりしたものであった。しかし意識というものはさほどきちんとしたものでないし，行為もそうである。今回はまず意識の危うい性格について議論する。この危うい性格はわれわれに安定をもたらすという実にややこしい特徴をもっているのである。今回のキーワードは，以下のとおりである。

◇ **用　　語** ◇

精神分析学，分析心理学，意識と無意識，自我の防衛機制，抑圧，反動形成，投射，置き換え，認知的不協和理論，バランス理論

◇ **人　　名** ◇

フロイト，ユング，フェスティンガー，ハイダー，河合隼雄

5.1　自我の防衛機制

5.1.1　意識と無意識

(1)　広義の意識・狭義の意識

　意識に関連して無意識というものが議論されることがある。無意識とは簡単にいうと自分自身でわかっていない自分の心のことだ。それに対して意識とは自分自身でわかっている自分の心ということになる。

　広義の意識はこの意味の意識（わかっている部分）と無意識（わかっていない部分）をともに含むものであり，狭義の意識はこの意味の意識（わかっている部分）のみを含む。この講義では，意識を基本的に広義の意味で使っている。

　意識について議論したところで，意識事象は担い手，作用，内容から構成されると述べた。無意識の事象も同様で，担い手，作用，内容から構成される。「無意識的に彼を敵だと思う」という場合の「無意識的に」は，当事者が知ら

ない内に意識作用が生じるということであり，その作用によって「彼は敵だという無意識の思い」，すなわち「彼は敵だ」という当事者自身の知らない意識内容が設定されるのである。

　さて，「無意識」というものは本当にあるのだろうか。筆者は高校生の時，そんなものはないと思っていた。自分の心は全部自分が知っていると思っていたのだ。それが覆されたのは，自分自身の無意識の行動にショックを受けた高校3年の時だ。その行動をしてしまった時のショック，そしてなぜそのようなことをしたのかわかった時のショック，これは何十年もたった今でも忘れられない。それで筆者はこんな職業についているのかもしれないとも思っている。

　無意識については精神分析学のフロイトや，当初フロイトの下で学び，そのあと独立した分析心理学のユングが有名だ。フロイトの『精神分析学入門』は，その名の通り入門書なので読んでみたらいい。ユング心理学に関しては河合隼雄がたくさん面白い本を書いているので読むことを勧めたい。

⑵　『無意識の構造』より

　ここでは，河合隼雄の『無意識の構造』にあるわかりやすい事例の紹介から話を始めることにする（河合，1977）。耳が聞こえなくなった女性の話である。

　　ある四十歳過ぎの家庭の主婦が，急に耳が聞こえなくなってしまい，驚いて耳鼻科の診療を受けにいった。耳鼻科の医者は慎重に検査をした結果，耳の器官にはなんらの異常がないので，精神科医の診療をうけるようにと言った。彼女はなんとも不安に感じたが，仕方なく精神科へとやってきた。
　　彼女は確かに全然耳が聞こえないらしく，うしろで大きい音をたてても振りむかないし，表情も変わらない。しかし，こんなときにわれわれは，彼女の状態が心理的な問題からきているかどうかを調べるひとつの方法をもっている。それは，彼女は耳が聞こえないので，筆談をするわけだが，筆談をかわしながら，こちらはそこに書く質問などを声にだして言いながら書いてゆく。そして，彼女がだんだんと筆談の中にひきこまれてきたと感じたとき，それに関連したことを紙に書かずに口頭で質問する。すると，不思議なことに彼女はそれに応答してくる。つまり，彼女は聞こえていることが判明するのである。
　　これはなんとも変なことである。まったく聞こえなかった人が，筆談の最中に，「ご両親は？」，「早く死にました」などと筆記のやりとりをしながら，「それじゃ苦

労されたでしょう」とこちらがひとりごとのように言うと，「ええ，ずいぶん」などという答が返ってくるのである。ときには思わず吹きだしたくなるようなときさえあるが，相手はまったく真面目なものである。

　それでは彼女は仮病だろうか。けっしてそうではない。聞こえないときは本当に聞こえないのである。前記のようなことがあったとき，すかさず，あなたはいま私の言ったことが聞こえたでしょう，と言っても，なかなか納得してくれないし，態度が硬化してしまって，同じような手段を用いても，もう通用しなくなるときもある。つまり，彼女はリラックスしているときは，自然に聞こえるらしいのだが，そうでないときは確かに聞こえないのである。いったいどうしてこんなことが生じるのだろうか。

　治療者は彼女との筆談を通じて，彼女の耳に異常があるのではなくて，彼女の耳は「聞こえるのだが聞こえない」状態にあることを知った。そこで，彼女に対して心理療法をすることになった。つまり，身体の器官の障害ではなく心理的な問題であると考え，それに対処してゆこうと考えたのである。心理療法といっても，それは根気のいる話合いであり，治療者と患者のあいだの信頼関係を通じて行われるものである。

　彼女は治療者に信頼を寄せ，筆談をかわしているうちに，だんだんと彼の声は聞こえてくることを認め，二人は普通に話し合うようになった。しかし，不思議なことに他の音は聞こえないのである。ただ，この点はわりに早く改善され，他の音も聞こえだしたが，不思議なことに，彼女の夫の声がどうしても聞こえなかった。われわれはこのようなとき，彼女が「主人の言うことなど聞きたくない」という意志を表明しているかのように感じるのである。当然，治療者は話をこの患者の夫婦関係のことにすすめていった。

　話合いをすすめてゆくうちに，彼女は大変なことを思い出した。それは，耳が聞こえなくなる少し前に，彼女は彼女の夫が外で浮気をしていることを知人から聞かされたという事実である。このことを治療者に話しているうちに，彼女の悲しみと怒りがこみあげてきた。彼女はひたすら夫に仕えてきたのに，それを裏切った夫。それにしても，彼女の思い出すところによると，彼女はその話を聞いたとき，不思議に怒りも悲しみも感じなかったのである。むしろ，四十歳を過ぎればどんな男でも，そのようなことはあるだろうなどと思った，というのである。離婚とか何とか騒いでみても，結局損をするのは女のほうなんだから，とも思ったという。

　ところが，このことを治療者に話しているうちに，彼女の心の底から怒りがこみあげてきた。絶対に離婚したいとも言った。しかし，興奮がおさまってくると，いますぐ離婚といってもいったいその後にどうするのか，何も知らない子どもたちを巻きこんでしまうのは避けるべきではないかなどと，迷いが生じ始めた。彼女の心の中の葛藤は烈しく，辛い話合いをつづけねばならなかった。ところで，そのよう

な苦しい悩みとの戦いを経験するなかで，彼女は夫の声も聞こえ，耳が聞こえないという症状からは，まったく脱け出すことができたのである。

(3) 彼女に起こったこと

　意識や無意識は氷山に例えられることが多い。海面上にみえている氷山は海面下に大きな領域をもつが，意識もそれと同じで自分自身が知っている狭義の意識の下に大きな無意識の領域があるとするのである（図5-1）。

　この図をもとに彼女に何が起こったのかを考えてみよう。時間を追ってみると，彼女に生じたことはこういうことである。まず彼女は夫の浮気を知り，それを知って怒りも悲しみも感じず，そのことを忘れてしまい，その後耳が聞こえなくなった。そして，このことを思い出した時心の底から怒りが込み上げてきた。

　夫が浮気しているという認識やそれにともなう怒りを図の〇で表そう。この〇は彼女にとってはたまらないほど嫌なことだ。それは後に生じる怒りからよくわかる。しかし，この事実は忘れ去られてしまう。そこで起こっていることはその〇が抑圧され無意識の領域へと追いやられることである。しかし，追いやられてもなくなってしまうわけではない。忘れているようにみえて，心の深い部分で決して忘れているわけではないのだ。その無意識の記憶は図の☆のようにドクンドクンとエネルギーをもったままだ。そしてそれは身体症状として現れ，耳が聞こえなくなるというわけだ。こういう抑圧から生じる麻痺や感覚喪失などの身体症状のことを転換性ヒステリーという。

　ではなぜ，夫が浮気をしているという認識やそれにともなう怒りの感情は抑圧されるのだろうか。それはその認識や感情が自身の心にとって非常に危険なものだからである。心の平静が保てないような認識や感情はこのように抑圧されることがよくある。それは誰にでもある自我を守ろうとする自然で普通のメカニズムなのである。ただ，そのメカニズムが極端に機能すると，身体症状まで生み出してしまいかねない。

　無意識の領域を用いて自我を守ろうとするこういったメカニズムは，自我の

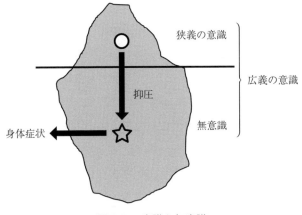

図5-1　意識と無意識

防衛機制とよばれる。自我を守るメカニズムだから防衛機制なのだ。この規制
は自我にとって危険な認識や感情の抑圧を基本としている。それ故に，外部の
人からみると何らかの不自然さをともなうことが多い。次項ではさまざまな防
衛機制のパターンを紹介しよう。

5.1.2　さまざまな防衛機制

(1)　抑圧

　当事者がもっている危険な意識を無意識の領域に追いやること，すなわち，
自分がもっていないように思い込むことを抑圧という。抑圧については，上の
例でみてきたので説明は不要だろう。性的なもの，攻撃的なもの，あるいは不
道徳と自分で思っている意識はよく抑圧される。また，成就しないとわかって
いる愛情もしばしば抑圧される。なぜ，そういった意識が抑圧されるのかとい
うと，それをもち続けると自分の心の平静が保てないからである。そういう意
味でそれらは当事者にとって危険な意識なのである。抑圧は防衛機制の基本的
メカニズムであり，以下で述べる他の防衛機制においても核心部分に抑圧とい
うメカニズムが含まれている。

(2)　反動形成

　身近なところにある，風変わりな防衛機制について述べよう。小学校のこ

ろ，女の子にちょっかいを出したりいたずらしたりした男子学生はいないだろ
うか。こういう質問をすると，かつて男子学生の多くは経験があると答えた。
今では少し少なくなったようだが，やっぱりいる。少なくなった事情は後期近
代に関わる面白い社会現象と思うのだが，そのことは今はおいておこう。した
という学生に，「君はほんとはその女の子が好きったんじゃないの？」と聞く
と，多くの学生は「今考えるとそうだったと思います」と答える。ここで起こ
っていたことが反動形成だ。

　反動形成とは，自分がもっているとことを認めたくない意識が抑圧されて，
正反対の意識が現れたり，その正反対の意識に従った行動が生じたりすること
をいう。

　はじめて感じる異性への欲望は子供にとって得体のしれない危険な意識であ
る。危険な意識は抑圧され無意識の領域におかれがちである。そしてそこから
反対の意識や行動が生まれるのである。反動形成には抑圧がともなうから，外
からみると行動がぎこちなくみえる。だから「あいつは本当は彼女が好きなん
じゃないの」なんてことを見破られてしまったりもする。

　中学校時代になると今度は女子が逆襲してくることになる。彼女たちは好意
をもつ異性に対し無視を決め込んだりするのである。ここにも反動形成のメカ
ニズムが関連している。

　反動形成はいろいろな場面で生じる。慇懃無礼という言葉を知っているだろ
うか。慇懃は丁寧ということだから，慇懃無礼というのは丁寧なのに無礼な感
じがする様子を示すものだ。役所で丁寧に対応されているのに，どうも無礼に
取り扱われているような感じがするといった経験がある人がいるかもしれな
い。だとすると，そこにこの反動形成という防衛機制が絡んでいる可能性があ
る。本当は攻撃的で支配的な意識をもっているのに，役人たるもの市民の僕で
なくてはならないと強く思い込んでいると，行動としては丁寧になる。しかし
ながら，攻撃的で支配的な欲求が抑圧されているので，どこか行動に不自然さ
がともなうことになるのである。

⑶　投射と同一化

　自分では受け入れがたい危険な意識が抑圧され，その意識は相手がもっていると考える防衛機制を投射という。投射は投影ともいうが，要するに自分の無意識を相手に映し出すのである。相手に対して攻撃的な意識をもつ時，人は自身の攻撃的な意識を抑圧し「相手が自分を憎んでいる」と思うことが多い。マイノリティに対して攻撃的な人は，多くの場合，そのマイノリティが自分たちに対して攻撃的な意識をもっていると主張し自身を正当化しようとする。こういったことには投射のメカニズムが関わっている。

　ところで，投射と逆方向のようなことが起こることがある。すなわち相手の意識を自分の意識に取り入れ自分の意識と感じることであり，同一化とよばれる。当人の理想とする人物に何から何まで似ている人がいるが，そこには同一化のメカニズムが関与している。同一化が極端な場合，自分と相手の区別はなくなり，相手と自分の意識も区別されず同じものになる。

　同一化は自我の防衛機制として機能する場合もある。もっている意識が自分にとって危険な時，その意識がすっかり忘れられ，それに代わって危険でない勢力のある者の意識が入ってきたりするのである。これまで上司に反発していた人物がストレスフルな状況で，突然何もかも上司と同じようなことを言い出したりすることがあるが，ここには防衛機制としての同一化が関係している。

⑷　置き換え

　当事者がもっている危険な意識をある対象に直接向けることが不安な場合，別の対象に向けて表現することを置き換えという。危険な意識としては性的なことに関わる意識や攻撃的な意識などがある。実際に自分の身近にいる異性に対してはまったく魅力を感じないで，スポーツ選手やアイドル歌手に夢中になることがあるが，そこにはこのメカニズムが関連しているのかもしれない。

　攻撃的な意識の置き換えもよく起こることである。われわれは誰かから理不尽な取り扱いを受けた時，その誰かに対して攻撃的な意識をもつ。しかしその誰かが強かったり，攻撃することが禁じられたり，あるいはその誰かに自分が強烈な魅力を感じていたりする時，攻撃を当人に直接向けることが難しくな

る。そしてその誰かへの敵意は無意識化に抑圧される。抑圧されてもエネルギーをもち続けることは，ヒステリーの事例の場合と同じだ。そして抑圧された攻撃性は，別の対象に向けて発散される。対象として選ばれるのは概して勢力の乏しい危険でない対象である。その対象は合理的な理由なく攻撃対象になるわけである。

　われわれの攻撃的な意識は，対象を特定されず生み出される場合もある。不景気が社会を襲う時，われわれはしばしば攻撃的な意識をもつ。こんな場合，もっとも危険にさらされるのは勢力の乏しいマイノリティである。かれらは攻撃的意識の置き換えられた対象となることが多いからである。

⑸　合理化

　さまざまな防衛機制と並んで合理化もそのひとつに数えられることが多い。事柄が自分の思い通りに運ばなかった時に，自分に都合のいいように解釈して自分を納得させようとすることである。

　典型的にはイソップの酸っぱい葡萄の例があげられる。キツネが木になっているブドウを採ろうとしてどうしてもうまくいかず，最後に「あのブドウは酸っぱい」といって去るという話だ。当初あった「うまそうなブドウ」という意識は忘れられ，「酸っぱいブドウ」という意識が顕在化するのである。

　さまざまな攻撃的意識の発動は合理化を招きやすい。深層の欲望から生じた行動が，適当な理由で説明されるのである。

　これまでいくつかの防衛機制のパターンについて解説してきた。防衛機制にはここに述べたもの以外にも多数ある。それら一般にいえることは，愛と憎しみは抑圧されねじまげられることが多いということである。人の意識は一筋縄ではとらえることはできないのだ。

5.1.3　社会意識と防衛機制

　こういった防衛機制は，社会生活の小さな範囲だけに関わるものではない。広い世界で起こっているマジョリティとマイノリティの関係，移民と定住者の関係，国家間の紛争にも，人びとの防衛機制が関係している。

　たとえば，ナチズムへの支持の問題である。なぜ，ナチズムが支持され政権

を獲得するまでに至ったのかということについてはさまざまな研究がある。その回答のひとつが中間層テーゼというものだ。それはナチズム支持に社会の中間層が果たした役割が大きいという説である。細かいことをいうとその内容にはさまざまなバージョンがあるが，ざっくりいうと次のようになる。

　産業革命以降のドイツにおいて労働者階級，中間階級，上層階級という 3 つの階級が存在していた。労働者階級には肉体労働者や地方の貧困階層が含まれ，中間階級の中心はプチ・ブルといわれた小企業者である。上層階級の代表は大企業の所有者である。この中の中間階級は当初，上層階級に愛着を感じ同一化するとともに，労働者階級に対してはある種の軽蔑や敵意を抱いていた。

　産業化がさらに進展していくと，上層階級は大規模経営を採用しより豊かになっていく。また，労働者階級も組織化が進み力をつけていく。こんな中で中間階級は，産業化に立ち遅れた時代遅れの存在として，社会の中での相対的地位を低下させていく。それとともに，かつて愛着の対象だった上層階級への愛着・同一化は不可能になり，労働者階級も軽蔑するには強すぎる存在になっていく。かつての対象に向けることが不可能になった愛着や軽蔑は，別の対象をもとめてさまよう。そしてそれは着地点を得る。愛着の着地点はヒトラーであり，軽蔑の着地点はユダヤ人だ。かくしてナチズムが支持されるというわけである。

　このように，防衛機制は個人的な意識だけでなく，集団的に考えることもできる。すなわち，社会意識にも適用される意識の安定化のメカニズムなのである。

5.2　認知的不協和理論

5.2.1　原発調査のはなし

　今回の 2 つ目の話は認知的不協和理論についてのものだ。30 年ほど前のある地方紙にこんな記事が載っていた。

　エネルギー・情報工学研究会議（向坊隆理事長）は 19 日，第一回エネルギー原子力世論調査の報告書を発表した。調査は昨年 10 月，全国から無作為に抽出した

3,200 人（回収 2,520 人）の成人と，福井県，福島県など原発周辺地域に住む 800
人（回収 600 人）の成人にそれぞれ 19 項目のアンケートを行った。
　「原発の大事故が起こらないと思う」と答えたのは全国 30％に対し，周辺地域 39
％など，全体に周辺住民の方がむしろ原子力発電の安全性に対する不安が小さい結
果となった。
　今後 10 年間の日本の主要電源を原子力と回答したのは全国 51％に対し，周辺 62
％。また，将来の有用エネルギーは，全国では太陽エネルギーが 1 位（59％）で 2
位が原子力（44％）だったのに対し，周辺地域では原子力が 51％で太陽 47％と 1，
2 位が逆転している。大事故の可能性があるとしたのは全国 67％，周辺 57％で，
いずれも過半数が原発への不安を感じている。
　同研究会議は，今後，毎年一回，同じ質問項目の世論調査を行い，国民の意識の
変化を分析する予定。
　エネルギー・情報工学研究会議は石油以外のエネルギーの利用，情報処理技術の
調査を目的に 1985 年に発足。向坊理事長のほか，松前達郎東海大学副総長（参院
議員）ら学識経験者が役員になっている。
　（山陰中央新報 1990 年 1 月 21 日）

　この記事は福島の原発の事故よりもずっと前の記事だが，その時でも過半数
の人びとが原発について事故の可能性があるとしていたことがわかる。
　記事から想像するに，原発の事故についての意識の調査結果は次のようにな
っていたのだろう（表5-1）。みんなはこの表をみて少し不思議に思わないだろ
うか。

表5-1　原発事故の可能性についての意識

		全国	原発周辺地域
原発の大事故の 可能性	あり	67%	57%
	なし	30%	39%
	その他	3%	4%
計		100%	100%

　原子力発電にはいろいろな意見がある。それは当時も今も同じだ。賛成の人
も反対の人もいるだろう。しかし，どちらの立場の人も次のことには同意する
だろう。すなわち，原発に近いほうが遠いよりも危険だということである。だ
から，事故があるんじゃないかと不安を感じることが多いのは原発周辺の人だ

と思うのだけど，データをみてみるとちがう。全国よりも原発周辺地域の方で，大事故の可能性があると考える人は少ないのだ。これはどうしてなのだろう。

　理由についてはいろいろ考えられる。周辺地域では電力会社の「原発は安全」という宣伝が多くなされ，それに住民が影響されているということもあるかもしれない。他にもいろいろあるだろう。そういったいろいろな回答の内，社会心理学から提出されるのは認知的不協和理論からの回答である。

5.2.2　認知的不協和の予防と解消

　認知的不協和理論はアメリカの社会心理学者レオン・フェスティンガーによって提唱されたものである（Festinger, 1957）。ここでは喫煙者の例を使って説明しよう（図5-2）。

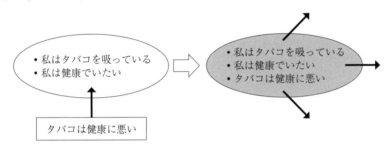

図5-2　認知的不協和の説明図

　今，健康でいたいと思っている喫煙者がいるとすると，彼の心の中には「私はタバコを吸っている」というものと「私は健康でいたい」というものがあるということになる。ここで「私はタバコを吸っている」とか「私は健康でいたい」を「認知要素」という。意識の要素と考えるのである。今の状態は図の左楕円の中の状態だ。彼の認知要素は今のところ相互に矛盾したものではない。

　しかし，この心の中に「タバコは健康に悪い」という情報が入ってくると事態は変わってくる。この新しいものまで含めた3つの認知要素は，相互に矛盾することになってしまうのである。こういった認知要素間の矛盾がある状態を「認知的不協和」という。

　人は認知的不協和に陥らないようにさまざまな抵抗を試みる。すなわち，左の

円の内部に「タバコは健康に悪い」といった情報が入ってこないように抵抗するのである。抵抗でよく用いられるのは「選択的情報接触」という方法だ。すなわち，認知的不協和を引き起こしかねないような情報は避け，今の安定した状態を強化するような情報に接触しようとするのである。喫煙者である彼は，新聞にタバコの健康への害についての記事が載っていても，それを知らず知らずに避けて読もうとしない。テレビのニュースでもそうだ。そのように都合の悪い情報はみず，都合のいい情報のみを取り入れることで心の平安を保とうとするのである。

　にもかかわらず，「タバコは健康を損なう」という情報が入ってくるとどうなるのか。この状況は右の図の楕円内の状況である。楕円の中には３つの相互に矛盾する認知要素が含まれており，まさに認知的不協和状態である。

　こんな時，人は心の平安を取り戻すために認知要素の矛盾をなんとかなくそうとする。よくなされることは，「タバコは健康に悪いというが，悪い側面よりよい側面が多い」と認知要素を変更するものだ。そのために，彼は長寿のヘビースモーカーの情報を集めたりする。タバコをやめてしまうという選択肢もありうる。そうなると，「私はタバコを吸っている」という認知要素はなくなり矛盾は解消する。

　さらに，健康に関する意識を変えるということもありうる。「健康がなんぼのもんじゃ」と考えるのである。現代のように健康志向がのっぺりと社会を覆いつくしている状況の中では，このような意識は考えにくいかもしれない。しかし，かつてはさほど不思議なものではなかった。芥川龍之介や無頼派といわれる坂口や太宰にとっては，健康は二の次の問題だっただろう。健康よりも美や芸術の方が彼らにとってずっと重要だったはずである。

　さて，認知的不協和理論についてまとめておこう。認知要素間の矛盾を認知的不協和という。この認知的不協和について認知的不協和理論は２つのことを述べる。ひとつは，認知的不協和が生じないように人は認知要素を構成する傾向があるということであり，もうひとつは，認知的不協和になってしまった場合には，それを低減させようとする圧力が生じるということである。そして，不協和になることを予防したり，不協和を低減させたりするために，選択的情

報接触という手立てが用いられる。

5.2.3　原発のデータの解釈

　以上のことを念頭において，もう一度表 5-1 のような結果がなぜ生じるのか
を考えよう。図 5-3 は全国と原発周辺に住む人の心の中を覗いた図である。

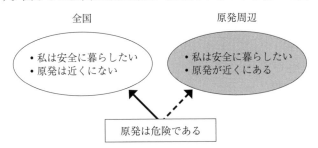

図5-3　全国と原発周辺での原発危険性認知

　この心の中を覗くと，全国の場合は「原発は危険である」が意識の内部に入
り込んでも認知的不協和にならないのに対し，原発周辺ではその認知要素が入
り込むと認知的不協和が生じることがわかる。したがって，原発から離れたと
ころへ転居もできず，やはり安全に暮らしたいと考えているならば，「原発は
危険だ」という認知要素はできるだけ排除されることになる。そして「原発は
安全」と考え，心の平安を得ることになる。こういった心のありようの違い
が，表 5-1 のような結果を生み出した。これが認知的不協和理論からの解釈で
ある。

5.2.4　さまざまな現象の認知的不協和理論による解釈

(1)　つまらない実験

　認知的不協和理論から，不思議な事態が合理的に解釈できることがある。た
とえば，こんな感じだ。

　今，実につまらない実験をしてもらう。そして実験参加者の半分に報酬を与
え，残りの半分には報酬を与えないでおく。そのあと，実験が面白かったかど
うかを尋ねる。

　さて，この時報酬をもらった者ともらっていない者ではどちらが面白かった
と答える傾向が強いだろう。直感的にはもらったほうが面白かったと答えそう

だが，そうではない。実はもらわなかった方が面白かったと答える傾向がある
のだ。

　ではなぜそんなことになるのか。認知的不協和理論からの解釈はこうなる。
報酬をもらった方の心の中を覗くとそこには「実験はつまらなかった」と「報
酬をもらった」が存在する。そこからは「つまらなかったけど，報酬をもらっ
たのでOK」といった心の平安を保てる状況が生まれる。

　それに対して報酬をもらわなかった方の心の中では「実験はつまらなかっ
た」「報酬ももらえなかった」となり平安が保てない不協和状態になっている。
そこで「実験は実は面白かったのだ」と認知要素を変え，不協和を低減する。
これが報酬をもらわなかった者の方が実験を面白いということについての認知
的不協和理論による説明だ（図5-4）。

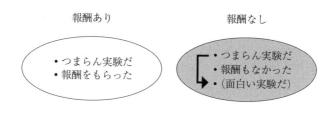

図5-4　つまらない実験

　受講者の中にはこの筆者の講義が面白いと感じている人もいるかもしれな
い。でも，それはちがうのかも。筆者は出席をとることがないので，つまらん
授業をしているのに面白いと認識が変化しているのかもしれないのだ。冗談は
これぐらいにしておいて次に進もう。

(2)　大地震とデマ

　大地震のあった地域では，その中でも被害の少ない地域の方でデマが飛ぶと
いわれる。常識的には被害の大きい地域の方でデマが流れそうなのにそうでな
いのである。こういった問題も認知的不協和理論から解釈可能である。

　被害の大きなところの人びとの心の中には「ひどい揺れだった」「被害は大
きい」という認知要素がある。一方，被害の小さなところの人びとの心の中に
は「ひどい揺れだった」「案外，被害は小さいな」というものだ。この「案外」

がくせ者だ。揺れがひどいと被害が大きくて当たり前なのに，被害が小さいのは，どこかスッキリしないのである。これは認知的不協和状態ともいえる。

　そこにデマ情報が流れているとすると，被害の大きいところはその情報をあえて心の中に入れる必要はないが，被害の小さいところの人はそれを受け入れて不協和状態を解消しようとする。「ひどいゆれだった」「被害は小さいようにみえるけど違う」「この機に乗じて暴動が起こっているからだ」「被害はどんどん大きくなるぞ」といった具合である。デマを受け入れることによって不協和は解消され，デマを受け入れないよりも心は安定するのである（図5-5）。

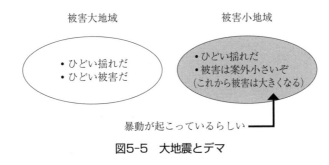

図5-5　大地震とデマ

　防衛機制のところで，われわれの意識は一筋縄ではとらえられないものだと述べた。認知的不協和理論からも同様のことがいえる。われわれの意識をわれわれ自身が構成する際に，常識的ではない原理が作用しているのである。そこに共通してみられるのは，自分自身を守り安定させようとする意識の構築である。

5.2.5　ボランティアと商品

(1)　面白い実験

　以上の議論をもとに，現代社会について少し考えてみよう。上では「つまらない実験」について解説した。では「面白い実験」についてはどうなるのだろうか。つまらない実験で報酬がないことによって実験を面白いと思うようになるならば，面白い実験で報酬があることによって実験をつまらないと思うようになることは当然ありうる。そこでは実験の面白さが報酬によって低められるのである（図5-6）。

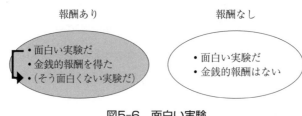

報酬あり　　　　　　　　　　　　　　　報酬なし

- 面白い実験だ
- 金銭的報酬を得た
- (そう面白くない実験だ)

- 面白い実験だ
- 金銭的報酬はない

図5-6　面白い実験

(2) バルファキスの楽しみ

　このあたりのことを，ギリシャの経済学者バルファキスはある本の中でこんなふうに語っている（Varoufakis, 2017＝2019）。

　その晩，友人夫婦とその幼い息子のパリスを誘って，マラソナスビーチにあるお気に入りのレストランまでボートで向かった。……食べ物が来る前に，コスタス船長が，頼みがあると言いに来た。コスタス船長は，レストランの裏にある船着き場の私たちのボートの横に，自分の漁船を停めていた。船の錨が海底の岩に挟まってしまい，引き上げようとしたら鎖が切れてしまったという。「お願いできませんかね？先生，ダイビングがお好きでしょう？ひとつ潜って，この縄を錨の鎖に結んでもらえませんか？できれば自分でやりたいところなんですが，今日は持病のリューマチが痛んじゃって」そう頼まれた。「いいよ」人助けのチャンスだと思って，喜んで海に飛び込んだ。……

　コスタス船長の頼みで，海に飛び込むのは楽しかった。素敵な夏のひと時だ。心が満たされる。嫌なことも忘れてしまった。……こんなふうに心が満たされるのは「グッド」だ。しかし経済学でも「グッズ」という言葉を使う。同じ言葉だが，意味はまったくちがう。……後者はむしろ「商品」とよぶべきものだ。……商品は売るために作られたものだ。……

　コスタス船長の一件を考えてみよう。もし，おカネを払うから海に潜ってくれと頼まれていたら，喜んで潜っただろうか？海に飛び込むことを愉しめただろうか。

　彼はそして面白い現象を紹介する。すなわち，献血に報酬が払われる国では報酬の払われない国にくらべて献血にいく人が減るという現実である。経済学的に考えれば人に役立ってひとつの喜び，報酬がもらえてもうひとつの喜び，喜び＋喜びで二重の喜びとなりそうだが，そうはならないのである。

(3)　ボランティア活動の商品化

　上の話ではサービスの送り手であるバルファキスに焦点がおかれていたが，受け手についても同時に考える必要がある。サービスが自発的に提供されるか，商品化され金銭的対価が得られるかの違いによって，活動の意味がどう変わるかを示したのが表5-2である。

表5-2　ボランタリーな活動の商品化

	サービスの送り手	サービスの受け手
ボランタリーな活動	やりがいのある自発的な活動	感謝すべき活動
商品化後	報酬のためになされる拘束的活動	支払いへの当然の活動

　表が示しているのは，活動が商品化されるとその意味が送り手にとっても受け手にとっても変質するということである。送り手にとっては「やりがいのある自発的活動→報酬のための拘束的活動」という変質が生じ，受け手にとっては「感謝すべき活動→支払いへの当然の活動」という変質が生じるのである。送り手にとっても受け手にとっても，その行為は当初の感情的行為・価値合理的行為という充足的行為から離れて，目的合理的行為という道具的行為に変質する。送り手と受け手の「満足と感謝」という共同的世界は，双方独立した結果重視の味気のない個人個人の世界に変わっていくのである。

　資本主義社会において，すべてのモノやサービスが商品化されていくというのはマルクスの基本的な考え方だ。実際，かつては無償で提供されていたモノやサービスが商品として提供されることが多くなってきた。医療や福祉や教育，職業斡旋から恋人紹介まで，今や商品として提供されることが多くなってきている。家事サービスもそうだ。こういった商品化の中で世の中が便利になっていっているのは間違いない。しかし，それは一方で，モノやサービスの送り手や受け手から精神的な喜びを奪っているかもしれない。世の中自体が道具的・手段的なつまらない世界になっているのかもしれない。

　趣味として行われるバンド活動はそれ自体で楽しいものだ。しかし，それが商品になってしまうと対価を必ず要求せねばならず拘束も生じる。当初のそれ

自体で楽しいという活動の意味合いは薄れ，生活のための道具的活動の意味が
増すのである。ひょっとすると皆さんの中にはそんな経験をしている人がいる
かもしれない。

5.3　バランス理論

5.3.1　バランス理論とは

　心の安定性に関わってもうひとつ有名な理論がある。フリッツ・ハイダーの
提唱したバランス理論である（Heider, 1958）。バランス理論は「坊主憎けりゃ袈
裟まで憎い」ということわざ，すなわち，私がある対象を憎んでいるとそれに
密接に関係した別の対象まで憎くなるということに関わっている。図5-7を用
いて説明しよう。

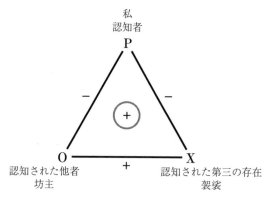

図5-7　バランス理論

　この図では私が認知者P，坊主が認知された他者O，袈裟が認知された第三
の存在Xで表されている。ことわざが述べているのは，認知者が他者を憎ん
でいる時それに密接に関係している第三の存在まで憎むということだが，Pと
Oを結ぶ線のマイナスは私が坊主を嫌いななこと，OとXの間のプラスは坊
主と袈裟が密接に関係していること，PとXのマイナスは私が袈裟を憎んで
いることを表している。真ん中にある丸で囲まれたプラスは，この関係が均衡
していることを指す。認知された他者，認知された第三の存在と書いているこ

とからもわかるように，これは認知者の意識の中の話だ。

　さて，バランス理論の面白いところは，P-O，O-X，P-X という３つの二者関係のプラスやマイナスのパターンで全体の均衡・不均衡が自動的に決まるところだ。ここにあるマイナスの数が奇数，すなわち１か３であれば，全体の関係は不均衡，０か２であれば均衡となる。正と負の値の掛け算のように考えてもいい。結果が正なら均衡，負なら不均衡ということになる。バランス理論は，この３者関係は均衡になるように形成される傾向があり，不均衡の場合は均衡への圧力が生じるとする。均衡への圧力というあたりは認知的不協和理論に似ている。

　さて，ことわざの例だけではバランス理論の動的な側面が説明できないので，別の例を出そう。花子の意識の世界の話である。今，花子はタイガース好きの太郎に好意を寄せているとしよう。花子はタイガースには興味はないし，そもそも野球に興味もないとする。こんな時，「３者関係は均衡になるように形成される傾向がある」というバランス理論の観点からは「花子はタイガースを好きになるだろう」ということが予測できる（図5-8）。

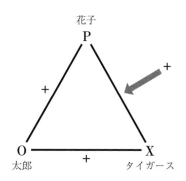

図5-8　花子の意識１

　では，花子がジャイアンツ好きで，タイガースは嫌いと思っている場合はどうなるだろう。この時，図5-9 に表されているように，三者関係は不均衡となっている。

　「不均衡の場合は均衡への圧力が生じる」というバランス理論の立場からす

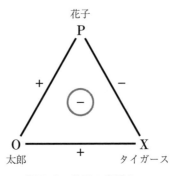

図5-9　花子の意識2

ると，この状態は何らかの形の均衡へ向かうことになる。均衡へ向かうひとつの道筋は，タイガースを好きになるという道筋だ。「タイガースは嫌いだわ」から「ジャイアンツも好きだけど，タイガースもいいわね」へ，そして「タイガースがいいわ」と変わっていくのである。2つ目の道筋は，花子が太郎を嫌いになるという道筋だ。「タイガースが好きな太郎なんてサイテー」なんて言い出したりする。3つ目の道筋は「太郎がタイガースを好きなんてウソで，本当は嫌いなんだわ」と思う道筋である。このどの方法が採用されるかは一概にはいえない。しかし，いずれかの道筋を通って花子の意識は均衡に向かう。

5.3.2　バランス理論の応用

バランス理論的なことがらはさまざまな世界で成り立っている。「敵の敵は味方」といったよくいわれる話もバランス理論的なことがらということができるだろう。広告に人気タレントが登場し，商品との密接な関係を視聴者にみせるのは，視聴者と商品の間にプラスの関係を作り出そうとするためだ（図5-10）。P-O プラスと O-X プラスから P-X プラスを作り出そうとしているのである。

ただ，そううまくいかない場合もある。もともと商品のイメージが悪く（P-X マイナス），何とか人気タレントを使って商品のイメージアップ（P-X プラス）を図ろうとしても，商品のイメージ悪いままで（P-X マイナス），もともと高かったタレントのイメージ（P-O プラス）のほうが悪くなる可能性があるの

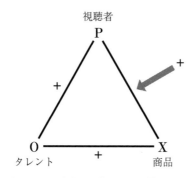

図5-10　広告のバランス理論的構造

だ（P-O マイナス）。これもまたバランス理論でいえば均衡への道筋なのである。

　ところで，視聴者と商品の間にプラスの関係を作り出すためには P-O プラス，O-X プラスという方法しかないかというとそうではない。P-O マイナス，O-X マイナスでも P-X はプラスになる。しかし，この観点からの「嫌われているタレント？が商品をけなす」ような広告はほとんどない。広告の世界ではあまりうまくいかないのだろう。

　そんな中で，筆者の記憶に残っている広告がひとつだけある。それは「金鳥蚊取りマット」という蚊取り器のマットのテレビのコマーシャルだ。少し記憶違いがあるかもしれないがざっくり紹介するとこういうものだ。

　画面にはまず大写しの頑固そうな老人がこちらに向かって憎々しげな顔でこういう。「わしゃあ金鳥マットは大嫌いだ」。次にかつてタイガースで活躍したタレントの掛布が金鳥マットの大きな箱をもって乳母車のような台車に乗って画面に現れこういう。「掛布はそんなあなたが大嫌い」。これだけである。

　なんともバカバカしいものなのだが，「大嫌いだ」といった表現をしつつも安心感があるコマーシャルだった。このコマーシャルに登場するのは，頑固老人，掛布，金鳥マットであり，視聴者を入れて考えると図 5-11 のようになっている。

　この図をみてみると，視聴者とマットの間にプラスの関係が成り立つこと，この四角形の中のすべての三角形において均衡状態が成立することがわかる。

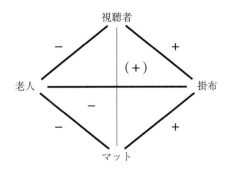

図5-11 金鳥蚊取りマットのコマーシャル

筆者はこの強固な安定性の中に「大嫌いだ」という緊張を生み出しかねない表現を含みつつも，安心してみられるこのコマーシャルの秘密があるのではないかと思ったのである。

　バランス理論は，人の心の安定性について説明する。しかし，安定している状態が「望ましい」ということを述べているわけではない。最初に述べた「坊主憎けりゃ袈裟まで憎い」というのは安定した状況である。それとは逆にこんな格言がある。すなわち，「罪を憎んで人を憎まず」である。バランス理論はこの格言が実際の意識の中で成り立ちにくいことを示している。放っておくと，そうならず「坊主憎けりゃ」となってしまうのである。「罪を憎んで人を憎まず」の実践には，不均衡の緊張に耐え，われわれ自身の意識を冷静にみつめることから出発する必要がある。

　以上で意識の体系性と安定性に関わる話は終わりである。われわれの意識というものは，一般に信じられているほど合理的なものではない。心に備わったさまざまなメカニズムが安定を求めて機能し，知らず知らずの内に非合理な意識を生み出しかねないのである。意識というものは一筋縄では処理できない代物である。注意してかからねばならない。

自習のために

📖 文献案内

この章の内容に関する内容について，わかりやすい解説があるのは次の文献だ。

河合隼雄，1977『無意識の構造』中公新書

鈴木晶，2004『フロイトの精神分析』ナツメ社

我妻洋，1981『社会心理学諸説案内』一粒社

　無意識に関して読んでおくべき古典はフロイトの『精神分析学入門』だろう。この本，性に関しては隠さずそのまま記述しているので，昔ゼミで読んだ時にはレジュメの作成に苦労した学生も多かったと思う。フロイトの時代に世間から精神分析への風当たりが強かった理由もわかる。自分が性の問題についていかにオープンでないのかということも考えさせられる。『夢判断』も重要だ。

Freud, S., 1917, *Vorlesungen zur Einführung in die Psychoanalyse.*（フロイト『精神分析学入門』懸田克躬訳，中公文庫，1973）

Freud, S., 1899, *Die Traumdeutung.*（フロイト『夢判断（上・下）』高橋義孝訳，新潮文庫，1969）

✏️ 練習問題

(1)　今回述べたことについては，誰もが思い当たる節があると思う。自分のまわりで生じた出来事をひとつ取り上げ，今回紹介した理論を使って解釈してみよう。

(2)　日本，あるいは世界で生じる社会問題について，今回紹介した理論で解釈できるものはないだろうか。ひとつ問題を取り上げ，解釈を試みよう。

6

行為とその帰結1：予言の自己成就

これまで意識と行為について解説してきたが，今回から2回，行為とその結果の関係についての話をする。今回のテーマは「予言の自己成就」だ。ここでもこれまでと同様，行為と結果についての「一筋縄ではとらえられない関係」に議論の焦点がおかれている。今回のキーワードは次の通り。

◇ **用　　語** ◇

予言の自己成就，ローゼンタールの実験，ラベリング論，社会的現実の構築，社会的信念，アノミー，自己成就的予言，自殺的予言，悪循環の構造，機能分析，順機能，逆機能，顕在的機能，潜在的機能，機能的代替項目

◇ **人　　名** ◇

マートン，ベッカー

6.1　歯医者嫌いの話

皆さんの中に歯医者に行くのは嫌だという人はどれくらいいるだろうか。授業で聞くと，昔は嫌だという学生が多かったが，今では少数派だ。だが確実に苦手な人もいる。そんな人に「どうしてあなたは歯医者に行くのが嫌なのか？」と聞くと「やっぱりあの音と痛さが……」といった答えが返ってくる。それに対して「ぜんぜん痛くなんてない」という学生もいる。ここで痛いと思っているIさんと，痛くないと思っているNさんはどうちがうのだろうか。

いろいろな理由が考えられる。Iさんの行く医者は腕が悪く，Nさんの行く医者は腕がいい，Iさんはとても敏感だが，Nさんは鈍感，なんてこともあるかもしれない。しかし，そうではなく「痛い目に合うと思うと痛い目にあい，そう思わないと痛い目にはあわない」ということもある。「心頭滅却すれば火もまた涼し」の類かというと，そうではない。きわめて合理的な話だ。

3つのことを考えてほしい。1つ目はこういうことだ（図6-1）。グラフの横

軸は治療は痛いと思う程度の軸で，強い人と弱い人がいる。縦軸は歯医者に行くタイミングの軸で，遅い人と早い人がいる。2つの関係を考えた時，「治療が痛いと思っている人の方が虫歯になっても我慢して歯医者に行くのが遅れる」ということになるはずだ（図6-1）。

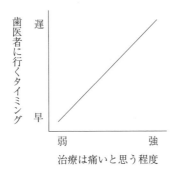

図6-1　歯医者嫌いのグラフ1

次にこんなグラフを考えてみよう（図6-2）。さっき縦軸だった歯医者に行くタイミングを横軸にし，新しい縦軸は歯医者に行った時の虫歯の進行の程度である。この軸は，歯医者に行った時に重症であるか軽症であるかの軸だ。常識的に考えると，早く行く人は行った時には虫歯は軽い状態で，ゆっくり行く人は行った時にはかなりひどい状態ということになる。

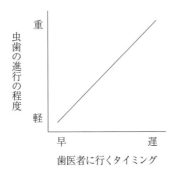

図6-2　歯医者嫌いのグラフ2

最後のグラフはこれだ（図6-3）。歯医者に行った時重症であるか軽症であるかが横軸，治療にともなう痛みが縦軸になっている。これも常識的に考えると，虫歯の進行の程度が軽い人の治療は痛くない。ちょっとした虫歯だから

「薬を塗っておけばいいよ」なんてことになる。しかし虫歯がずいぶん進行していると，注射を打たれて穴をガリガリ掘りかえされ，神経を抜かれたりする。そうなると痛い（図6-3）。

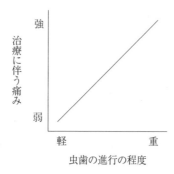

図6-3　歯医者嫌いのグラフ3

　さて，3つの妥当と考えられる関係が明らかになったが，この3つをつなぎあわせるこうなる。Nさんは痛くないと考える。だから，彼の歯医者に行くタイミングが早い。だから虫歯の進行もたいしたことはない。だから治療は痛くない。Iさんは治療が痛いと思っている。だからなかなか歯医者に行かない。行った時には虫歯はかなりひどい状態になっている。だからIさんの治療にともなう痛みは大きい。ここでわかるのは，治療されると痛いぞと思っていることが痛さを作り出しているということだ。もしIさんが痛いと思わなければNさんと同様痛い治療を受けなかったかもしれない。痛いと思ったばかりにIさんの歯医者での治療は痛くなるのだ。

6.2　予言の自己成就とは

6.2.1　予言の自己成就と行為の分析図式

　こういうことをアメリカの社会学者，ロバート・K・マートンは「予言の自己成就」と名づけた。すなわち，「ある状況が起こりそうだと考えて人びとが行動すると，そう思わなければ起こらなかったはずの状況が実際に出現すること」が予言の自己成就だ。予言の自己成就については『社会理論と社会構造』という本で詳しく述べられている（Merton, 1957）。

「歯医者の治療は痛いぞ」と思って行動すると実際に治療で痛い目に会う。逆に「全然痛くないぞ」と思って行動するとたいしたことはない。この痛い目に会う人の行為について，前に述べた「行為の分析図式」でまとめると図6-4のようになる。■の印がついているのが予言で，矢印が破線になっているところはこの話にはあまり関係がないところだ。■印の予言から矢印をたどっていくと，「痛い！」になる。これが予言の自己成就である。

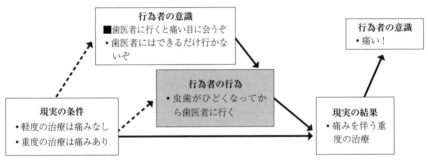

図6-4　治療は痛いと思うとそうなる

　予言の自己成就といったことは自然科学では起こらない。「明日，太陽は昇らない」と予言したところで太陽は昇ってくる。けれども社会科学が取り扱っている分野ではこういう不思議なことがよく起こる。不思議なことなのだが，別に魔法のようなものではない。ここにはきちんとした理屈が存在しているのである。そして，こういう複雑な事態があるから，社会現象を分析するのは少しやっかいだということになるわけだ。

6.2.2　予言の自己成就のいくつかの例

(1)　試験に落ちる学生

　予言の自己成就に関連してよくいわれるのは受験生の話である。教員をしていると，すごく優秀な学生が外部の試験で不合格になるのをみることがある。「能力はすごくあるのになあ」と思うのだが，試験に弱いという学生が確実にいるようだ。なぜパスしなかったんだろうと学生に尋ねてみると，彼らは「また落ちるのかもしれないと思って，気になって勉強できませんでした」などという。これなども予言の自己成就だ。そこでは「私は試験に落ちる」というこ

とが予言され，実際に試験に落ちるという事態が生まれているのである。これは別に魔法のようなものではなく，ある種のメカニズムが働いている。そのメカニズムとは「試験に落ちるのでは」と考えて勉強が手につかなかったということだ。こういうことは皆さんの中でもよくある話ではないかと思う。行為の分析図式でも表現しておこう（図6-5）。■が予言だ。

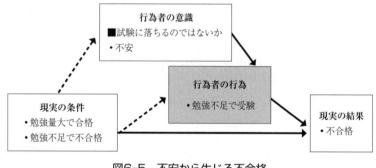

図6-5　不安から生じる不合格

(2) ローゼンタールの実験

予言の自己成就という現象はいろいろなところで生じる。受験生の例，歯医者の例は，ある一人の人がある結果が起こると思ったらそれが起こるという話だが，次に，他者が関わる話をしておこう。まず，ローゼンタールの面白い実験の話だ。少し脚色しているが大きな意味は変わっていない。

ローゼンタールはあるテストを学校にもって行ってこんなふうにいった。「私はこのたび，人びとの潜在的能力を計るテストを開発しました。このテストは人びとの表面的に現れている能力ではなく，その人がどれくらい基本的な能力があるのか，潜在的能力があるのかを調べるテストです」。そして，「やってみませんか？」ともちかけた。学校では「じゃ，やってみましょう」ということになり子供たちはテストを受けることになった。ローゼンタールはテストをもち帰って採点してから，学校に行って「採点の結果，A君，B君，C君，D君に隠れた才能があることがわかりました」と先生に報告した。確かにテストはよくできたもので，しばらくするとA，B，C，D君は抜群の成績をとるようになった。

　ローゼンタールのテストはよくできたテストだ，めでたし，めでたしというのだったらなぜ今こんな話をしているかわからない。実は，ここにちょっと面白いことがあって，ローゼンタールはどうやって採点していたかというと，答案をもって帰って，バーッと撒くようなことをして，この「A，B，C，Dを優秀だということにしよう」と適当に決めただけなのだ。でも謎が残る。「なぜ本当にA，B，C，D君が後によい成績をとるようになったか」という謎だ。

　考えられるとしたら，A，B，C，D君が隠れた才能をもっていると学校の先生が信じているということだろう。それを信じているとどうなるか，先生の態度が変わるかもしれない。今までだったら，授業でA，B，C，D君をあてて「君，答えてくれ」といった時に，「わかりません」と答えたりすると，先生は「そうか，わからんか，次の人」とやっていたのが，その情報を聞いてからだったら「A君，どうだ，わかるか？」と聞く。「ちょっとわかりません」というと，「そうか，教え方が悪かったかな。もう1回説明しようか」となるかもしれない。そういうふうにまわりの彼を扱う方法が変わっていく。教師の期待によって当人の成績がアップするような現象をピグマリオン効果という。

　ローゼンタールの実験は，同様の実験をしても同じような結果がきちんと確かめられないので，最近はそんなには重視されていない。だけどありそうな話だと私は思う。ローゼンタールの場合は，テストのウソの結果を知っているのは先生だけだが，本人や周囲の人も結果を知っていて信じていたら，そんな結果は生じておかしくないと思うのだ。その時は図6-6のようになる。

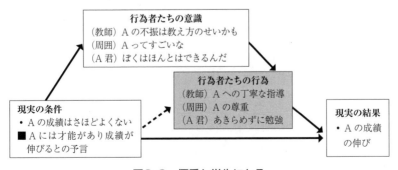

図6-6　優秀な学生になる

⑶ 隠れた犯罪傾向を測る？

さて，こういったことが成り立つとするならば，逆のことも成り立つだろう。「このたび大学の社会学研究室で，あるテストを開発しました。それは隠れた犯罪傾向を発見するテストです。君たち真面目に生活しているようだけど，実は隠れた犯罪傾向があるかもしれない。このテストをやってみませんか？」と説明して皆にやってもらう。それを持ち帰ってバッと撒いて４枚ピックアップしてから，「Ａ君，Ｂ君，Ｃ君，Ｄ君，君たち真面目にやっているようにみえるけども，実は君たちには隠れた危険な犯罪傾向があるぞ」と皆の前でいう。そうすると半年後には彼らは立派な非行少年になっているかもしれない。

そんなことは冗談のように思うかもしれないけれど，さっきの図式を考えれば，それだって成り立つ可能性がある。彼らは自分自身に対して疑いをもつかもしれない。まわりの彼らに対する扱いも変わるかもしれない。彼ら以外の人が何か悪いことをした時には「あいつは悪いことをしたな」といわれるだけだ。しかし，Ａ，Ｂ，Ｃ，Ｄ君が悪いことをした時にはいわれ方がちょっと変わる。「あいつ悪いことをしたな，やっぱり」。この「やっぱり」が猛烈に彼らの精神に突き刺さる。

このような理屈で犯罪を説明する社会学の立場もある。それは「ラベリング論」という立場だ。社会学では犯罪とか非行という行動を説明する分野があるのだが，そこにはいくつかの立場がある。その立場のひとつが，シカゴ学派のベッカーが述べたラベリング論，レイベリング論というものだ。この立場は犯罪や非行を引き起こす重要な要因として，その人に対するレッテル張りに注目する。今回は犯罪とか非行とかいった逸脱行動の話の回ではないのでこれ以上話さないが，まわりの規定が当事者の逸脱的な行動を引き起こすという重要な理論だ。

さて，今までの例は個人の認識やまわりの対応によって予言が成就するという話だった。もう少し複雑な事例を次に述べたい。

(4)　支払い不能になる銀行

銀行というのはどうやって儲けているのだろうか。駐車場に車を預けるとお金をとられる。でも銀行にお金を預けるとお金がもらえる。なぜかというと，銀行というのは駐車場と違って，お金を預かってくれているだけじゃなく，それを又貸しして稼いでいるからだ。銀行にお金を預けるだけでお金をもらえるならば銀行は丸損だ。私たちの預けたお金を銀行は工場とか会社とか普通の人に貸す。そこから利子が銀行に戻ってきてその一部を私たちにくれる。残りが銀行の儲けということになる。私たちは銀行にお金を預かってもらっているというより，銀行にお金を貸しているわけだ。

さて，ここで，ひとつ大きなことに気づく。銀行にはお金はないのだ。お金が銀行にあったら銀行は何も儲からない。又貸ししてはじめて儲かるわけだからだ。このことがわかると，銀行が少し怖い状態におかれていることがわかると思う。すなわち，一挙に人びとが「お金を返してくれ，預けている金を引き出すぞ」というと，銀行はお金がないから困ってしまうのだ。銀行が貸しているところからお金をすぐに返してもらうことなんて不可能だ。いつ返すかは契約で決まっているからだ。だから預金している人がすぐに引き出すというと，お金がないから引き出せない事態が生じてしまう。

だから銀行は「あの銀行，危ないぞ」という噂が立つことをすごく怖がっていた。この予言が自己成就するからだ。図にまとめると図6-7のようになる。今ではこういうことを防ぐため，政府が関与して預金を保証する仕組みができているが，それも完全な保証とはいえない。

さあ，ここで考えてほしいことがある。今までいくつかの「予言の自己成就」の話をしてきたが，それらの例では状況の本当の姿がわかった時，「なんだ，こういうことだったのか」という話になってしまう。だから，メカニズムがわかってしまうと予言は成就しないかもしれない。歯医者の例もローゼンタールの実験もそうだ。けれども銀行の場合は複雑だ。

とても健全な経営をしている銀行について，「あの銀行が支払い不能になる」という根も葉もない噂が立ったとする。その噂を信じて預金を引き出しに行っ

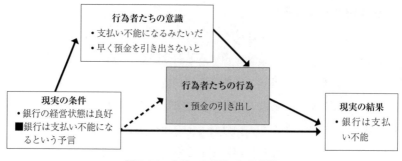

図6-7　支払い不能になる銀行

た最初の一人は愚か者だとみんなは思うだろう。根も葉もない噂を信じるのは愚か者だからだ。銀行から引き出す２人目の人も愚か者かもしれない。３人目も愚か者かもしれない。では，銀行の預金者の内５％の人が引き出したとする。この状態で自分の預金を引き出そうと思って銀行に行く人は愚か者だろうか。「愚か者ではない」という意見が多くなってきそうだ。そうなのだ。そんなふうに大量に引き出されると，「これは危ない」という事態が実際に成立してしまう。だからそういう時には，行かない人の方が行く人より愚か者になってしまう。予言をして人びとが動きだしたら，もう動かせない状況が本当にできあがってしまうわけだ。これは今まで述べてきた例とは少しちがう。われわれの認識によって徐々に動かしがたい現実ができあがってしまうという，すごくわかりやすい例だ。

　小さいころプールの中で渦を作って遊んだことがあるかもしれない。最初はなかなかできないのだが，みんなでぐるぐる回ると洗濯機の中のような大きな渦ができる。そしてその渦がかなり大きくなるとみんな渦に流されるようになる。渦から脱出もなかなかできなくなる。

　今の銀行の例はこの渦の話に似ている。そしてそれこそが社会の本質のように私には思える。私たちは自分たち自身で作り上げた現実に逆に支配され，翻弄されるのである。

6.2.3　社会的現実の構築

⑴　貨幣と法

　さて，銀行の話をしたので貨幣の話もしておこう。実は貨幣そのものに直接的な使用価値はない。いろいろ印刷されているのでメモ用紙にもならない。表と裏に印刷されている広告と同じだ。せいぜい折り紙につかえるぐらいだ。貨幣に価値があるのはさまざまなものの購入に使えるからだ。では，どうしてそんな役割を貨幣が担えるかというと，その貨幣が流通することを人びとが信じているからに他ならない。だれもその貨幣でものが買えると信じないようになると，その貨幣の価値は一瞬にして崩壊する。

　「貨幣は交換に使える」という社会的な信念がまずあり，その信念に従って，ある人が別の人に貨幣を渡し，別の人がその人に商品を渡す。この信念に基づき「貨幣は実際に交換に使える」という現実が生まれる。これは予言の自己成就のメカニズムと同じだ。社会的信念は社会意識の深い層にあるものだが，その存在が当該社会の存立を可能とする。「ある貨幣が使える」という信念が，その貨幣で回る社会を作り上げているのである。

　法についても同様だ。われわれの多くは社会の法に従って行動する。法に従って行動するという現実があるのである。ではこの現実がどうして生まれるかというと，それは「その法に従って人びとは行動する」という信念があるからに他ならない。「その法に従って人びとは行動する」という信念がまずあり，人びとがそれを信じて行動する結果，「その法にしたがって人びとが行動する」という現実が生まれる。これも予言の自己成就である。

　このように，社会的な信念に基づいて，貨幣や法といった現象を含め多くの社会的な現実が構築される。人はこういった社会的信念を成長の過程で獲得し，自己の信念とする。この信念は人びとの日常生活の経験の中で維持・強化され，強固な社会的信念となり社会的現実を支える。

⑵　アノミー

　社会的信念は，普通は強固でなかなか変わるものではない。しかし，まったく変化しないかというとそうではない。それは時代とともに変化するし，大き

な事件によっても変化する。

　伝統社会から近代社会への転換点において，旧来の多くの社会的信念が崩壊した。人びとが共通して信じていた神や教会，王や封建領主についての信念から，人びとの日々の生活についての信念まで，多くの社会的信念は崩壊を余儀なくされたのである。人びとは何を信じどう行動すればいいのかわからなくなり，社会は混乱を極める。こういった状況をデュルケムはアノミーという。アノミーは無規制状態・無規範状態と訳されるが，基礎的な社会的信念の崩壊による社会の混乱状態を指す言葉である。

　社会的信念は大きな事件によっても崩壊する。前の戦争の体験者は「1945年の8月で世界がガラッと変わり，何も信じることができなくなった」と述べることが多い。戦前の「国家のために身を捨てるのが当然」という信念は崩壊し，人びとは何を信じてどう行動したらいいのかわからなくなったのである。社会は混乱する。これもアノミーである。

　このような信念の崩壊を食い止めたり，新たな信念を作り上げたりするものは何なのか。実はそれを生み出したり，それを強固にするような人や組織が存在する。時代の転換点にはさまざまな思想家やカリスマ的指導者が生まれやすい（10.2.4参照）。それは混乱した社会において人びとがもつ新秩序の要請に対応している。逆にいえば，新しい思想を提出する思想家や指導者が受け入れられやすい社会状況になるのである。そういった思想家や指導者の提出する新たな信念は人びとに信じられるとともに国家のような組織にも採用される。そして，国家はメディアも利用しつつ，採用した思想が強固な社会的信念になるような活動を行う。国家のもっとも重要な役割は，ある思想についてそれが正しいと人びとに信じさせ，社会の秩序を維持することともいえるのである。伝統社会の崩壊の混乱の中で，アダム・スミスの思想は，資本主義国家に採用され社会的信念となった。マルクスやレーニン，毛沢東の思想は，社会主義国家に採用され社会的信念となった。今では新自由主義的経済学者の思想が多くの先進諸国の政府に採用され，政府は躍起になってそれが社会的信念になるように活動しているのである。

6.2.4 自殺的予言

　話が大きくなりすぎてしまったのでサイズをもとに戻そう。今まで「予言の自己成就」のことを述べてきたが，この自己成就する予言のことを「自己成就的予言」という。これとは逆のものはないかというと実はある。それは「自殺的予言」だ。自殺的予言というのは自殺に関する予言という意味ではなく，自らを殺してしまうような予言のことだ。「予言しなかったらならば予言通りになっていたことが，予言することで予言通りにならなくなってしまうという予言」のことである。

　皆さんにもっともわかりやすい例は模試の「A 判定」の予言だろう。そんなふうに予言されると，うれしくなって「楽勝！」と思う。それでちょっと勉強から手を抜くようなことも起こる。それで，手を抜きすぎると結果的に不合格になってしまうなんてことがあるのだ。図で説明するとこんな感じだ（図6-8）。だから，A 判定の予言は自殺的予言になる可能性がある危険な予言なのだ。

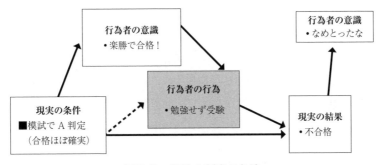

図6-8　模試 A 判定の危険

　選挙では「○○党は大勝するだろう」という予言がなされることがあるが，各選挙事務所が一番嫌がるのは自分の政党についてのこういった予言だ。こんな予言は「どうせ勝つんだから別に投票に行かなくていいや」というムードを作り，支持者が選挙に行かなくなり，結果的にその政党は負けてしまうかもしれないからだ。実際にそうなると，この予言は自殺的予言ということになる。

　かつて，マルクスは「労働者階級窮乏化説」というものを唱えたことがあ

る。資本主義の進展にしたがって労働者はどんどん窮乏化するという予言だ。でもこれは当たらなかったというのがこれまでの通説だ。これも自殺的予言と考えることができる（図6-9）。

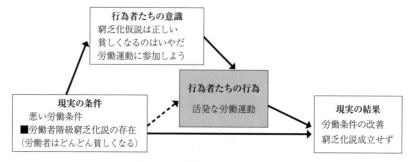

図6-9　労働者階級窮乏化説

　何もしなければ窮乏化説のいうように労働条件はどんどん悪くなっていたにもかかわらず，窮乏化説を正しいと思った人たちが活発な労働運動をした結果，労働条件が改善され，結局，窮乏化説は間違いだということになってしまったというわけだ。公開された予言に基づき人びとが行為した結果，予言どおりにはならなくなってしまったのだ。

　ところで，この窮乏化説については，現在，実際に成り立つという意見が多くなってきている。非正規労働者の増加等によって，労働者の生活は困窮度を増しているからである。ここにあるのは，窮乏化説軽視の流れに由来する労働運動の低迷が窮乏化説を自殺的予言から救い出す，という皮肉な現実である。

6.3　社会を動かすということ

6.3.1　悪循環をどう断ち切るか

(1)　スト破りの例

　さて，予言の自己成就に関する最後の話をしよう。それはスト破りの話だ。企業には経営者と労働者がいるが，経営者は労働者にくらべてパワフルだ。このパワフルな経営者を相手に，労働者が皆でいっせいに休んでしまうのがストライキだ。そうすると企業は操業できなくなり大きな損失が発生する。経営者

はそれでは困るので労働条件を上げるというわけだ。ストライキはヨーロッパではよくあるが，日本では最近はあまりない。昔は鉄道などのストライキは日本でもよくあったのだが。

　さて，かなり昔の話だが，アメリカの労働組合は黒人労働者を組合に入れなかった。なぜ入れなかったかというと「黒人労働者はスト破りをする労働者の敵だ」といわれていたからだ。スト破りとは組合がストライキをしている時に働くことや働く人のことをいう。スト破りがいると経営者は困らなくなる。皆で手を組んで仕事を休んで経営者にインパクトを与えようとする時，スルスルとやってきて仕事をされると経営者にインパクトを与えられない。だから黒人労働者は同じ労働者の仲間とはいえず，そんな労働者は組合に入れない，となっていたわけだ。

　でも「黒人労働者がスト破りをするというのは，実は予言の自己成就ではないか」と，社会学者のマートンは考えた。黒人労働者はスト破りをするという認識，これがひとつの予言になって，スト破りという結果が生じると考えたのだ。その筋道はこうである。スト破りをするという認識は労働組合からの排除をもたらす。組合から排除された黒人労働者たちは職に就けない状態におかれる。職に就けないとどんなチャンスをでもつかんで働こうとする。その結果，スト中の会社が操業継続のために外部から人を雇おうとしている時，それに飛びついてしまう。彼は結局，スト破りをしてしまうことになる，というわけだ。

　組合から排除されると就業のチャンスがなくなるというのは，当時のアメリカではクローズドショップ的な組合と企業の関係があったからである。組合と企業の関係にはオープンショップ，クローズドショップ，ユニオンショップなどがあって，クローズドショップは「組合に入っていない労働者は働けない」という組合と企業との取り決めだ。たとえば，鉄鋼関係の企業で働くためには鉄鋼労組に入っていなければならない，といったものである。

　スト破りをするという認識があり，この認識が組合からの排除をもたらし，就業機会がなくなり，ストの時に働く，という構造があるのだ。これは確かに予言の自己成就だ。「スト破りという認識」が「現実のスト破り」を生み出し

ているのである。

　さて，ここでもう少し先まで考えてみよう。すなわち，こうして生じた「現実のスト破り」が何をもたらすのかという点まで考えを進めるのである。その時私たちは「現実のスト破り」が最初の「スト破りという認識」を強めるということに気づく。ここには悪循環の構造ができあがってしまっているのである。「スト破りをするという認識」がある。だから仲間に入れない。すると，働く機会が少なくなる。スト破りをする。だから「スト破りをするという認識」が強化される。そうすると組合にはますます入れない……，という悪循環だ（図6-10）。

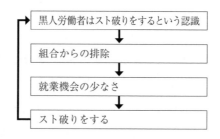

図6-10　悪循環の成立

　こういう時に良心的な人はどういうか。おそらく「スト破りをするという認識は偏見だ」というだろう。けれども相手方は「実際にスト破りをしているじゃないですか」と答えるに違いない。確かに実際にしてしまっている。だから，「スト破りをする」という認識はただの偏見とはいえなくなってしまうわけだ。

　こういう悪循環は多くの社会問題にある。たとえば，女性の就業の問題も同じである。「女性はすぐ辞めるから重要なポストには着かせない」という経営者はかつて多かったと思う。そんな経営者に対して「偏見だ」といっても，相手はデータを持ち出して事実だと反論するかもしれない。同じように「移民が増えれば犯罪が増える」という人に対して「偏見だ」といっても，相手はデータを持ち出して事実だと反論するかもしれない。そういうことが，悪循環構造をもつ社会問題ではいつも生じるのである。

(2)　悪循環の断ち切り方

　この手の社会問題に直面した時，私たちがすべきことは2つある。まず必要なのは「どのような悪循環が成立しているか」ということを把握することだ。悪循環の全体構造を知ることが重要なのである。「スト破りをするという認識は偏見よ」という人は構造全体をみていない。その主張は「偏見ではないよ，実際にスト破りをしているんだ」ときりかえされるだろう。ところで，この「実際にスト破りをしているからそう言っているんだ」と話す人は，合理的ではあるのだが全体構造がみえていない。なぜスト破りが生じるのかについての理解がないのである。そういう意味では彼の合理性は狭小な合理性でしかない。問題の解決のためには，まず悪循環の構造全体を把握する必要がある。「〈スト破りをするという認識〉→〈組合からの排除〉→〈就業機会のなさ〉→〈スト破り〉→〈スト破りをするという認識〉→……」という全体について理解することが必要なのだ。

　次に必要なのは「悪循環の全体的な構造の中でどこが変えられるか」を考えることである。どこが変えられるだろう。「黒人労働者がスト破りをする」という認識を変えられるだろうか。実はこれは難しい。なぜかというと，悪循環が成立している時には，実際にスト破りが生じているからだ。事実に支えられている認識は変えにくい。では，スト破りをむりやりやめさせることはできるか。これも難しい。好きでスト破りをしているわけではない。それをしなければ生活できないからしているのだ。だからこれも変えにくい。就業機会を奪うクローズドショップ制を変えることはできるか。おそらく変えるのは容易ではなかろう。経営者にくらべて労働者は弱い立場にいる。だから，労働者の組合は自分たちの力を保持することが重要だと考える。だから，組合に入っていないと働けないという仕組みは壊したくないと考えるはずだからだ。では，実際はどれが変えやすいかというと，「組合からの排除」の部分ということになる。

　さて，これを「組合への加入を認める」というように変えてみよう。加入が認められれば，黒人労働者の就業のチャンスは当然増える。就業の機会が増えるとわざわざ嫌なスト破りをして雇ってもらう必要がなくなる。こういうこ

とが実際に広がっていくと,「スト破りを,彼らがするわけではない」という認識が一般的になっていく。そういう認識が広がってくると,さらに「彼らを組合に入れよう」という話になってくる。かつての悪循環を,よい循環に変えていくことができるわけだ(図6-11)。

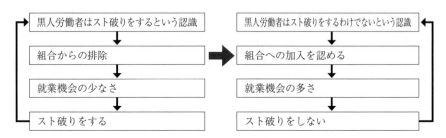

図6-11悪循環を断ち切る

まとめておこう。こういう問題についての解決のポイント2つだ。ひとつは「全体像を把握すること」,もうひとつは「変えられるのはどこかをきちんととらえて,変えやすいところを変える」ことだ。私たちはこういう問題が起こった時,しばしば最初の「認識」だけを問題にして「その認識が偏見に基づいている」という感覚で処理しようとするが,悪循環が存在し,何らかの現実的な背景ができてしまっている場合,そのアプローチはなかなか難しい。「全体像を把握して,どこを変えたらどういうふうに回りだして問題が解決されていくか」ということを考える必要がある。

6.3.2 機能分析

予言の自己成就という概念はマートンによって社会学に導入,展開されたものだが,彼はほかにもいろいろ魅力的な概念を提案した社会学のエースだ。彼の提案する概念はパーソンズの抽象的な概念にくらべて,経験的研究にも利用可能なものが多い。抽象度がいい具合なのだ。

そういったものの中に「機能分析」というものがあり,これはさまざまな社会現象の分析に使える方法だ。機能というのは「はたらき」と考えておいていい。機能分析には順機能と逆機能,顕在的機能と潜在的機能という重要な概念がある。順機能とは当事者にとってよい機能を意味し,逆機能とは悪い機能を

意味する。また，顕在的機能とは当事者の知っている機能を意味し，潜在的機能とは当事者が知らない機能を意味する。

われわれの社会にはさまざまなものや行動やルールなどがあるが，それらの機能をこの2対の概念からみていくのが機能分析の方法だ。この分析で魅力的なのは，さまざまな事柄の潜在的な機能，すなわち当事者の知らない機能に私たちの目を向けさせるところにある。マートンらしい。

たとえば，伝統社会の雨乞いの儀式について考えてみよう。雨乞いで雨を降らせることはできない。だから雨乞いの儀式は，私たちの目からすると意味のない行為のようにみえる。しかし，もう少し考えてみる必要がある。農耕する人びとにとって，日照りは危機を意味する。この危機において，集団の成員はばらばらになりかねない状態に陥っている。雨乞いは，この危機に陥ってばらばらになる集団を再統合する作用をもっている。それは，集団の成員には認識されていないことが多いだろう。しかし，知れられていなくても，集団や成員にとってはプラスの機能をもつのである。雨乞いという儀式は，機能分析の観点からは，集団の再統合という潜在的な順機能をもっていると考えられるわけだ。

このような機能分析の方法は現代社会の諸現象を考える際にも重要な視点を提供する。たとえば新しい制度を考える時，制度の目指している事柄，つまり顕在的な順機能だけでなく潜在的な逆機能を明らかにすることはとても重要だ。

裁判員制度の導入，少年法の改正など，社会ではしばしば大きな制度改革が行われる。大学でも大学院の定員拡大，任期付き教員の採用といった制度変更が行われてきた。こういった制度の変更には，もくろんでいる顕在的順機能だけでなく，必ず潜在的逆機能がある。だから制度変更においては十分そのことを考慮する必要がある。そして，どうしても変更が必要な場合は，機能が達成できなくなる点への代替的な措置が必要になる。雨乞いの儀式の代わりに別のお祭りをするようなものだ。マートンはこういった代わりになるものを「機能的代替項目」とよぶが，逆機能をきちんと認識し，代替項目を考えていく姿勢が制度変更においては要請されるのである。

6.3.3　運転と操縦

　社会を変えることを考える際に必要な見方だと思うので，最後に運転と操縦という話をしておきたいと思う。みんなは「運転」という言葉知っているし，「操縦」という言葉も知っている。「自動車は運転するか操縦するか？」と聞かれれば，「運転」と答える人が多いだろう。「飛行機は？」と聞かれれば「操縦」だろう。自転車なら運転，ヨットなら操縦，宇宙船は操縦，そんな具合に答えるに違いない。『亭主操縦術』という本は何となくわかるけど『亭主運転術』というとわけのわからない本だ。ボーイフレンドの操縦法は何となくわかるけど，ボーイフレンドの運転術はわからない。運転と操縦とどうちがうのだろう。

　私自身は，操縦の対象は勝手に動くもの，運転の対象は自分で動かすもの，というイメージをもっている。どういうことかというと，飛行機は何もしないと落ちる。ヨットも風に吹かれて流されていく。操縦とはこういった勝手に動くものに少しの作用を及ぼすことによって自分の思う方向に動かすことと思うのだ。ヨットの帆を少し動かして自分の思う方向に動かす，飛行機の方向舵を動かして飛ぶ方向を変える，大きな流れの中で勝手に動くものを自分の動かしたい方向に向かわせるためにちょっとした操作をすること，これが操縦だと思う。亭主操縦術は勝手に動く亭主をちょっとの操作で思う方向に動かすという話のようだ。運転はそれにくらべてドンと自分で動かしてやるイメージだ。自転車は自分でペダルをこいで動かす。自動車は普通は運転だけど，ラリーカーには操縦という言葉のほうがピッタリくる。高速で勝手に動く車を多少のハンドルさばきで操作するというイメージがあるからだと思う。

　運動にも操縦系の運動と運転系の運動があるような気がする。スキーを始めた人は曲がろうと思う方の足に力を入れて無理やり曲がろうとする。けれどもそれでは決して思う方向には曲がれない。しかし，あるところにヒョイと力を加えてやるとグッと曲がってくれる。勝手に落ちていくものを自分の操作で方向づける。だからスキーは操縦系の運動。マラソンは運転系の運動といったほうがいい。

　ところで，社会というのはどちらかというと操縦系だ。社会をむりやりある

方向に動かそうと運転すると，とんでもないことになってしまう。それはよい目的に向けた場合でも同じだ。私たちは，社会をむりやりに動かそうとして失敗してきた歴史を知っている。全体の構造を無視して無理やり社会を動かそうとすると，いろいろな国で起こっている紛争のように，悲惨な事態が生じる可能性があるということを頭に入れておかないといけない。

　何らかの方向に社会を動かそうとする時には，とにかく関係のあるさまざまな要因を思い浮かべて，何を動かせばどうなるかをきちんと理解して，効果的なところを操作する必要がある。潜在的な逆機能についても徹底的に考える必要がある。社会科学を勉強するということは，社会を操縦するために必要となるさまざまな知識を得るということだと考えてくれればいと思う。

自習のために

■ 文献案内

　予言の自己成就というテーマは社会学のもっとも重要なテーマだ。だからどんな社会学の事典にも解説があるが，原典をみておいたほうがいいだろう。

Merton, R. K., 1957, *Social Theory and Social Structure (revised ed.)*, Free Press. （マートン『社会理論と社会構造』森東吾他訳，みすず書房，1961）

　予言の自己成就との関連で述べた「社会的現実の構築」については，次の文献が参考になる。

Berger, P. L., & T. Luckmann, 1966, *The Social Construction of Reality : A Treatise in the Sociology of Knowledge,* Doubleday.（バーガー・ルックマン『日常世界の構成：アイデンティティと社会の弁証法』山口節郎訳，新曜社，1977）（バーガー・ルックマン『現実の社会的構成：知識社会学論考』山口節郎訳，新曜社，2003）

Berger, P. L., 1967, *The Sacred Canopy : Elements of a Sociological Theory of Religion*, Doubleday.（バーガー『聖なる天蓋』薗田稔訳，ちくま学芸文庫，2018）

　予言の自己成就という問題は「獲得された無気力」という心理学の問題にも関連している。次の本は読んで損はない。2020年に改版が出たようだ。確かにロングセラーになるべきいい本だ。

波多野誼余夫・稲垣佳世子，1981『無気力の心理学』中公新書

　本章の最後に「運転と操縦」の話をした。ひとつの理想をもとに社会を無理やり運転しようとしても上手くいかないことが多い。映画『キリング・フィールド』などをみるといい。

✎ 練習問題

(1)　社会で生じている予言の自己成就の例をひとつあげ，その解説をしてみよう。
(2)　政府がこれまで行ってきた政策をひとつ取り上げ，機能分析を試みよう。顕在的順機能と潜在的逆機能について十分考えること。

行為とその帰結 2：宗教と資本主義

われわれは資本主義という経済システムの中で暮らしている。これは自然にできたものではなく人間が作ったものだ。どのようにしてできたのだろうか。これが今回の講義のテーマだ。ここにも行為と結果の奇妙な関係が存在している。今回のキーワードは次の通り。

◇ **用　語** ◇

単純再生産，拡大再生産，分業，カルヴィニズム，予定説，世俗内禁欲，蓄積と再投資，史的唯物論，使用価値と価値（交換価値），生産手段，労働力と労働力商品，生産財と消費財，労働価値説，貨幣の物象化，剰余価値，資本と資本の増殖

◇ **人　名** ◇

ウェーバー，マルクス

7.1　ブレーメンの音楽隊

7.1.1　お　話

今日は「お話」から始めよう。グリム童話にある「ブレーメンの音楽隊」というお話だ。実は筆者がこれをはじめて読んだのは 30 を過ぎてからのことだ。小さい頃の記憶では「浦島太郎」とか「カチカチ山」とか，純和風のものの記憶しかない。そして大人になってこれを子供に読んでいて，とても不思議な気がしたのである。まず，聞いてほしい。

今から読むものは下のところにあったものだ。ここではこの話が各国語に翻訳されていて，とても面白い。では，はじまりはじまり。

https://www.grimmstories.com/ja/grimm_dowa/buremen_no_ongakutai

　ある男がロバを飼っていました。このロバは何年も疲れ知らずに麦の袋を風車小

屋まで運びましたが，力がなくなってきて，だんだん仕事に適さなくなってきました。それで主人はえさをやらないのが一番いいと考え始めました。しかし，ロバは風向きが悪いとわかって逃げ，ブレーメンへ行く道を出発しました。そこできっと町の音楽家になれるぞ，とロバは考えました。

　しばらく歩くと，猟犬が道に寝て，疲れるまで走ったようにハアハアあえいでいるのに気がつきました。「犬くん，どうしてそんなにあえいでいるんだね？」とロバは尋ねました。「ああ」と猟犬は答えました。「僕は年寄りで，毎日弱くなってきて，もう猟ができないんだよ。主人は僕を殺そうとしたんだ。だから逃げて来たのさ。だけど，どうやって食っていったらいいんだろう？」「いいこと教えようか」とロバは言いました。「僕はブレーメンへ行って，そこで町の音楽家になるんだ。僕と一緒に行って君も音楽家の仕事をしないか。僕はリュートを弾く，きみはティンパニをたたくんだ。」

　猟犬は賛成しました。それで二匹で進んで行きました。まもなく，猫に出会いました。猫は三日続きの雨のような顔をして道に座っていました。「これこれ，ひげそりくん，浮かない顔してるね，どうしたんだい？」とロバは尋ねました。

　「首が危ないというのに楽しい人がいるかい？」と猫は答えました。「寄る年並みで，歯はすりへって平たくなってるし，暖炉のそばに座って糸を紡いでいる方が好きなの，ネズミを追い回すよりもね。うちのおかみさんは私を溺れさそうとしたのよ。だから逃げてきたわ。だけど，今はいい考えが浮かばなくてね。どこへ行ったらいいのかしら？」

　「一緒にブレーメンへ行こう。君は夜想曲がわかるじゃないか。町の音楽家になれるよ。」

　猫はそれがいいと思い，一緒に行きました。このあと，三匹の逃亡者たちは農家の庭に来ました。そこでは雄鶏が門の上にとまって，声をかぎりに鳴いていました。

　「君の鳴き声はどこまでもどこまでもしみ通るね。どうしたの？」とロバは言いました。

　「天気がよくなるって予報しているんだよ。マリア様が幼子キリストの小さなシャツを洗ってかわかそうとなさる日だからね。」と雄鶏は言いました。「だけど，日曜にはお客がくることになっているもんだから，うちの奥さんは無慈悲にも，明日スープに入れて僕を食べるつもりだとコックに言ったんだよ。それで今晩僕は頭を切られるんだ。だから，まだできる間に，肺を最大限に使って鳴いているのさ。」

　「ああ，だけどトサカくん，」とロバは言いました。「僕たちと一緒に来た方がいいよ。僕たちはブレーメンへ行くんだ。どこへ行ったって死ぬよりましなことを見つけられるよ。君は良い声をしてる。僕たちが一緒に音楽をやれば，きっと素晴らしくなるよ。」

　雄鶏はこの計画に賛成しました。こうして4匹は一緒に進んで行きました。ところが一日でブレーメンの町に行きつくことができませんでした。夕方に森に着いた

ので、そこで夜を明かすことにしました。ロバと猟犬は大きな木の下にねて、猫と雄鶏は枝に上りましたが、雄鶏は一番安全なてっぺんまで飛び上がりました。雄鶏が眠る前に四方を見まわすと、遠くに小さな火花が燃えているのが見えたように思いました。それで、「遠くないところに家があるに違いないよ、だって明かりが見えたんだ」と仲間によびかけました。

　「それなら、起きて行った方がいいな。ここの宿はひどいからね。」とロバは言いました。猟犬も、肉がついた骨 2、3 本にありつけたらいいな、と思いました。

　それで明かりがある場所を目指して進み、まもなくその明かりがだんだん明るく輝き、大きくなって、こうこうと明かりのついた強盗の家に着きました。ロバが、一番大きいので、窓に行って中をのぞきました。

　「何が見える？芦毛の馬さん」と雄鶏が尋ねました。

　「何が見えるか？」とロバは答えました。「おいしそうな食べ物と飲み物が載ってるテーブル、それと、そこに座って楽しくやってる強盗たち。」

　「それはうってつけね。」と雄鶏は言いました。

　それから動物たちは、強盗たちを追い払う方法を相談し、とうとうある計画を思いつきました。ロバが前足を窓枠にかけ、猟犬がロバの背に飛び乗り、猫が犬の上によじ登り、最後に雄鶏が飛び上がって猫の頭にとまることにしました。

　これが終わると、合図に従って、四匹が一緒に音楽を演奏し始めました。ロバがいななき、猟犬は吠え、猫はニャーオといい、雄鶏は時をつくりました。それからガラスをこなごなに割って、窓から部屋にどっとなだれ込みました。このおそろしい騒ぎに、強盗たちはてっきり幽霊がはいってきたと思い、跳びあがり、びっくり仰天して、森へ逃げていきました。

　4 人の仲間はテーブルに座り、残り物で十分満足して、これから 1 か月絶食するかのように食べました。4 人の音楽家は食べ終わると、明かりを消し、めいめいが自分の性質とお気に入りに従って寝場所を探しました。ロバは庭のわらの上に、猟犬はドアの後ろに、猫は暖炉の暖かい灰の近くに寝て、雄鶏は屋根のはりの上にとまりました。そして長い旅をして疲れていたので、すぐに眠りこみました。

　真夜中を過ぎたころ、強盗たちは遠くから、家の明かりがもうついていなくて、まったくひっそりしているのがわかり、親分は「おれたちはあんなに取り乱してこわがることはなかったんじゃないか。」と言って、子分の一人に、行って家を調べて来い、と命令しました。

　使いにたった子分は、ひっそりしているので、ろうそくに火をつけようと台所に入り、猫のギラギラ光る炎のような目を燃えている炭火と勘違いしたので、火をつけようとマッチを目に持っていきました。しかし、ねこはその冗談がわからず、子分の顔に飛びかかり、フーッと唸ったりひっかいたりしました。子分はとても驚いて、裏口に走りました。しかし、そこに寝ていた犬が飛びかかって脚を噛みました。そして、子分が中庭を横切り、肥やしのわらのそばを走って行くと、ロバが後ろ足で猛烈な蹴りをいれました。雄鶏も、物音で目が覚め元気を回復して、はりか

ら「コケコッコー」と叫びました。

　それで強盗はできるだけ早く親分のところに走っていき，「ああ，あの家には恐ろしい魔女がいますよ。おれにフーッと息を吹きかけ，長いかぎづめでおれの顔をひっかきやがった。それでドアのそばにナイフをもった男がいやした。そいつがおれの脚を刺したんです。中庭には黒い怪物もいましたよ。そいつはおれをこん棒でなぐりやがったんで。上には，屋根には，裁判官がいて，『悪者をここに連れて来い！』と怒鳴っていました。だから，おれは逃げてきましたよ。」と言いました。

　このあと，強盗たちは二度と家に入ろうとしませんでした。しかし4人のブレーメンの音楽家たちはここがとても気に入ったので，もう出ていきたいとは思いませんでした。

7.1.2　慣習的思考

(1)　違和感

　このお話はどこか不思議ではないだろうか。そうなんだ。「ブレーメンへ行くというのはどうなったの」って感じてしまうのだ。「ここで暮らしました」ではどうにも落ち着かないのだ。認知的不協和だ。皆さんの多くもそう感じるだろう。

　しかし少し考えてほしい。子供は不思議がらないのだ。喜んで聞いている子供をみていた記憶がある。不思議がっているのは親だけだ。ではこの違いはどこから生じるのか。それは，私たち大人には「目的が立てられるとそれに向けて突き進むのが当然」のようになっているのに，子供にはそんなことは当然でもなんでもないからだ。目的の達成や目的達成に向けてのがんばりが当然という意識が私たちには叩き込まれているのである。ではどこで叩き込まれたのか。いろいろなところが考えられるのだけれど，学校もそうだ。

(2)　近代の学校というもの

　小学校の時，クラスの中にはぜんぜん計算のできない子がいた。漢字をぜんぜん書けない子もいた。それが普通だった。そして，そんな子たちも小学校を卒業していった。でも，そんな中で卒業できない場合があった。それは，出席日数が足りないという場合だった。これは計算や漢字よりも出席が重視されていたことを意味する。決められた時間に学校にやってきて，決められた時間ま

で椅子に座り，決められた時間に帰る。これが，計算や漢字よりも重要とされたのだ。

この決められた時間に来て帰るというリズムは，実は工場のリズムだ。農耕社会において労働は天気に左右される。お日様が出たら働き，暗くなったら帰る。雨が降ったら仕事には出ない。でも工場はちがう。工場には，日の出や日の入り，天気に関係のない決められた時間があるのだ。だから，そんな社会で生活するためには，このリズムを身につける，まさに「身につける」ことが必要になる。学校はそういったリズムを身につけさせる場所だったのだ。

こんなことを考えてみよう。今，「教室の外に並んで正門まで行進してください」と私がいったら，皆さんは，「なぜだ，バカバカしい」と思うだろう。私もそう思う。しかし，嫌がろうが，皆さんはそれをしようと思うとできてしまう。これが普通だと思うかもしれないが，決してそんなことはない。明治になって軍隊が組織された時，最初は行進ができず苦労したという話がある。皆さんは，行進できるように鍛えられているのである。好きか嫌いかにかかわらずできてしまうのである。

こういった行動の植え付けとともに学校は意識の植え付けもする。「目的に向けて合理的に計画を立て実行する」という練習を何度も何度も繰り返すことによって，私たちは自然にそう考え，そう行動するようになっていくのである。目的に対して合理的でない行為は考えられないものになる。ブレーメンの音楽隊の「変な読後感」はこうやって生じたのである。目的合理的な資本主義社会に生きるわれわれのハビトゥスから「ブレーメンの音楽隊」はズレているのである。

7.2 合理化された世界としての近代

7.2.1 ウェーバーの世界観と問題

われわれは目的合理的に物事を考えるようになった。われわれはこういった考えが支配的な近代社会の中に生きているのだ。では，この近代社会より前の社会はどのような社会なのか。ウェーバーはそれを伝統社会とし，そこで支配

的な考えは合理的な科学的思考ではなく呪術的な思考であるとする。

　呪術的な思考とは，たとえば「山で拾ってきた石をある木の根元に埋めると，その木にだけたくさんの実がついた」といったことを「この石には神秘的な力がある」とするような思考法である。伝統社会は呪術に満ちている。

　マックス・ウェーバーは，伝統社会から近代社会への変化を，こういった呪術的思考からの解放の過程ととらえる。しかし，この解放はたやすく進むわけではないと彼は考える。というのは，呪術的な思考によって人びとは緊張のない安定した生活を送ることができるからである。だから，呪術的思考からの解放，すなわち伝統社会からの離脱はある種の跳躍が必要だとするのである。彼は，伝統社会がずるずると近代社会になっていったという立場をとらない。彼は，伝統社会と近代社会の間に徹底的な断絶をみるのだ。

　ウェーバーはこういう。「人間の行動を直接支配しているのは，私的欲求（物質的にせよ観念的にせよ）であって，決して理念ではない。しかし私的欲求の動力学が人間の行動を推進してゆく場合，理念が作り出した『世界像』はしばしば転轍手として，いかなる道を推進せしめるか，を規定した」（Weber, 1920/1921）。転轍手というのは線路の分岐点（ポイント）の切り替えを行う人のことだ（昔は人がポイントの切り替えをしていた）。伝統のレールをぐるぐる走り続けていた列車（社会）を，ポイントの切り替えで，近代に向かうレールに導いたのは誰か（何か）。それを発見することが彼の目的なのである。

　彼はこの問題を解くにあたって，近代の合理的経済行動を中心とした資本主義に目を向ける。そして，なぜ西欧においてのみ合理化が進展し，人間の運命を規定するような力をもつに至ったのか，なぜ，西欧において資本主義が誕生したのか，という問いを立て検討を進めるのである。

7.2.2　資本主義の意味

　ここで問われている資本主義の意味について，少し述べておく必要がある。通常，資本主義とは資本や生産手段が私的財産であるような社会を意味することが多く，社会主義に対立するものとしてとらえられることも多い。（資本や生産手段の概念については7.4で，社会主義については13.2で解説する）。しかし，ここで

の焦点は，資本主義―社会主義といった問題ではない。ここでの資本主義は「拡大再生産的経済合理主義」とでもいうべきものだ。そこでは，合理主義的行動類型が支配的であり，経済は合理的に組織され，資本がどんどん蓄積される。

　まず「拡大再生産」について説明しよう。もし，皆さんが伝統社会における農民だとすると，こんなスタイルで毎年の収穫をしていくに違いない。春が来て種をまき，秋まで働いて収穫を得る。収穫したものから幾分かを領主に収め，幾分かを自分たちで消費する。そしてその際，これまでの経験に基づいて，収穫の中から来期に巻く種を準備しておく。そうしてまた春が来て種をまき，秋まで働いて収穫を得る。こういったことを繰り返して年月が経ていく。これは単純再生産の世界だ。長い伝統に従って，毎年同じことが繰り返される。

　それに対して，今，皆さんが現代社会において何かものを作る工場の経営者だったとしよう。皆さんは元手をもとに，機械を取りそろえ人を雇ってものを作る。幸い，作ったものはすごく売れて皆さんにはかなりの利益が入ってくるとしよう。そして，来期にどれぐらいの量を生産するか今考えている。皆さんはおそらく，すごく売れたのだから，利益をもとに次はもっとたくさんの原料を仕入れて，より多くのものを作ろうと思うだろう。そして，十分計算して来期の仕入れを検討し，人も増やしてものをたくさん作る。それでもまだ，作ったものはすごく売れ，かなりの利益が入ってくるとしよう。皆さんはまた，仕入れや人や機械を増やしてものをたくさん作るだろう。これが拡大再生産である。単純再生産で特徴づけられる伝統社会に対して，近代の資本主義社会は拡大再生産で特徴づけられる。

　次に，職業の合理的組織化について。現代の社会において分業は当たり前だ。高校時代，夏休みに大阪のある町工場でアルバイトをしたことがある。そこは空調施設のパイプを作っている工場だったのだが，私のしていたことは，そのジョイント管に，空気が外に漏れる穴がないかどうかをチェックする作業だった。電球をパイプの中に入れて光が漏れるかどうかをチェックするのだ。

9時から5時まで，私はそのことだけをしていた。分業の1工程を担っていたわけだ。皆さんも，アルバイトでいろいろしたことがあると思う。飲食店で洗いものだけを担当していたり，接客だけを担当していたり，そういったことが多いだろう。それも分業の一端を担っているわけである。

こういった分業がなぜなされるのかというと，そのほうが生産性が高いからである。アダム・スミスは『国富論』の中で，分業しないならば一人当たり1日20本のピンも作れない状況であっても，18の作業に分割された分業によって10人で4万8千本以上のピンが作れることを紹介している。分業は専門分化した技能の向上などを生み出す。分業は職業の合理的組織化の中心である。

拡大再生産や分業を中心とする職業の合理的組織化は，近代社会の豊かさを生み出す中心的なアイデアである。しかしながら，それらは必ずしも楽しいものとはいえない。分業などせずゆっくり作業全体に関わりたいというのも自然だ。また，もうけが出れば次に投資などせず，ぜいたくに使ってしまいたいと思うのも自然だ。人は伝統の中でのんびり暮らしたり，欲望をすぐに充足したいと思うものなのである。にもかかわらず，西欧でこういった再投資による拡大生産や分業を中心とした資本主義が成立した。それはなぜか。これがウェーバーの問いなのである。

7.2.3 カルヴィニズムとウェーバー

西欧での目的合理的な資本主義の成立の原因を探る書が，有名な『プロテスタンティズムの倫理と資本主義の精神』である（Weber, 1904/1905）。常識的に考えれば，資本主義のような富を豊かにするシステムの成立原因は，人びとの利益を求める欲望に求められそうである。しかし，ウェーバーはその重要性を認めながらも，それだけでは十分ではないと考える。そういった欲望だけでは伝統主義の強力な慣性を突破できないと考えるからである。

彼が考えるのは宗教の力である。そして，プロテスタントのカルヴァンの教えに注目する。カルヴァンはジュネーブで活躍した宗教改革の思想家だが，その教えはルターのそれよりも徹底的で，「絶対的で厳格な神」という観念が強く表れている。カルヴァンの教えをカルヴィニズムというが，カルヴィニズム

はイギリス，フランス，オランダなどに広がった。フランスのユグノー，イギリスのピューリタンはカルヴィニズムを信じる人たちである。

　実は，ウェーバーは母方の先祖にフランスからの亡命ユグノー貴族をもつ。また，ドイツのプロテスタントの主流はルター派だが，ウェーバーはその立場にはない。ウェーバーにはユンカーの先祖はおらず，市民的商人的家系に属する反主流派の厳格主義的なプロテスタントの市民，というのがウェーバーの立ち位置である。

7.2.4　『プロテスタンティズムの倫理と資本主義の精神』

(1)　絶対的な神

　『プロテスタンティズムの倫理と資本主義の精神』における，カルヴィニズムから資本主義への流れをコンパクトに図に示すと次のようになる（図7-1）。順番に説明していこう。

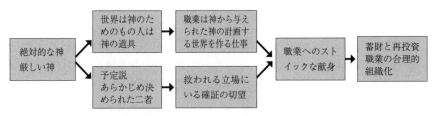

図7-1　プロテスタンティズムの倫理と資本主義の精神

　どんな宗教にも神，あるいは神的なものが存在するが，その性格は宗教，宗派によってかなり異なる。厳しい神，やさしい神，父のような神，母のような神，いろいろだ。皆さんはどんな神についての感覚をもっているだろう。神社に行って「神様お願いします」といって拝む。これは「お願いを聞いてくれる神様」という観念をもとにした行動だ。お願いとともに，賽銭箱にいくらかのお金を入れたりもする。「お願いを聞いてもらうためには，それなりの対価が必要」というわけだ。実に人間的な神様である。

　カルヴィニズムの神はそんな神とはまったく異なる。カルヴィニズムの神は，絶対的な恐ろしく厳しい神だ。世界を作った全能の神であり，すべてのことを知っている。これが出発点になる。

(2)　世界と職業

　神は万物を作った。世界は神の創造物であり，人間も神の創造物だ。世界は神のためのものであり，人間も神のための道具だ。そこから職業についての次のような観念が生まれる。すなわち，職業は神から与えられた神の計画する世界を作り出す仕事という観念である。天職という概念がこの職業観に対応している。

　こういった観念はわれわれ現代人の感覚には馴染みにくい。仕事というものは生きていくための手段だ，自分の幸福のために仕事をするのだ，という考えが一般的だからだ。しかし，「人間は神の道具」という考えからはこういった発想は生まれない。すべてが神のためにあるのだから，職業も当然，自分のためにあるものではなく神のためにあるということになる。

(3)　予定説と確証

　カルヴィニズムの絶対的な神という観念は，予定説という恐ろしい教義を生み出す。予定説とは，来世において救われるかどうかはあらかじめ決まっているという説だ。簡単にいうと，その人が天国へ行けるか地獄に落ちるかはずっと昔から決まっているということである。

　「善行は天国への道，悪行は地獄への道」という考えがわれわれの日常感覚である。これに真っ向から対立するのが予定説なのである。人間の善行や悪行で神が自らの意思を変えることはあり得ない。神は絶対なので人間の意志には左右されないのである。

　信仰の篤い人にとって，自己が救われる側であるか，それとも救われない側であるかは一大関心事である。しかし，神はそれを教えてはくれない。神は絶対なので人間の意志などには左右されないからである。救われたい，救われるのかどうか知りたい，知ることはできない，そういう中で人びとの不安はますます大きくなる。

(4)　職業への献身

　ところで，職業は，神の計画する世界を神の意志に従って作る仕事であった。職業とは神から課せられた使命の遂行なのである。この職業を熱心に遂行

できるということは何を意味するのか。神は全能であるから，人間の行うことなどずっと昔からすべてお見通しである。ということは職業に没頭できるということは，自己が神から選ばれた者であることを示す傍証になるのではないか。人はそう考え，職業に没頭することになる。神のための使命の遂行なので，それは献身的な職業への没頭である。

　この部分，われわれ現代人にはわかりにくいかもしれない。救われるかどうかはあらかじめ決まっているとするなら，それは運命だとあきらめて，むしろ無為の生活を送るのが自然ではないかとわれわれは考えてしまうのである。しかし，救済が人にとって最重要事項である時，そうはなかなか考えられないのである。

　このことを理解するためには，心から希求するものがあり，それを獲得できるかどうか知りえない場合，どんなことが生じるかを頭に浮かべるといい。たとえば，こんな事態を考えてみよう。今，あなたは病院に入院しており，ある病気についての検査を受けている。もし，その病気にかかっていれば，あなたの余命は長くて半年である。そうでなければ，現在の病状はすぐ回復して社会生活に復帰できる。検査結果はもうわかっている。あなたはその病気かどうか知りたくてたまらない。しかし「厳しい医師，絶対的な医師」は検査結果を教えてくれない。あなたはその時，病院内を歩きまわり，「こんなに元気なのだからそんな病気にはかかっていないはずだ」なんて考えるようなことをしないだろうか。歩き回ることは，その病気でないことの直接の証拠にはならないけれど，自己の心の中では傍証として機能するのである。

　またこんな例がわかりやすいかもしれない。あなたには結ばれたい彼がいるとする。そして，彼のアパートへ行ったり，そこで料理を作ったりしている。あなたは彼に自分の気持ちを打ち明けるのだが，彼は自分の心を決して明らかにしない。「厳しい彼，絶対的な彼」なのである。あなたの不安はどんどん大きくなる。そして，こう考える。「私が彼のアパートで料理を作ったりするのを彼が許しているのだから，きっと彼は私を好きだと思っているに違いないわ」「好きでもない人にそんなことを許すはずがないもの」。実は「料理を作っ

てあげられること」は彼が自分を好いている証拠にはならない。しかし，あなたの心の中では傍証として機能する。

　救済の確証を求め職業に献身するというのは，救済が何よりも求められている状況では自然に生じうる事態なのである。

(5)　蓄財・再投資・分業

　さて，神のための使命の遂行としてなされる職業労働は，最大の神の栄光をもたらすという観点から，できる限り職業を合理的に組織化するという方向でなされる。合理的計算や分業はそのようにして生じる。神のための職業なので，適当なところでやめておくといった判断は不可能になるのである。合理的な組織化が自己にとってどんな意味をもつかは問題ではない。分業が個人にとってつまらなくても，そんなことは問題ではないのである。職業は自分のためのものではなく神のためのものだからだ。

　そうやって合理的な組織化の下で人びとが職業に没頭する結果，生じるのは大きな利益である。この大きな利益を人は自分の贅沢に使うことはできない。職業は神のためのものであって自分のためのものではないからである。利益はどんどん蓄積される。そしてそれは，神の使命の遂行としてなされる職業に再投資される。

　こうして，蓄積と再投資，合理的組織化という事態が生じる。拡大再生産的経済合理主義としての資本主義の誕生である。

(6)　鉄の檻

　さて，こうして誕生した資本主義はそのあと，どのように発展していくのか。ウェーバーの議論は決して明るいものではない。彼は『プロテスタンティズムの倫理と資本主義の精神』の最後でこう述べる。

　「営利のもっとも自由な地域であるアメリカ合衆国では，営利活動は宗教的・倫理的な意味を取り去られていて，今では純粋な競争の感情に結びつく傾向があり，その結果，スポーツの性格をおびることさえ稀ではない。将来この鉄の檻の中に住むものは誰なのか，そして，この巨大な発展が終わる時，まったく新しい預言者たちが現れるのか，あるいはかつての思想や理想の力強い復

活が起こるのか，それとも――そのどちらでもなくて――一種異常な尊大さで粉飾された機械的化石と化することになるのか，まだ誰にもわからない。それはそれとして，こうした文化的発展の最後に現われる『末人（すえびと）たち』にとっては，次の言葉が真理となるのではなかろうか。『精神のない専門人，心情のない享楽人。この無のものは，人間性のかつて達したことのない段階にまですでに上り詰めた，とうぬぼれるだろう』と。――」

「蓄財と再投資」「職業の合理的組織化」という資本主義の基本的行動様式はそのまま残るだろう。しかし，それ以前の宗教的な色調は失われる。職業へのストイックな献身も，それ自身が意味をもつというよりも，利益獲得の手段としてのみ意味をもつようになる。人は価値とは関わりなく利潤を追求し，富を増加させる。精神のない専門人，心情のない享楽人の誕生である。

7.2.5　『プロテスタンティズムの倫理と資本主義の精神』の意義

(1)　行為の分析図式による表現

以上述べてきた『プロテスタンティズムの倫理と資本主義の精神』について，ここでその意義について少し述べたいと思う。まず，この研究について「行為の分析図式」を用いてまとめておこう（図7-2）。

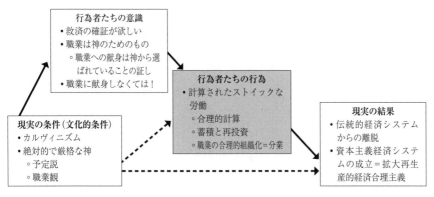

図7-2　「プロテスタンティズムの倫理と資本主義の精神」と行為の分析図式

(2)　条件について

行為の分析図式の出発点である左側の「現実の条件」をみてみよう。そこでは文化的条件であるカルヴィニズムとその予定説・職業観が問題とされる。ウ

ェーバーはこのように文化的条件を重視して「資本主義はなぜ成立したのか」といった問題を解こうとするのである。これは，マルクスが『経済学批判』で述べている史的唯物論の焦点の置き所と顕著な対立を示す。

　史的唯物論において，歴史は生産力と生産関係の矛盾から進展する。生産力とは生産手段と労働力の結合であり，生産関係とは生産手段の所有関係のありようだ。社会はある生産関係で極大にまで生産力をアップさせ，既存の生産関係の下ではそれ以上生産力をアップさせることができなくなる時，次の生産関係が出現するというのが史的唯物論の基本的な考え方である。この考えによれば，歴史の変化の基礎にあるのは生産力や生産関係という物質的条件である。それに対して，ウェーバーは文化的条件の重要性を指摘するのである。

　もちろん，ウェーバーは物質的条件を軽視するわけではない。すでに述べたように，物質的諸条件やそれを獲得しようとする人びとの利害関心こそ社会の変化の原因だと彼も考える。しかしながら，伝統社会の慣性を打破するものをとらえるためには，こういった物質的諸条件だけに注目するわけにはいかず，強烈な宗教意識を生み出す文化的条件もみる必要があるとするのである。

　マルクスにおいても資本主義の発展にとっての文化的条件が無視されているわけではないことにも触れておく必要があるだろう。彼は『資本論』の中で，プロテスタンティズムの資本主義への適合性を指摘しており，その意味ではウェーバーの議論の先駆者ともいえる。マルクスとウェーバーの考え方の違いは，何に力点をおいて考えるかということの違いにほかならず，相互に排他的なものではないと筆者は考えている。

(3)　意識と行為について

　ウェーバーは，文化的条件に注目しつつ，その文化の下におかれた行為者に焦点をおく。社会は自動的に変わっていくものではなく，行為者の行為によって変わるものだというウェーバーの認識がそこにはある。ウェーバーは歴史における行為者の主体性を重視するのである。

　ウェーバーがこの研究でみた行為者は，社会の常識と権威を超える信念をもち，慣習を敵とし，寝食を忘れて活動に没頭する人である。こういった人びと

が，転轍手となって社会を方向づけると彼は考えたのである。ウェーバーはカルヴィニズムといった文化的条件のもとで成立する一群の人びとに，この転轍手の姿をみた。彼らの価値合理的行為としての禁欲的活動が世界を変えたとするのである。

　カルヴィニズムはそういった社会変革の主体を生み出した。では，宗教はどれも変革の主体を生み出すのだろうか。ウェーバーの答は否である。伝統を変革する主体を生み出す宗教は限られたものだからだ。

　たとえば，中国では古くから合理的な科挙制度などを整えつつも，近代的な資本主義を生み出すことはなかった。それは貴族的知識人を担い手とする儒教の現世肯定的な性質による。そこからは，現世を変えていこうとする主体は表れにくい。仏教もまた社会の変革主体の生成には不向きである。そこでは，現世拒否的な達人としての信仰が望ましいとされるため，現世へのはたらきかけは生まれにくいからである。

　これらに対してカルヴィニズムは，現世をそのまま肯定的にみることはないし，拒否して離れるべきものともみない。それは，現世を神の意志を反映した人びとの行為によって作られていく世界と考えるのである。ここでは現世での積極性が何よりも重視される。そして，神の意志とそれに対応した良心が重要とされ，慣習や伝統は当然乗り越えられるべきものとなる。ここから変革の主体が形成される。

(4)　結果について

　行為の分析図式の結果のところに書かれているのは，「伝統的経済システムからの離脱」と「資本主義経済システムの成立＝拡大再生産的経済合理主義」である。行為者たちの行為はこの近代の新しい経済システムをもたらした。しかし，行為者たちはこのシステムを完成させようとして行為したのだろうか。そうではない。彼らの目的は来世での救済だったのである。いうならば，ここで生じている結果は，「行為の意図せざる帰結」である。

　われわれは前の章で「予言の自己成就」について議論し，条件—意識—行為—結果の間には一筋縄ではとらえられない関係があることを示した。ウェーバ

148

ーの『プロテスタンティズムの倫理と資本主義の精神』はこの一筋縄ではとらえられない関係について，きわめて大規模に明らかにした研究ともいえるのである。

7.3 ちょっとした宗教に関わるお話
7.3.1 おいしい料理

　ウェーバーについての議論は以上なのだが，読者の中には宗教の当時の役割は認めつつも，今の世俗化された社会では宗教は特定の国を除いてほとんど影響をもたないと考える者もいるかもしれない。しかしそう結論づけるのは早計だと思う。今もその影響は残り続けている。ここでは筆者の経験をもとに少し述べておきたい。軽い話なので聞き流してくれてかまわない。

　最近では外国旅行も珍しくないので，皆さんの中にはヨーロッパに行った人もいるだろう。ヨーロッパで料理のおいしい国というとどこだろう。そう，フランスやイタリアはよくあげられる。スペインもおいしいと聞く。では，逆にあまりおいしくない国はと聞くと，イギリスやドイツがあがることが多い。

　ではヨーロッパについての話をもうひとつ。日本ではあまりみかけないのだけれど，ヨーロッパの街を歩いていると，物乞いの人をみかけることがよくある。イタリアでは多かったなというのが筆者の印象だ。フランスでも声をかけられた。でも，イギリスやドイツではほとんどみたことがない。

　ここで面白いことに気づく。すなわち，物乞いの人が多いところは料理がおいしいということだ。すごく不思議な関係だ。どうしてそんなことになるのだろう。

　実はこれには宗教が絡んでいると筆者は思う。すなわち，料理のおいしい国はカトリックでそこは物乞いも多く，料理のおいしくない国はプロテスタントで物乞いが少ないというわけだ。

　プロテスタントでは質素倹約が重視される。そこでは豪華な食事などはあまりよしとされない。そういう社会では料理も発達しにくい。だから，カトリックの国の方が料理がおいしい。カトリックでは施しが善とみなされる。そうい

う社会で物乞いの人は生きやすい。プロテスタントはざっくりいうと「自己責任」の社会だ。そこでは物乞いは悪いことと認識されやすい。だから，そんな国では物乞いの人は生きにくい。そういうわけで，物乞いの人の多い国は料理がおいしいということになるというのが筆者の考えだ。

7.3.2　ミラノの風

このことに関連して，イタリアで「ここはカトリックの国だなあ」と思ったことがある。同志社の O 先生とミラノに行った時のことだ。僕たちが地下鉄で切符を買おうとしていると，少し薄汚れたコートを着ている，美しい黒い目をした若い女性が買ってあげましょうと親切にいってくれた。彼女はお金を受け取って切符を買ってくれたんだけど，お釣りは返してくれない。「お釣りは」というと，何かわからない言葉でごまかしてしまう。たいした額でもないのでまあいいかと 2 人でいって，彼女とはそのままさよならをした。僕たちはいいカモだったんだなと思ってちょっと悔しかった。駅員もそれをみていたと思う。

それからしばらく時間がたったあと，あるスーパーにいくとなんとその彼女が入ってきた。そして，僕たちをみると，明るく手を振った。それから，彼女はいくつか商品をとってレジを通過せず風のように消えていった。店の人も何が起こっているかはみていたんだけど，何にもいわなかった。

そこでようやく，ここはカトリックの国だったんだということを思い出した。彼女から切符のお釣りをもらう必要なんて，そもそもなかったのかもしれない。彼女にそれが必要ならば。そう思ったのである。

7.3.3　ユトレヒトの住宅街

ずいぶん昔，オランダのユトレヒトに行ったことがある。ユトレヒト大学に留学していている経済学専攻の友人に会いに行ったのだ。彼の下宿は高級住宅街のはずれにあった。そして，下宿に向かう途中，建築雑誌にあるような高級住宅がきれいに並んでいるのに驚いた。高級住宅といっても，決してお城のようなものではない。どれもがすごくシンプルだ。そして見事に手入れがなされており，どれも実に美しい。しかし，そんな街を歩いている内に，だんだん落

ち着かない気分になっていった。

　ここの家はみんな塀がない。家と道路の間には芝生の庭があるだけだ。どの家も大きな窓がついている。夕方だったのでどこの家にも電気がついている。外は少し暗いので，家の中は丸見えである。中の人は新聞を読んでいたり，本を読んでいたりしている。まるで，皆が道路を歩いている人にきれいに片付いた家の中をみせているような感じなのだ。こうなってくるとこちらも緊張してしまう。きちんとした人として街を歩かないといけないような気になってくる。どうも落ち着かない。

　友人の下宿につき，50歳ぐらいの下宿の女主人に挨拶をした。それから，音楽の話などいろいろして親しくなったころ，筆者は彼女にみてきた景色について聞いた。「家の中が丸見えなのに気にしないのかなあ。どうしてみんなカーテンを閉めたりしないのだろう」。彼女は，ここでは「私は正しい生活をしている」ということをみせるために，みんなカーテンをあけているのだといった。そして，ジャニス・ジョプリンの好きな彼女は，「ほんとは閉めたいんだけど」と話してくれた。

　この言葉を聞いて，ここがプロテスタントの牙城のひとつだったことを思い出した。清潔で手入れの行き届いた家々は「世俗内禁欲」という言葉がよく似合う。街でみたのは緊張感とともにある清潔で美しい世界だった。

7.4　補：マルクスと資本主義

7.4.1　マルクス・デュルケム・ウェーバー

　社会学の巨頭は誰かといわれれば，多くの社会学者はデュルケムとウェーバーの名前を挙げるに違いない。では，もう一人挙げろといわれればどうか。答えは分かれるかもしれないが，マルクスの名前を挙げる社会学者はかなり多いと思う。マルクスは1818年，デュルケムは1858年，ウェーバーは1864年生まれだ。3人はともに近代社会の成立に直面し，人間の運命がどうなっていくのかということに深い関心をもった。この中でマルクスは近代社会の資本主義的側面をもっとも深く考察した人物だ。

マルクスというと『共産党宣言』や『資本論』が有名だ。前者は共産主義革命を目指した戦闘的な文書であるのに対し，後者は資本主義の原理を解き明かそうとした理論的な研究だ。『資本論』は3部から構成されており，第1部は1867年に発行されている。第2部と第3部はマルクスの死後，エンゲルスの努力の下で草稿がまとめられ，それぞれ1885年と1894年に発行された。マルクスが65歳で死んだ年（1883年没），デュルケムは25歳，ウェーバーは19歳だった（ちょうど私とみんなの歳の違いだ！）。

デュルケムやウェーバーの著作を読んでいると，「これってマルクスも書いていたな」と思うことがよくある。前述のウェーバーのプロテスタンティズムの話もそうだし，デュルケムのアソシエーションへの期待もそうだ。直接的な影響があるかどうかはともかく，そういった意味でマルクスは社会学の巨人であることは間違いない。ここでは『資本論』から必要最小限の範囲で，資本主義について考えるために役立つ概念についてまとめておこう。

7.4.2　モノと商品と貨幣

(1)　モノと商品

私たちの生活は働いてお金を稼ぎ，それで食べ物を買って食べ，それで元気になってまた働いてお金を稼ぎ……という形で続いていく。けれどもそういう生活が大昔から一般的かというとそうでもない。かつては自分の必要なものは自分で作り，それを食べて生活していた。他人のためにモノを作りそれを売るようになってきたのは，人類の長い歴史からすると比較的最近のことだ。ここで他人のために作られるモノのことをとくに商品という。私たちは商品を貨幣で購入しそれを消費して生活しているわけだ。

このような生活が大規模かつ一般的になってきたのは近代社会だ。近代の資本主義社会ではモノの多くが商品になる。そしてかつては商品とは考えられなかった労働も労働力商品となり売り買いの対象になる。

ところで，労働が売り買いの対象となるというのは，自分の労働力を別の人に売る必要がある人の存在を前提とする。そういう人が生まれたのは，耕す土地から追放されて自分自身で自分の消費するモノを生産できなくなり，労働力

を売るしかなくなったからだ。このことが大規模に生じたのが高校の世界史で習った囲い込み運動だ。追放された農民は労働力商品を売るしかない賃金労働者となる。労働力が商品になっていき徐々に貨幣が蓄積されていく過程を資本の原始的蓄積という。

(2) 使用価値・価値・貨幣

ここで商品の価値について押さえておこう。商品には使用価値というものがある。それは，その商品が買う人にとってどのような満足度をもたらすかということに関わる価値だ。効用といってもいい。同じ商品についても，人によって，状況によって効用は異なる。

商品には交換価値といわれるもうひとつの価値がある。交換価値は，その商品を作るのにどれだけの手間（コスト）がかかっているかを示すものだ。マルクスはこの交換価値のほうを価値とよぶので，以下で価値といえば交換価値のことだと考えてほしい。

交換される商品は当事者間で使用価値が異なるから交換される。しかし，そこで交換される商品は同じ価値（交換価値）をもつ。すなわち，2つの商品の製作にはおなじ手間（コスト）がかかっていると考えるのである。

その価値は貨幣でとらえられる価格に反映される。もちろん，商品の価格と価値は常に同じというわけではない。しかし，価格は価値を重心として変動し，長い目でみると価格は価値に一致すると考えられるのである。

商品の交換に貨幣は役に立つ。貨幣は価値の尺度になるし，さまざまなものが買える万能な交換媒体だからである。そこから，交換媒体にすぎなかった貨幣は，それ自体が価値のあるものと考えられていくことになる。そして人は貨幣を求めて行動するようになる。これが貨幣の物象化だ。

7.4.3 商品の価値の内実

(1) 生産手段と労働

ここで商品の価値の内実についてみてみよう。生産された商品には，(1)原材料（労働対象）の価値およびそれを作るのに必要な道具や機械（労働手段）の価値と，(2)労働の価値が含まれている。(1)の原材料と道具や機械を合わせたもの

が生産手段だ。ひとつの商品には生産に必要だった労働と原材料，および道具や機械の価値（の減価償却分）が含まれているのである。ここで生産手段である原材料や道具・機械も別の生産の過程で生み出されたものと考えれば，すべての商品の価値は結局，当該商品の生産に必要な労働の価値とその生産手段の生産に必要な労働の価値の総和ということになる。商品の価値はそこに投下された労働によって決まる。これが労働価値説である。

⑵　価値の尺度としての労働時間

　商品の価値の基礎には労働があると述べたが，その労働の価値は労働時間で計られる。すなわち，その商品の生産にどれだけの時間がかかっているかでその価値が決まるわけである。もちろん，ひとつのモノを作るにも人によって得手不得手があり，短時間で作れる者もいれば長時間かかる者もいる。そういうわけだから，ここでいう労働時間は実際の個々人の労働時間とするわけにはいかない。ここでいう労働時間は，その商品の生産にかかる社会的に平均した労働時間である。

⑶　労働力商品の価値

　資本主義社会では通常の商品と同じく労働も労働力商品になると述べた。この労働力商品の価値はどう決まるのだろうか。一般的な商品の価値はその生産にどのぐらいの手間（コスト）がかかっているのかで決まる。労働力商品も同じで，労働力商品の再生産にどのようなコストがかかっているのかで決まる。具体的にいうと，1 日の労働を終えた労働者がまた次の 1 日生産に従事できるようにするためのコストはいかほどかで，その価値が決まるのである。

　再生産のためには休息して，食べ物を食べ，体力を回復させなければならない。住むところも必要だ。難しい労働ならば，あらたに勉強する必要もあるだろう。また，家族を養って新しい労働力商品を生み出す準備も必要になってくる。こういったものすべてが，労働力の再生産費となり，それが当該労働者の労働力商品の価値となる。

　みんなの中には「なぜ住居手当や扶養手当なんかがあるのだろう，労働の対価でもないのに」と疑問をもつ者もいたかもしれない。それらの手当は，労働

の再生産に必要となる費用，すなわち労働力の生産費という意味で支払われる根拠をもつのである。

7.4.4　商品の生産と消費

⑴　商品の生産

　企業や団体で行われる一般的な商品の生産は次のような図式で表現される（図7-3）。ここでのG（Geld）は貨幣を表し，その貨幣で2種類の商品（W：Waren）が購入される。ひとつは生産手段（Pm：Produktionsmittel）であり，もうひとつは労働力商品（A：Arbeit）である。それらは生産過程（P：Produktionsprozess）に放り込まれ，新たな商品（W'）が生産され，そしてその商品が売られて貨幣（G'）になる。

$$G \rightarrow W \begin{cases} Pm \\ A \end{cases} \cdots (P) \cdots W' \rightarrow G'$$

図7-3　貨幣と商品の生産

　この過程で生産される商品は，大きく2つに分けられる。ひとつは生産財で，これは別の商品の生産手段となるものだ。もうひとつは消費財であり，労働者はこの消費財を消費することによって労働力を再生産する。

⑵　社会全体での生産と消費

　貨幣を捨象して，社会全体で行われている生産と消費の過程を一般的に表現すると図7-4のようになる。少しわかりにくいかもしれない。単純な例で解説するとこうなる。

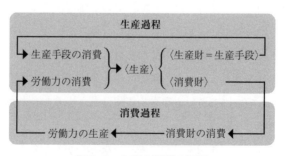

図7-4　生産と消費の過程

　小麦とパンがあり，人はパンだけを食べて生きている社会があるとしよう。小麦（生産財）もパン（消費財）も1年かけて生産されて貯蔵されるものとする。この時，「生産過程」で労働者は種としての小麦（生産手段）を使って来年の小麦（生産材）を生産すると同時に新たなパン（消費財）を生産する。また「消費過程」で労働者はパン（消費財）を食べて労働力を回復する。次の年また労働者は小麦とパンを生産し，パンを消費して労働力を回復する。こういったことがずっと繰り返されるわけである。これは単純化された図式で，実際に生産される生産財や消費財は多岐にわたるし，生産の期間もさまざまだが，基本的な流れは同じである。

　大事なことは2つある。ひとつは，ふつういわれる「商品の生産過程」は，生産手段と労働力が消費され生産財と消費財が生産される過程であり，「商品の消費過程」は，消費財が消費され労働力が再生産される過程であるということだ。もうひとつは，社会が上手く回っていくためには，生産財と消費財がバランスよく生産され消費されなくてはならないということである。

7.4.5　営利企業での生産

(1)　営利企業は利益を求める

　現代社会で生産に携わる団体の内で中心的なものは営利企業である。営利企業の生産も図7-3でみたようなものだが，少しだけちがう。図7-5は営利企業での貨幣と生産を示したものだが，図7-3に加え，右に「G' > G」と示されている。営利企業では当初投資した貨幣よりも最終的に多くの貨幣を得る必要，すなわち儲けを出す必要があるのだ。

$$G \rightarrow W \begin{cases} Pm \\ A \end{cases} \cdots (P) \cdots W' \rightarrow G' \quad (G' > G)$$

図7-5　営利企業での生産と貨幣

　ではこの儲けはどこから出てくるのか。考えると不思議だ。生産された商品の価値には生産に使われた生産手段の価値がそのまま入る。そしてさらに，そこに労働力商品の価値が加わって新たな商品の価値が生じるので，儲けの生じる余地は一見するとない。

156

マルクスの答えは「正当な取引で労働力は売買されているのだが，労働はピンハネされており，そのピンハネから儲けが生まれる」というものだ。正当な取引でピンハネ？　少しわかりにくい。

(2)　利益はどこから生まれるのか

このことを理解するためには，前に述べた商品の使用価値と価値について思い出す必要がある。労働力商品の価値はその労働力の再生産にかかる費用によってきまる。簡単にいえばその費用は労働者が消費する消費財の価格だ。一方，労働力商品の使用価値は通常その価値よりも大きい。労働力商品という独特の商品は，価値より使用価値が大きく，使用者はその使用価値を自由に使える。

たとえば，1日6時間の労働で商品に加えた価値と労働者の1日の生活費（消費財の購入費）が等しい時，労働力の再生産に必要な価値は6時間分の労働と等しくなり，その労働力商品の価値は6時間である。この6時間分の労働のことを必要労働という。

この時，労働者は必ずしも6時間しか働けないわけではないので，使用者が8時間働かせるとする。この時，使用者にとって，その労働力商品の「使用価値」は8時間分の労働ということになる。この8時間の実際の労働から必要労働6時間を引いた2時間は剰余労働といわれる。この2時間の剰余労働の生み出す価値は剰余価値といわれ，使用者の儲けとなる。出来上がった商品の価値の全体像を図で示すと次のようになる（図7-6）。

c	v	m
（不変資本）	**（可変資本）**	**（剰余価値）**
生産手段	賃金	利潤
死んだ労働	生きた労働（8時間）	
	支払い労働（6時間）	不払い労働・剰余労働（2時間）
	労働力再生産費用	
	消費財購入費用	

図7-6　商品の価値

商品の価値は，生産手段の価値である不変資本（c），労働力商品の価値であ

る可変資本（v），ならびに剰余価値（m）からなり，商品の価値は全体でc＋v＋mと表せる。生産手段の価値は，生産物にそのまま移転され価値はかわらないので不変資本とよばれる。これは過去の労働によって生まれたものだから，死んだ労働とも表現される。労働に支払われる賃金は，賃金分の労働が生み出す価値を商品に付加するだけでなく，剰余労働の生み出す価値も商品に付加するので可変資本といわれる。生きた労働（v＋m）は実際の労働時間に対応し，その中で労働力の再生産に必要な労働時間が賃金（v）に対応する。

　図は上で述べた事態に対応しているが，契約という観点から考えると次のようになる。一人の労働者がいて彼の労働力の再生産費が6,000円だとしよう。彼の労働力商品は6,000円の価値があり，彼は使用者と「6,000円で8時間働く」という契約を結ぶ。この契約は双方の自由意思に基づくものだ。ここで，彼は（自分ではわかってないが）1時間の労働で1,000円の価値を生み出すことができるとしよう。そうすると，彼は6時間（v）は自分の再生産のためにはたらき，2時間（m）は使用者の利潤のために働くことになる。彼の全労働である8時間（v＋m）に対して賃金が支払われるわけではなく，支払われるのは6時間分（v）だけである。

　営利企業での労働者と使用者の契約において，剰余労働のない契約はない。そんな契約では利潤を生み出せないからである。最初に，マルクスの答えは「正当な取引で労働力は売買されているのだが，労働はピンハネされており，そのピンハネから儲けが生まれる」と述べたが，こういうことなのである。営利企業の労働者は程度の差はあれ，必ず搾取されていることになる。

　この搾取に対して労働者の側はもっと賃金を上げよと交渉することが多い。しかしながら，マルクスがより重視したのは賃上げよりも労働時間の短縮である。忙しすぎる生活は決して人びとを幸せにはしない。自由な時間をもつことで労働者の生活はよりよいものになるとマルクスは考えたのだと思う。

(3)　剰余価値を増やす方法

　営利企業はできるだけ多くの利潤をあげようとする。そのために，企業は生産量を増やす。それだけで剰余価値は増えるからだ。雇用される労働者の数は

増え，生産される商品も増えていく。いわゆる大量生産だ（図7-7）。

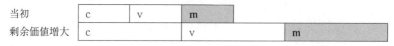

当初	c	v	m	

図7-7　剰余価値を増やす方法（1）

　労働者の数を増やさなくても，剰余価値を増やす方法はある。もっとも単純な方法は労賃を一定に抑え，労働時間を増大させるというものだ。生産される商品は増え剰余価値も増える。長時間労働を要求する企業は今も多いが，こういった剰余価値の獲得を目指してのことである（図7-8）。

図7-8　剰余価値を増やす方法（2）

　しかし，労働時間は1日24時間という絶対的限界があるし，睡眠や食事の時間がなければ労働力の再生産は不可能だ。だから無制限に引き延ばすことはできない。その時には同じ労働時間でより多くの生産ができるよう，労働の強度を上げることになる。要するに同じ時間でより多くの仕事をさせるのだ。労働者は以前よりずっと忙しくはたらき，生産量は増え剰余価値も増大する。ある企業で労働の強度がその商品の生産のための平均的な強度の2倍になることは，実質的には労働時間が2倍になることを意味する。したがって，結局は労働時間が延長されているのと同じことなのである。諸君も就職すると，通常のはたらきでは時間内には処理できないような業務を与えられ「効率よく仕事をこなして定時には終えるように」といわれることがあるかもしれない。これは実質的には労働時間の延長にほかならない。

　以上のような労働時間の延長，労働強度の増大に加え，一般的な消費財の価値・価格の低下によっても剰余価値は増える。それによって労働力商品の再生産費が下がり労働力商品の価値が下がるので，賃下げが可能となるからだ（図7-9）。百均や激安スーパーで生活必需品が安く買えることも，手放しでは喜べ

ないわけである。

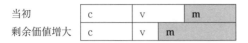

図7-9　剰余価値を増やす方法（3）

　このような消費財の価値・価格の低下には，その消費財の生産コストの低下が必要となる。この生産コストの引き下げは，新たな生産技術の導入に基づく。協業や分業，機械化はこういった生産コストの引き下げをもたらす。

　この筋道はおおよそ次のようなものだ。技術革新による特定の企業での生産コストの引き下げ→当該企業の旧価格に近い価格での販売→その企業による一時的な高い利潤の発生→他の企業の追随→商品の市場での増加→価格の低下。消費財の価値・価格の低下に直接影響するのは消費財の生産に関わる諸企業だが，生産財を生産する諸企業についても同様のプロセスを経て間接的な形で消費財の価値・価格を低下させる。このプロセスの中での「特定の企業において発生する一時的な高い利潤」のことを特別剰余価値というが，各企業はこの剰余価値の獲得を目指してしのぎを削り，合理化や技術革新の競争にさらされる。

　このように，営利企業が中心となる社会においては，各企業はたえざる生産の拡大，労働時間の延長や強化，合理化，技術革新競争への志向をもたざるを得ない。そして，技術革新や合理化が生じたとしても労働時間が減ることはほぼない。生きた労働である労働時間が減ることは剰余価値が減ることを意味し，それは営利企業にとっては無理筋の選択だからである。

7.4.6　資本の増殖

(1)　増殖する価値としての資本

　生産過程の入り口で生産手段と労働力の購入のために投資された貨幣は，生産と消費の循環の中でどんどん増殖していく。すなわち，最初に投資された貨幣は，生産のための商品（生産手段と労働力）に変身し，それらは生産の過程で新たな商品に変身し，その商品は売られ，当初より大きな貨幣に変身し，その

増大した貨幣は新たな商品（生産手段と労働力）に変身し……，それが永遠に続いていく。これらに通底する「増大する価値」が資本である。それはある時は生産手段の形をとり，ある時は労働力の形をとり，ある時は商品の形をとり，ある時は貨幣の形をとり，価値を増大させ続ける。資本はあたかもそれ自体目的をもった生き物のように動いていく。その目的は自己増殖である。

自己増殖を目的とした資本は，何の規制もなければ増殖を目指して自由に動く。資本は儲けをほとんど出さない自営業的な組織を破壊し，営利企業を作り出す。破壊された自営業的職業の従事者たちの多くは，新たな労働力商品として営利企業で資本増殖のために働くことになる。われわれのまわりから自営業的職業が消えていくのは，資本のロジックの当然の帰結だ。

資本は自身が増殖できるところならばどこへでもいく。資本は世界に進出する。世界は原材料や労働力の入手先として，商品の販売先として，さらに資本の投資先として，資本の増殖に役立つからである。江戸末期に日本に黒船がやってきたのも自己増殖という資本のロジックからすると当然のことなのだ。そんな風にして，資本はモノにあふれる豊かな国と貧困にあえぐ国を作り出していく。

資本はすべてのモノやサービスを商品にしようとする。モノやサービスはそれ自体としては資本の増殖に寄与しない。資本の増殖にはモノやサービスが商品化される必要がまずあるからである。そうして今まで商品ではなかった教育，医療，福祉の領域のさまざまなサービスが商品化される。スポーツや芸術活動もそうだ。資本はさまざまな公共サービスもどんどん商品化し，そこから利益を生み出そうとする。

資本は増殖のために必要とあらば自然も破壊する。現代の自然破壊のほとんどは資本の増殖に絡んで生じたものである。資本は戦争にも加担する。それは資本の投資先や販売先を拡大するためであるし，軍需産業による資本増殖も見込めるからである。それでいて，増殖が見込めないとなるとあっさり戦争から撤退したりする。

(2)　資本と規制

　一般的にいうと資本は規制を嫌う。資本にとっては自由が旗印なのである。かつての封建的な制度は資本にとっては足かせだった。ギルドのようなさまざまな規制があると資本はなかなか増殖できない。だから資本はそういう規制の廃止に躍起だった。今でも資本は他国の商慣習などに対して攻撃を加え，自由化を求めることがある。それらは資本の増殖にとって都合が悪いからである。

　しかし，資本がすべての規制に反対するのかというと，決してそうはいえない。資本にとって重要なのは資本の増殖にとって有利か不利かということだけなのである。有利となれば資本は規制に賛成する。私的な所有権というものは資本の増殖にとって不可欠の権利である。それがあってはじめて資本はうまく増殖できる。私的所有権を守る規制について，資本はもろ手を挙げて賛成する。

　資本にとって，個々の営利企業が重要というわけではない。資本にとって重要なのは資本を増殖できる企業だけなのだ。それゆえ，資本は競争環境を維持し，競争に敗れた営利企業を破壊しようとする。そんなものが残っていることは資本にとって何の利益もないのだ。複数の営利企業が自分たちの存続を願い談合のような協定を結ぶことを資本は認めない。そしてそういった協定を防止する規制に資本は賛成する。

　資本はモノやサービスが新たに商品化されること，そこから新たな剰余価値を生み出すことをいつも願っている。それゆえ，これまで曖昧だった知的所有権を権利として確定するような規制に賛成する。この新たに所有権を設定された商品を用い，資本はさらなる自己増殖を試みるのである。

　資本は時に増殖に反するような規制にも賛成する。たとえば，賃金を引き上げる規制だ。しかし，その賛成も迂回的に資本の増殖に寄与するゆえのことだ。大量に生産される商品も売れなければどうしようもない。資本は回転をやめ増殖は不可能になる。そんな事態を避けるため，資本は賃金を引き上げ消費に回すという迂回的方法をとる。「勤勉に働き，金を得て，大量に消費せよ！」というわけである。この勤勉な生産と放逸な消費の矛盾をダニエル・ベルは

「資本主義の文化的矛盾」と表現した (Bell, 1976)。大量生産と大量消費を生み出し資本はますます増殖する。マルクスが賃上げよりも労働時間の短縮を重視したのはこのことへの否定的な気持ちによるのかもしれない。

(3) 資本と社会意識

資本の増殖を支える上のような規制の撤廃や制定は，現代人の多くにとって当たり前のこととしてとらえられている。人びとは私的所有権を絶対のものだと考え，失敗した企業が倒産するのはしかたないことだと考え，これまで曖昧だった知的所有権についてきちんと法制化することを望ましいと考える。プロ・スポーツがあったりプロの芸術家がいるのも当たり前だと考える。それは現代人の社会意識なのである。

しかし，一歩下がって考えてみる必要がある。実は，私的所有権を含め上のような制度もそれを支える社会意識も昔からあったものではない。それらが一般的になってきたのは比較的最近のことなのだ。オリンピックだってかつてはプロの参加が禁じられていた。ここで重要なのは，現在の制度やそれを当たり前と思う社会意識はどこから生じたのかを問うことだ。

こういった制度や社会意識を生み出す要因をひとつに限定することはできない。多様な要因が実際には関与しているだろう。しかし，多様な要因の内のひとつの重要要因として「資本の増殖」があることは間違いないと思われる。人びとが意識しているかどうかは別にして，この要因が社会意識や制度におそらく大きな影響を与えているのである。

資本主義は封建的な身分から人びとを解放した。多くの人はこのことを肯定的にとらえるしマルクスも同じだ。女性の解放にもっとも寄与したのは資本主義だという話もある。資本主義は物質的豊かさももたらした。このことは豊かな生活への人びとの希望に適合的だった。しかしその一方，新たな抑圧と不平等と疎外，そして自然破壊も生み出した。こちらのほうについては，マルクスと同様，多くの人が問題と考えるにちがいない。

資本の増殖運動を制御するのはわれわれにとって至難なことである。しかし，手をこまねいてみているわけにはいかない。資本と人間社会と自然の間に

なんとか折り合いをつける必要がある。すべての社会問題の解決についていえることは，問題の全体像をきちんと理解し，解決可能な部分を検討することだと前の章で述べた。現代の資本主義社会の問題を考える時も同様だ。この全体像の把握のために，マルクスの資本主義についての考察は間違いなく役に立つ。

自習のために

■ 文献案内

　本章のような近代社会がなぜ成立したのかといった議論になってくると，人類史や経済史についての知識があるかないかで面白さも理解度も違ってくる。2冊あげておく。前者は世界的ベストセラーで実に面白い。

Harari, Y. N., 2014, *Sapiens : A Brief History of Humankind.*（ハラリ『サピエンス全史（上・下）』柴田裕之訳，河出書房新社，2016）

小野塚知二，2018『経済史：いまを知り，未来を生きるために』有斐閣

　ウェーバーの『プロテスタンティズムの倫理と資本主義の精神』は，デュルケムの『自殺論』とともに社会学でもっとも重要で有名な文献だ。ぜひ読んでほしい。

Weber, M., 1904/1905, *Die protestantische Ethik und der Geist des Kapitalismus.*（ヴェーバー『プロテスタンティズムの倫理と資本主義の精神』大塚久雄訳，岩波文庫，1989）

　この本についての解説書にはいろいろなものがあるが，青山先生のものもいいと思う。学部生の時，先生は「社会科学概論」という講義を担当されており，筆者も受講していた。授業にはあまり出席しなかったが，試験のヤマがあたって恐ろしくいい点をいただいた（レオンチェフ表の解説）。成績発表のあとで，もっときちんと出ていればよかったと思った。それが人情である。山之内氏のものは原典の基本的理解のあとに読むといい。考えさせられることが多くこれもおすすめだ。

青山秀夫，1951『マックス・ウェーバー：基督教的ヒューマニズムと現代』岩波新書

山之内靖，1997『マックス・ヴェーバー入門』岩波新書

　ウェーバーの資本主義理解に関連して次の古典も読んでおくといいだろう。ゾンバルトのものは資本主義のギラッとしたもうひとつの側面を教えてくれるし，フロムのものは禁欲性の別の側面を教えてくれる。この書は本書の他の章の理解にも役立つ。

Sombart, W., 1913, *Der Bourgeois: Zur Geistesgeschichte des modernen Wirtschaftsmenschen.*（ゾンバルト『ブルジョワ：近代経済人の精神史』金森誠也訳，講談社学術文庫，2016）

Fromm, E., 1941, *Escape from Freedom.*（フロム『自由からの逃走』日高六郎訳，東京創元社，1951）

マルクスの『資本論』は大部なので読み通すのはたいへんだ。まず(1)一般的な入門書を読み，(2)初歩的なマルクス経済学やマルクス主義のテキストを読み，(3)各章別の解説書を参照しつつ，(4)原典にあたるのがいいと思う。

(1) 一般的な入門書（最近のもの）
白井聡，2023『今を生きる思想 マルクス 生を呑み込む資本主義』講談社現代新書
的場昭弘，2022『資本主義全史』SB 新書
Harvey, D., 2017, *Capital and the Madness of Economic Reason*, London, Profile Books.（ハーヴェイ『経済的理性の狂気』大屋定晴監訳，作品社，2019）

(2) マルクス経済学・マルクス主義のテキスト
日高晋，1988『経済学 改訂版』岩波全書
北村洋基，2013『改訂新版 現代社会経済学』桜井書店
Bukharin, N. I. (Бухáрин, Н. И.), 1921, Теория исторического материализма.（ブハーリン『史的唯物論』佐野勝隆・石川晃弘訳，青木書店，1974）

(3) 各章別の解説
Harvey, D., 2010, *A Companion to Marx's Capital*, Verso Books.（ハーヴェイ『〈資本論〉入門』森田成也・中村好孝訳，作品社，2011）
Harvey, D., 2013, *A Companion to Marx's Capital, vol 2*, Verso Books.（ハーヴェイ『〈資本論〉第2巻 第3巻入門』森田成也・中村好孝訳，作品社，2016）
的場昭弘，2008a『超訳 資本論』祥伝社新書
的場昭弘，2008b『超訳 資本論 第2巻』祥伝社新書
的場昭弘，2009『超訳 資本論 第3巻』祥伝社新書

(4) 原典（翻訳はいろいろある）
Marx, K., 1867/1885/1894, *Das Kapital.*（岡崎次郎訳『資本論（1-9）』大月書店，1972-1975）

✏ 練習問題

(1) 宗教の中には利子をとることを禁止するものもある。まず，どのような宗教が

利子を禁止し，どのような宗教が許容しているのか調べてみよう。さらに利子を
とることが宗教的に許されている社会と許されていない社会では，社会の在り方
や発展の方向はどのように違ってくるのか考えてみよう。

(2)　今の病院では患者のことを患者様ということが多い。かつては考えられなかっ
たことである。患者が患者様になるこの変化は，医療や病院に対する社会意識の
変化に基づくと考えることができる。それはどのような変化なのだろうか。また
この変化を引き起こすものは何なのだろうか。

8 社会の秩序1：社会的ジレンマ

社会は複数の人びとの行為から成る。今回から数回にわたって複数の人びとの行為とその調整について話をする。ここでのメインテーマも一筋縄では解決できない社会の問題だ。今回のキーワードは次の通り。

◇ 用　語 ◇

秩序問題，社会問題，囚人のジレンマ，社会的ジレンマ，共有地の悲劇，ダブルコンティンジェンシー，公共財，フリーライダー

◇ 人　名 ◇

ホッブズ，パーソンズ，マートン，ハーディン

8.1　秩序を考えるために

8.1.1　秩序問題と経験的視点

社会学が解明すべき問題のひとつに秩序問題とよばれるものがある。それは，通常，「人間社会の秩序が何にささえられているのか」という問いを意味する。しかし，この問いについて，社会にはつねに秩序が存在しているということを前提に議論がすすめられるなら，その議論は不完全なものだといわなければならない。社会に生じるさまざまな出来事を実際にみる時，そこには，秩序が存在することもあれば，無秩序が支配的なこともあるからである。秩序だけに焦点をあてることなく，秩序と無秩序の双方を同時にとらえ，その原因を探ること，これこそが問われるべき秩序問題なのである。この点を明らかにするため，秩序問題の提出者としてしばしば言及されるホッブズの見解をみてみることにしよう。

ホッブズは『リヴァイアサン』の中で，人間の自然状態について次のように語っている。すなわち，人間は多少の違いはあれ，だいたいにおいて能力も希望も等しくもっている。そういう人びとが同一の物の獲得を目指し，それが人

びとに同時にいきわたらないとするならばどのような事態が生じるのか。人び
とは相互に相手を屈伏させようとするに違いない。争いは，自己の利益，自己
の名誉，自己の安全を求めて行われる。その結果出現するのは，万人の万人に
対する闘争という事態であり，そこでの人間の生は，孤独で，貧しく，汚く，
殺伐としていて，短い。これが人間の自然状態であり，そこでは人びとは自分
の生命の保存のために自由に行為しているのである。

　しかし，このような状態を人びとは決してよしとしないとホッブズはいう。
そして，人びとが理性的に考えるならば，つぎのようなことを自然に思いつく
はずだとする。その代表的なものは3つにまとめられる。第1は，人びとは力
をつくして平和を求めるべきだということ，第2は，平和と自己防衛のために
必要だと考えられる限りで，人びとは相互に自己の権利を放棄すべきだという
こと，第3に，契約は履行すべきだということである。

　けれども，たとえそれらを人びとが正しいと思い，平和のための契約がなさ
れても，そのような契約だけでは，平和が守られることはないとホッブズは考
えた。物理的な強制力をともなわない契約には十分な拘束力がないからであ
る。それゆえ，人びとが平和を望んでいたとしてもやはり，自然状態である万
人の万人に対する闘争は避けることができない。ホッブズが必要と考えたの
は，平和のための契約の履行を保証する超個人的な権力を確立することであ
る。その絶対的な支配者の監視によって平和の契約は履行を保証されるとした
のである。

　ところで，ホッブズがこのような問題を考えた時代背景には，イギリスの清
教徒革命があったことを忘れてはならないだろう。彼の社会思想の実践的な意
図は，「暴力と欺瞞の復活によって緊迫した危険にさらされているコモンウェ
ルスの安全のために必要な砦」としての世俗的権威の擁護であったのだ
(Parsons, 1937=1974: 156)。革命と内乱の混乱と悲惨の中で，いかにして平和が
獲得できるのかという関心が，彼の議論を基礎づけていたのである。それゆ
え，ホッブズは，万人の万人に対する闘争という人間の自然状態を現実に存在
する事態としてとらえていた。彼は次のようにいう。「このような戦争時代ま

たは戦争状態はけっして存在しなかったと，おそらく，かんがえられるかもしれない。（中略）しかし，今日おおくの地方で，人々はそのように生活している。（中略）いずれにせよ，おそれられる共通の力がないところではどのような生活様式が行われるだろうかということは，以前に平和な統治のもとにくらしていた人々が，内乱においておちいるのをつねとするような生活様式から，看取されるであろう」(Hobbes, 1651=1954: 1-205)。

　このように，ホッブズにおいては，秩序は社会につねに存在するものとも想定されていないし，つねに存在しないものとも想定されていない。そして，彼における秩序問題も「人間社会にはつねに秩序が存在するが，それはなぜか」という，秩序を前提とした原理的な問いではなく，「経験的に存在する秩序や無秩序を説明する」という問題であったのである。実際，世界を見渡してみれば，さまざまな地域でさまざまな紛争がいまも続いている。人間社会は，秩序に満ちていることもあれば，無秩序が横行していることもあるのだ。秩序問題という問いは，もともとはこのような現実に存在する無秩序の解決を志向した問いなのである。こう考える時，秩序問題が社会学の根本問題であるということの意味が明確になる。革命と動乱の中で社会学の必要性を説いたコントや，近代化のもたらすアノミーについて問題化したデュルケムの問題関心は，まさにこの意味での秩序問題であったのだから。

　この章でも「経験的に存在する秩序や無秩序を説明する」という立場に立って秩序問題を考えていくことにする。そして，以下では，このような視点から秩序問題にアプローチする際に利用できる枠組を提出する。しかし，実際に秩序と無秩序の問題を考える前に，秩序とは何かということを明確にしておく必要があるだろう。

8.1.2　秩序の概念

　「社会秩序はいかにして可能か」という問いの前には，当然，「社会秩序とはそもそも何なのか」という問いが必要である（盛山，1991）。しかし，不思議なことに，秩序問題を取り扱う多くの論者は，秩序とは何かという問題をあまり正面から論じようとはしない。それは理由のないことではない。この問いに答

えることは，実は非常にやっかいなことだからである。

　社会学では代表的な社会関係として，結合関係，支配関係，抗争関係をあげることが多いが（安田，1981），それらとの関係でこの問題を考えてみよう。まず，結合関係とそれ以外の社会関係を対比させ，前者には秩序があり，後者にはないという見解が合理的にみえるかもしれない。しかし，管理された支配関係には秩序があるというべきだから，この見解は採用できない。また，抗争関係をその他の社会関係と対比させ，無秩序と規定する見解も考えられる。しかし，このように考えると，市場競争といった抗争事態には秩序がないということになってしまい，明らかに「秩序」の日常用法に反する。われわれはしばしば市場の秩序ということについて語るのである。この問題は，抗争の中でもとくに闘争（相手を妨害する行為を含む抗争）だけを無秩序と規定しても解決しない。多くのスポーツのゲームはサッカーのように相手の妨害を含んでいるので，このような考え方からすると無秩序であるということになってしまい，やはり日常用法に反するからである。闘争であろうと競争であろうと，抗争にも秩序があるというべき場合が存在するのである。

　少し異なった観点から，人びとの行う行動が相互に予測可能な場合には秩序が成立しているという見方ができるかもしれない。すなわち，現実に行われている諸行為に対して，人びとが何らかの安定したパターンを認める時，秩序があるとするのである。この解釈はある程度説得性をもつ。しかし，予測可能性だけで秩序を定義するには無理がある。戦争のようなはげしい抗争関係にある2者の行為においても，しばしば相互の行為は予測できる。しかし，そのような状態を秩序ある状態と表現することは少ないからである。成員が規則に従っているならば，そこに秩序が成立しているという見解が提出されることもあるだろう。しかしこの見解もまた採用できるわけではない。規則はその内容においてかなりの偏差をもち，日常用法でいう無秩序をもたらすような規則を制定することも論理的には可能だからだ。

　このように多様に用いられる秩序や無秩序という用語の共通の意味を探していく内に，われわれは最終的に次のような結論にいたる。すなわち，秩序とい

う用語が指示する明確な客観的状態というものはない。それは，対象それ自体
の性質というよりも，対象と対象をみる人びとの関係の中で定義される対象の
性質なのだ。秩序とは，端的にいうならば，人びとが望ましいと考えている何
らかの安定した（＝予測可能な）状態にほかならないのだ。厳密にいえば，何が
望ましい事態であるのかということに関して，人びとは意見を異にする。した
がって，何が秩序であるのかということも一概にいえないのである。

　にもかかわらず，われわれの多くはある事態を秩序があるとみなすのも事実
である。それは，われわれがある事態をある程度共通して望ましい事態と考え
るからである。そのような共通に望ましく思われている状態として，「争いの
少ない状態」「豊かな状態」という２つの状態を考えることができる。この２
つの状態との関連で，われわれは，協調を旨とする結合関係には秩序が存在す
るといい，豊かな世界をもたらすと信じられている市場競争にも秩序があると
いい，成員間の争いを防ぐある種の支配関係にも秩序は存在するとみなすので
ある。秩序問題という問題設定は，人間以外の動物社会に対してはなじまな
い。それは，人びとが，動物社会の望ましきありようについて，人間社会に対
するほどには共通した認識をもたないからなのである。

　このように，秩序とは何かという問いに対して，厳密な回答をみつけること
はできない。しかし，そのことは秩序の問題を問うてはいけないということを
意味しない。ここでは，上に述べたように，多くの人びとが共通して望ましい
と考える安定した事態を秩序と考えて考察をすすめることにしよう。そして，
「争いの少ない状態」「豊かな状態」をその一応のメルクマールと考えることに
しよう。

　ところで，秩序のこのようなとらえ方は，社会問題についてのマートンの考
え方と密接に関連している。マートンは社会問題を次のように定義した。「基
本的には，人々がこうあるべきだと思っていることと現状との間に大きな食い
違いがある場合，社会問題が存在する」と（Merton, 1976）。マートンがいうよ
うに社会問題を「人々の考える望ましい事態」と「現実の事態」との乖離とと
らえることができるなら，秩序問題は社会問題の原問題と考えることができ

る。ホッブズの問い，コントの問い，デュルケムの問いは社会問題の原問題としての秩序問題を考えようとしたものだったのである。

　経験的な視点から秩序問題をとらえる時，秩序問題はさまざまな具体的形態をもって現れる。国家間の戦争も秩序問題であるし，国家内の紛争や地域社会で生じる紛争も秩序問題である。家庭など，小集団の内部のいざこざもまた秩序問題として取り扱うことができる。しかし，個々の具体的な秩序の崩壊の中には，なんらかの共通のメカニズムがあるかもしれない。その1例を示すために，ここでは，数理社会学で精力的に検討されている社会的ジレンマについて取り上げ，議論をすすめることにしよう。秩序とは多くの人びとが望ましいと考えている「争いの少ない豊かな状態」であったが，社会的ジレンマに関する研究では，この意味での秩序の実現の困難性と可能性について多くの検討がなされているからである。もちろん，すべての秩序問題が社会的ジレンマに関連するとはいえない。しかし，問題の発生メカニズムを，モデルを作成して厳密に探求するというジレンマ論の方法は，秩序問題全体を考える上でとても参考になる。

8.2　囚人のジレンマ

8.2.1　合理的な2人の囚人

　多くの人びとは争いを回避したいと思うし，豊かにくらしたいと考えている。にもかかわらず，その願いは必ずしもかなえられるものではない。このような状況を端的に示すものとして，囚人のジレンマとよばれるものがある。囚人のジレンマは次のような事態である。

　ある国で，あなたはある人物と共謀し軽重2つの犯罪を犯したとする。そしていま，別々の部屋に収容され，軽い方の犯罪容疑で取り調べをうけている。証拠は出つくし，2人とも刑を受けることはほぼ確実である。その犯罪に対する刑期は2年と定められている。あなたは内心，重いほうの犯罪が明らかにならないかひやひやしている。重いほうの犯罪でも処罰されるということになると，刑期はずっと長くなるからだ。刑期について裁量権をもつ取調官はそんな

あなたの内心を見透かしたように「もうひとつの犯罪も君たちがやったんだろう。自白したらどうだ」などといい，取引をしないかともちだす。彼は次のようにいう。「君たち両方が自白しないなら，刑期は軽いほうの罪だけで2年だ」「君か仲間のどちらかだけが自白したら，自白したほうは軽い方の罪も問わず放免にする。自白しなかったほうは10年の刑期だ」「君たち両方が自白するなら，君も仲間もそれぞれ全部で8年の刑期だ」。

　この状況を利得表にあらわしたものが表8-1である。各状態についてのあなたの利得が左側に，共謀者の利得が右側に記述してある。ここでは，利得とは，刑期そのものではなく，刑期がもたらす満足度と考えてほしい。すなわち，－2とは2年の刑期にたいして，あなたや共謀者が考える満足度のことである。表8-1では満足度が客観的な刑期に対応していると想定している。あなたと共謀者はこの表をもとに黙秘するか自白するか選択しなければならない。もちろん2人で相談することはできず，お互いに相手がいかなる選択をするのか，あらかじめわかっていないものとする。囚人のジレンマとはこういった利得票の下での2人の行為者が自身の選択をするゲームである。

表8-1　囚人のジレンマ

あなたの選択肢	共謀者の選択肢	
	黙秘（協力）	自白（非協力）
黙秘（協力）	－2，－2	－10，0
自白（非協力）	0，－10	－8，－8

　人がこの表8-1の表す利得にのみしたがって行為するならば，いかなる帰結がもたらされるかは明らかである。あなたの立場から考えよう。まず，相手が黙秘していると仮定する。その時あなたが黙秘するなら利得は－2，自白するなら利得は0となる。したがって，相手が黙秘している状況では自白することが有利となる。次に相手が自白すると仮定しよう。この時あなたが黙秘すると利得は－10，自白すると利得は－8となり，相手が自白する状況でも自分が自白したほうが有利となる。結局，相手が黙秘しようが自白しようがあなたは自白したほうが有利なのである。ところで，同様のことは相手の側に立った時も

いえる。あなたが黙秘しようが自白しようが，相手もまた自白したほうが有利なのである。したがって，予測される結果は，あなたも共謀者も自白し，ともに－8の利得をうる（8年の刑に処せられる）ということになる。

　囚人のジレンマという事態が興味深いのは，ある利得の構造が与えられるとするならば，2人の行為者の合理的選択によってもたらされる事態が，最善の結果をもたらすものではないということである。いま，集団全体の利益を2人の利得の和で表すとするならば，明らかに両者がともに自白し，16年の刑をうけるという事態（－16の利得）は最悪の結果を意味する。それよりも一方が自白，他方が黙秘という計10年の刑（－10の利得）のほうがずっとよく，さらに，両者がともに黙秘するという計4年の刑（－4の利得）は一番すぐれた帰結である。より重要なのは，それぞれの行為者個人にとっても合理的選択がもたらす帰結が最善のものではないということである。すなわち，両者がともに自白するという事態（8年の刑）よりも，どちらの個人にとってもずっと有利な事態（両者ともに黙秘で刑期2年）が存在するのだが，その事態は決して成立しないということである。

　囚人のジレンマが示していることは，ある特定の状況の下では，人びとが合理的に行動しても人びとにとって豊かな状況がもたらされないということである。すなわち，「争いのない豊かな状況」としての秩序を構築できないのである。

8.2.2　さまざまな2者のゲーム

　ところで，上で「特定の状況の下では」と述べたのは，利得の構造次第では囚人のジレンマのような事態が生じないからである。次の協力の有利なゲームの利得表をみてみよう（表8-2）。

表8-2　協力が有利なゲーム

あなたの選択肢	相手の選択肢	
	協力	非協力
協力	8, 8	4, 7
非協力	7, 4	3, 3

　このような場合，相手が協力しても非協力であっても，あなたは協力したほうが有利である。相手にとってもそのことは同じだ。だから，あなたと相手はともに協力することになる。この時の利得は双方とも最大の8になる。

　このゲームと異なり，下のゲームは，協力したほうがいいのか非協力がいいのか迷うゲームだ（表8-3）。

表8-3　決定の難しいゲーム

あなたの選択肢	相手の選択肢	
	協力	非協力
協力	8，8	4，7
非協力	7，4	5，5

　この場合，もし相手が協力するならばあなたも協力するほうが有利であり，もし相手が非協力ならばあなたも非協力のほうが有利である。相手が協力するか非協力であるかは事前にはわからないので，こんな利得構造をもつゲームでは，あなたも相手も協力が有利とも非協力が有利ともいえない。協力するか非協力でいくか迷う事態が生まれるのである。

　「囚人のジレンマゲーム」「協力が有利なゲーム」「決定の難しいゲーム」をみてきたが，これらから2人の選択の帰結がどうなるかは状況の利得構造によって変わることがわかる。協力が有利なゲームでは豊かさ，すなわち秩序は自動的にもたらされる。囚人のジレンマでは秩序は確保できない。そしてすぐさま決定できないゲームではどのような帰結になるか，予想はなかなか難しい。

　2者関係がおかれている状況はさまざまである。場合によっては「協力が有利なゲーム」が成り立ち，秩序あるパラダイスが生まれる場合もある。秩序が生じるか無秩序に陥るかは状況の関数なのである。しかし，状況の関数だからといって，「囚人のジレンマ」状況の考察をここでやめるわけにはいかない。それは明らかに悲惨な状況を生み出すからである。われわれは「囚人のジレンマ」についてもう少し範囲を広げて考えることにしよう。

8.3　社会的ジレンマ

8.3.1　共有地の悲劇

　囚人のジレンマにおいては，行為者は2人であった。行為者数をより多くして，個人の合理的選択が集団全体にとっても，その個人にとっても望ましい帰結をもたらさない場合があることを示したのが社会的ジレンマという事態である。社会的ジレンマは共有地の悲劇という寓話との関連で語られることが多い（Hardin, 1968）。ここではわかりやすくするため，もともとの寓話を多少脚色して説明しよう。

　ある共有地に牛飼いたちがそれぞれ自分の乳牛を放牧しているとし，その共有地の適正規模が70頭だったとする。すなわち，70頭までなら牛は牧草を十分食べることができ，乳をたくさん出すが，それ以上放牧すると，牛は牧草を十分食べることができず痩せてあまり乳が出なくなってしまうのである。70頭までなら牛は1頭当たり1年で50万円の利益を生み出すが，それを1頭こえるたびに牛の生み出す利益は1万円ずつ下がるとしよう。71頭放牧されていれば，牛1頭当たりの生み出す利益は49万円である。このことを牛飼いたちは知っている。

　毎年きまった時期に，牛飼いたちには自分の放牧する牛を1頭増やすかどうか決定する。決定は同時に行われ，ほかの牛飼いとは相談せず，自分の利益を最大にするようになされるものとしよう。話を簡単にするため，牛はただで手に入り，死なないものと仮定する。また，利益は直接，利得を表現するものと考える。牛飼いたちはどのような決定をし，共有地はどう変化していくだろうか。順に話をすすめよう。

　いま，その共有地を利用しているのは7人の牛飼いであり，7人はそれぞれ9頭の牛を共有地に放牧しており，全部で63頭の牛が共有地にいるとしよう。その年の決定の時期（第1回の決定）にすべての牛飼いは当然1頭増やすことにするだろう。というのは，1頭よけいに放牧することによって牛飼いはそれぞれ50万円利益をふやすことができるからである。放牧されている牛は全部で70頭となる。

176

　では，次の年の決定の時期（第2回の決定）に牛飼いたちはどのような選択をするだろうか。ここで生じるのが社会的ジレンマという事態である。牛飼いたちは現在の牛の数が適性規模であることを知っている。しかし，決定がまったく個人的・合理的になされるとするならば，それぞれの牛飼いはまた1頭増やすという選択をせざるを得ない。なぜそうなるかをある牛飼いの立場から説明することにしよう。

　かりに自分以外のすべての牛飼いが適性規模を考慮して牛を増やさないでおくとする。その場合，自分もふやさなければ利益に変化はなく，来年も50万円×10頭＝500万円の利益を期待できる。自分だけが1頭増やした場合，牛の生み出す利益は1頭当たり49万円に下がるが，1頭増えているので，49万円×11頭＝539万円の利益となり，増やさない場合に比較し，539万円－500万円＝39万円得をすることになる。したがって，1頭増やす方が得である。

　次に，自分以外の全員が牛を1頭ずつ増やすとしよう。その場合，自分が牛を増やさなければ，牛の数は76頭となり，1頭の牛の生み出す利益は44万円となる。したがって，牛を増やさない時の来年の利益は全部で44万円×10頭＝440万円になる。自分もまた牛を1頭増やすとすると，共有地の牛は全部で77頭になり，牛1頭の生み出す利益は43万円になる。この時，来年獲得できる利益は，43万×11頭＝473万円になる。473万円は明らかに440万円より多い。したがって，ほかの牛飼いが全員牛を増やす場合，自分も1頭増やすほうが得だと牛飼いは考える。

　さらに，ほかの牛飼いの何人かが1頭増やすことを選択し，何人かが現状維持を選択するとしても，自分は牛を1頭増やすほうがつねに得であると牛飼いは考える。というのは，自分以外のn人の牛飼いが1頭増やす時，自分も増やせば利益は，

$$D(Defection) = \{50-(n+1)\}\,11 = (49-n)\,11 = 539-11n$$

となり，また，自分が増やさなければ利益は，

$$C(Cooperation) = (50-n)10 = 500-10n$$

となるが，DはつねにCよりも大きくなることは明らかだからである。

$$D-C = 539-11n-(500-10n) = 39-n \qquad (0 \leq n \leq 6)$$

結局，どんな場合も，牛を増やした方が得だと牛飼いは考え，1頭増やすことを決定する。

　ところで，以上のことは当の牛飼いだけでなく，すべての牛飼いについていえる。すなわち，すべての牛飼いにとって，放牧する牛を1頭増やすという選択肢は，増やさないという選択肢よりも有利なのである。結局，この年には全員が1頭増やすことを決定し，77頭の牛が放牧されることになる。

　この決定が社会的ジレンマといわれるのは，次のような構造をもっているからである。すなわち，そこには囚人のジレンマの時と同様，ほかの牛飼いがどのような選択をしたと仮定しても，有利になる選択肢（牛を増やすこと）が存在する。そして，個人的で合理的な牛飼いならばその選択肢を選ばざるを得ない。すべての牛飼いがその選択肢を選ぶ時に出現する状態は，集団全体にとって決して最善のものではない。実際，この決定によって，放牧地の牛全体が生み出す利益は50万円×70頭＝3,500万円から，43万円×77頭＝3,311万円に減少している。またそれぞれの牛飼いにとっても最善の結果が得られたわけではない。一人当たりの利益もまた50万円×10頭＝500万円から，43万円×11頭＝473万円に減少しているのである。すべての牛飼いにとって，現状維持のほうが自由な選択が引き起こす結果よりもずっとよいものなのだが，合理的で個人的な牛飼いはその選択肢を選ぶことができないのである。

8.3.2　共有地のそのあと

　さて，共有地はそのあとどうなっていくだろうか。次の年の決定（第3回の決定）について，ある牛飼いの立場にたって考えよう。決定の前には，すべての牛飼いが放牧している牛は11頭，牛1頭のもたらす利益は43万円になっている。今度の決定で，ほかのn人の牛飼いが1頭増やす場合，自分も増やせ

ば利益は,

$$D = \{43 - (n+1)\}\,12 = (42 - n)\,12 = 504 - 12n$$

となり,また,自分が増やさなければ利益は,

$$C = (43 - n)\,11 = 473 - 11n$$
$$D - C = 504 - 12n - (473 - 11n) = 31 - n \qquad (0 \leq n \leq 6)$$

となる。今度もまた,DはつねにCよりも大きくなる。したがって,その牛飼いは放牧する牛を1頭増やすことにきめる。

この判断はすべての牛飼いに共通なので,すべての牛飼いは放牧する牛を1頭増やすことにし,結局,共有地の牛は84頭,牛全体が生み出す利益は36万円×84頭＝3,024万円,牛飼い一人当たりの利益は36万円×12頭＝432万円となる。牛飼い全体でみてもそれぞれの牛飼いでみても利益はさらに減少している。ここでも社会的ジレンマが生じているのである。

この悪循環はまだまだつづく (表8-4)。計算してみるとわかるのだが,2回目の決定から6回目の決定まで社会的ジレンマ状況はつづき,7回目の決定で,ようやく牛飼いたちは放牧する牛を増やすことをやめる。その時共有地の

表8-4　共有地の悲劇

決定	決定の構造	決定後の状態				
		一人当たり牛数	全牛数	1頭の生む利益	一人当たり利益	全員の利益
初期条件		9	63	50	450	3,150
第1回		10	70	50	500	3,500
第2回	社会的ジレンマ	11	77	43	473	3,311
第3回	社会的ジレンマ	12	84	36	432	3,024
第4回	社会的ジレンマ	13	91	29	377	2,639
第5回	社会的ジレンマ	14	98	22	308	2,156
第6回	社会的ジレンマ	15	105	15	225	1,575
第7回		15	105	15	225	1,575

牛は全部で105頭（一人当たり15頭）であり，牛1頭の生み出す利益は15万円，牛全体の生み出す利益は15万円×105頭＝1,575万円，牛飼い一人当たりの利益は15万円×15頭＝225万円となる。

　7回目の決定の際に，牛飼いたちが牛を増やすのをやめるのも，合理的な選択の結果である。すなわち，この時，ほかのn人の牛飼いが1頭増やすとすると，自分も増やせば利益は，

$$D = \{15-(n+1)\}16 = (14-n)16 = 224-16n$$

となり，また，自分が増やさなければ利益は，

$$C = (15-n)15 = 225-15n$$
$$D-C = 224-16n-(225-15n) = -1-n \qquad (0 \leq n \leq 6)$$

となる。今度は，DはつねにCよりも小さくなる。したがって，牛飼いたちは放牧する牛を増やさなくなるのである。

　共有地に70頭の牛が放牧されている時の全体の利益は3,500万円だった。また，牛飼い一人当たりの利益は500万円だった。それがそれぞれ1,575万円と225万円になってしまったのである（図8-1）。そんなふうになるとは牛飼いたちは思いもよらなかったかというとそうではない。合理的で聡明な牛飼いたちは，この事態を予想できたはずである。にもかかわらず，悲劇に突入するほかなかったのだ。われわれはすでに「争いの少なく豊かで安定した状態」を秩序とみなしたのだが，共有地の悲劇は，人びとが協調せず行為するという点においても，豊かさを決してもたらさないという点においても秩序の崩壊にほかならない。

　共有地の悲劇を含め，社会的ジレンマはさまざまな点で社会学上の重要問題とかかわっている。とくに，諸個人の行為とその集積の結果生じる社会の状態との関係，つまり個人と社会，あるいはミクロとマクロの複雑な関係が表現されている点には注意が必要だろう。囚人のジレンマのような利得表をみればわかるように，一人の行為者の選択の変化は，帰結としての社会の状態を変化さ

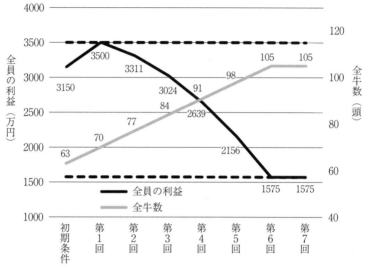

図8-1　失われた利益

せる。しかし，その影響は完全なものではない。結果がどのようになるかは他
の行為者の選択にも影響されるからである。他の行為者の立場でもそのことは
同様だ。いかなる結果が出現するかは相互に相手に依存し，最終的な結果がど
うなるかは一人ひとりの行為者の意図（予測ではない）とは独立しているのであ
る。これをダブルコンティンジェンシー（二重の条件依存性）という。共有地の
悲劇において，結果として生み出された社会の状態は，諸個人の意図を越えた
ものだった（行為の意図せざる帰結）。しかし，その事態を引き起こしたものは，
ほかならぬ諸個人の行為だったのである。

8.3.3　幸運な共有地

　ところで，合理的で個人的な行為者を想定する限り，共有地にはいつも悲劇
がおとずれるかというとそんなことはない。1例を示そう。

　上の話と同様，共有地に放牧する牛の最適数70だとし，7人の牛飼いが10
頭ずつ放牧しているとしよう。ただし今回は共有地に放牧する牛が70頭を越
えると，1頭の生み出す利益が5万円減少することにする。その時，それぞれ

の牛飼いは次のよう判断するだろう。

　まず，自分以外の n 人の牛飼いが1頭増やす時，自分も増やせば利益は，

$$D = \{50 - 5(n+1)\} \, 11 = (50 - 5n - 5) \, 11 = (45 - 5n) \, 11 = 495 - 55n$$

となり，また，自分が増やさなければ利益は，

$$C = (50 - 5n) \, 10 = 500 - 50n$$

$$D - C = 495 - 55n - (500 - 50n) = -5 - 5n \qquad (0 \leq n \leq 6)$$

となる。ここでは D はつねに C よりも小さい。したがって，合理的な牛飼いは牛を増やさない。その結果，共有地には70頭の牛が放牧されつづけ，最適な豊かさが保たれる。

　さて，以上のことをもとに，この悲劇に陥りそうになっている共有地をどうすれば幸福な共有地に変えることができるのかを考えてほしい。いろいろな策が考えられるが，ひとつの有効な策は，悲劇の共有地において一人当たりの牛の数が10頭を超える時，1頭増えるごとに4万円の納付金をとるというものだ。こうすると，共有地に放牧する牛が70頭を越えると，1頭の生み出す利益が5万円減少することになり，幸運な共有地と同様の状態になり，全体の牛の数が70頭を超えることはなくなる。共有地は最大の利益を生み出す状態にとどまり続けるのである。前に「社会は操縦系のものだ」と述べたが，こういった小さな方策で豊かさは維持される可能性がある。

8.4　社会的ジレンマ・公共財・フリーライダー

8.4.1　社会問題と社会的ジレンマ

　これまで社会的ジレンマについてみてきたが，こういった事態は上のような寓話の中だけに存在するわけではない。実際，乱獲によって漁業資源が枯渇してしまったり，過度の伐採によって森林が再生不能なまでに破壊されたりするメカニズムはこの社会的ジレンマに大いに関係している。また，自動車による大気汚染，スプレーのフロンガスによるオゾン層破壊，過度の冷房による温暖

化，合成洗剤使用による環境破壊などの生活型公害は，個人的な快適さを追及することによって，結局，社会全体に不利益をもたらし，個人的にも快適な生活を不可能にしていくという意味で，社会的ジレンマに関わっているのである。さらにいえば，社会的ジレンマは，人びとの手を離れて自動運動するとされる「資本の論理」や，それにともなう人間疎外の問題にも深く関連している。過度の競争に疲れながらもそこから脱出できない現代人は，最適数を上回っても牛を増やしつづける以外にはない牛飼いと同様の存在かもしれないのである。

8.4.2 フリーライダー問題

ところで，崩壊しそうになっている秩序を前にした多くの人びとが，あらたな規則や規則違反を監視するような制度の必要性を感じるかもしれない。そのような制度は容易に形成可能だろうか。実は，そうはいえない。制度の構築にはコストがともなう。自分たちでそれらを作る時には何らかの予算が必要になるだろうし，時間的・労力的なコストもかかる。先の悲劇の共同体を幸福な共同体に変えるための納付金制度についても，だれがどのように集めるかということを考えると，そこにコストがともなうのは明らかだ。

人びとの誰もがこのようなコストを喜んで支払うとはかぎらず，あらたな制度は，多くの人に望まれても形成されない場合があるのだ。ではなぜ，形成を望みながらもコストを払わない人が存在するのか。この問題はこういった制度の性質そのものに関連する。

ある漁村で灯台をつくることを決め，そのための寄付を求めるとする。そして，その漁村には寄付を拒否する数名の漁民がいたとしよう。「彼らは困ったやつらだ」と他の漁民は思うかもしれない。しかし，「彼らの船が出てるときには灯台はつけないことにしよう」といった決定はできないはずだ。彼らの舟が近づく時に灯台を消すならば，寄付をしたほかの漁師たちにも被害がおよんでしまうからである。すべての人を利用から排除できないこのような財は公共財とよばれ，寄付を拒否した彼らはできた公共財にただ乗りしているのでフリーライダーとよばれる（公共財は正確にはこの非排除性か，利用者が増えても追加的費

用がかからない非競合性という性質のどちらかをもつ財のことだ)。

　上で述べた規則や監視といった制度も同様の公共財である。灯台の場合と同様，人びとは制度の構築のためにコストを払わなくても，ほかの人びとがコストを払ってそれらができさえすれば，そこから利益を享受できる。人びとがフリーライダーになることができ，多くがそうなることを望む時，公共財自体の形成は困難になる。

　そこで，フリーライダーを生み出さないようなさらなる規則の制定や機構の構築が考えられるかもしれない。しかし，それらの構築ということ自体がまたフリーライダー問題を生み出しかねない。このような問題を規則の制定や機構の構築だけで処理しようとしても無限のフリーライダー問題が生じるかもしれず解決は困難になる。

　解決は結局のところ，秩序への当事者たちの願いの共有，願いをともにする当事者間の対話，そしてそれに支えられた当事者たちの行為によってのみ成し遂げられる。ジレンマ論の解説をした章の最後にこんなことをいうのも変だけど，そもそも「他者を信頼せず個人の利益を最大限求める」といったジレンマ論の前提が現実になってしまうと，秩序問題の解決ははなはだ難しくなってしまうのである。

自習のために

■ 文献案内

本章は次の文献をもとにしている。

小林久高，1995b「合理的選択理論からの展開─秩序問題の経験的研究に向けて」荻野昌弘・正村俊之・三上剛史・中島道男・小林久高（共編）『社会学の世界』八千代出版

秩序問題に関連する古典としては，次のものが重要だ
Hobbes, T., 1651, *Leviathan*.（ホッブズ『リヴァイアサン』水田洋訳，岩波文庫，1954）
Parsons, T., 1937, *The Structure of Social Action I, II*, McGraw-Hill.（パーソンズ『社会的行為の構造1-5』稲上毅・厚東洋輔・溝部明男訳，木鐸社，1974-1989）

✒ **練習問題**

(1) 囚人のジレンマ状況・社会的ジレンマ状況が生じているような社会問題をひとつあげ，解説してみよう。ウェブにいろいろな記事があるのでそれらも参考にするといい。

(2) 「共有地にジレンマが生じるならば，牛飼いごとに共有地を分割してそれぞれ個人で使えるようにすればいい。そうすればジレンマは生じない」といった意見があったとする。それに従った場合に生じる状況について機能分析を試みよう。また，こういった意見が生じる背景について考えてみよう。

9 社会の秩序2：社会規範

　前回，社会の秩序はどのように崩壊するのかをみた。こういった事態に陥るのを避けるためにホッブズが提出したものは，平和のための契約という社会規範と絶対的な力をもつ権力者だった。今回はこの前者である社会規範について，真正面から「社会規範とは何か」という問いを立て，それに答えていくことにする。

　実はこの問題は筆者にとって思い出深いものである。前に話をしたように，筆者は大学生の時，安田三郎先生のゼミにいた。安田先生はそのころ社会学の基礎理論をきちんと整理しようとされており，ゼミではパーソンズの『行為の総合理論をめざして』という本をみんなで解読していた。そのころの先生の仕事は『基礎社会学』という書物の1，2巻にまとめられている。今読み直してもとてもよくできた本だと思う。

　大学では1月の初めに卒業論文を提出することになっていた。筆者は「主体性の社会学をめざして：序説」という，今思えば恥ずかしくなるような勇ましい題の卒業論文を書いた（小林，1997b）。卒論提出後，先生は視野狭窄の手術のために入院された。それからしばらくして病院で手術を待っておられる先生から「卒論を読んだから来てください」という電話がかかってきた。病院にいくと，先生は「これだけ書ければたいしたもんだ」といってくださり，筆者は有頂天になった。ほんとうにうれしかったのだ。

　そのあと，先生はすぐ手術を受けられたのだが，手術は失敗で入院は長引くことになった。先生の意識はずっとなかった。安田ゼミから大学院への進学が決まっていた筆者とM君（現関西外語大）は行き場を失い，それからずっと指導教員がいるようないないような状況で，大学院生活を送ることになった。

　安田先生の影響だと思うが，社会学の基礎理論を経験的分析にも使用可能な形で整理することが重要だと考えていた筆者は，修士論文で社会学的行為理論

について取り上げることにした。それは,『社会的行為の構造』から『行為の総合理論をめざして』の時代までのパーソンズの議論をもとに,行為理論を経験的分析に利用しやすい形に再構築するという試みだった。しかし,この目論見はなかなかうまく進まなかった。社会規範がどうしてもうまく定義できないのだ。

　修士論文の提出期限である2年目の冬にはとうてい完成しないと考えた筆者は,2年目の春,大学院担当教員の集まる合同ゼミで,「なぜ私が修論を書けないか」という内容の報告をして,提出を1年遅らせることを宣言した。先生方には,考えすぎておかしくなることを心配してくださる先生もいたし(N先生),「くずれかけの橋でも走れば渡れる」といって,2年での提出を勧めてくださる先生(U先生)もいたが,筆者はなんとしてもこの問題を解きたいと思い,1年延ばすことを認めてもらうことにした。

　しかし,そのあといろいろな分野の文献を読みあさり,思考を重ねても問題は一向に解決に向かわなかった。3年目の提出をさらに引き延ばすことはできず,筆者はこの問題を迂回する形で「行為の研究——T.パーソンズ初期行為理論を基礎にして」という修士論文を書き上げた。そのあと,博士課程に進み,筆者は政治社会学についての理論的・経験的研究を進めることになったが,社会規範の問題はずっと心に引っかかっている問題だった。

　転機が訪れたのは,3年の博士課程と1年の研究員生活を終えて島根大学に就職した年だった。授業で社会規範について「これは実に難しい問題でね……」などと説明している時,「こう考えたらいいんじゃないか」ということが不意に浮かんできたのである。家に帰っていろいろ考えていくと,うまくいきそうだ。さっそく,考えを論文にまとめ,雑誌に投稿した,すると2人のレフリーから返事が返ってきた。一人のレフリーの評価はかなり高く,この論文への期待があふれている。もう一人のレフリーの評価はあまり芳しくなく,論文の意義がどうも理解されていないようだ。論文の意義がわかるように修正し,再度送ると掲載がすぐに決定された(小林,1991)。

　筆者はこれを誰よりも安田先生にみせたかった。先生がどういうか聞きたか

ったのである。筆者はこれが先生の基礎社会学の構想にきっと役立つものと思っていた。「どう思いますか？」と聞きたかったのだ。しかしそれはかなわなかった。先生はその時まだ意識不明のまま病院に入院されていたからである。それからしばらくして先生は亡くなった。

　ちょっと長くなったが，今回述べる話の背後にはこんな歴史がある。研究の背後にどんなことがあるのかを述べておくのもいいかなと思い話した次第だ。今思うと，規則と期待，成文規則と不文律を物象化論などから関係づけるような考察があれば，この章の議論はより完全なものに近づくはずだ。だが，それはより専門的なので，今回は当時の議論をもとに話を進める。ではいよいよ内容に入っていこう。今回のキーワードは次の通り。

◇　用　　語　◇
社会規範，社会的規則，社会的期待，外在性，拘束性，権力と規範，規範と認知された規範，多元的無知，生産水準規範，性別役割規範

9.1　社会規範の定義の困難さ

9.1.1　外延による定義と内包による定義

　社会規範の定義として「法や慣習や道徳など」といったものがある。この定義はそれなりに意義があるが，定義はできるだけ外延（例示）ではなく，内包（意味内容）で定義したほうがいい。外延とは，具体的にどんなものがあるかを指すものであり，内包とはある概念のもつ共通の性質のことである。たとえば，自然数の定義として，$\{1, 2, 3, 4, \cdots\}$ というのは外延による定義であり，$\{x \mid x > 0,\ x は整数\}$ というのは内包による定義である。外延による定義は，新たな例がその概念に含まれるかが厳密にはわからないという意味で不完全である。内包による定義は，定義に別の概念を含んでいるため，その概念についても定義していくと，いつか定義されない無定義概念にたどり着くという意味で不完全である。いずれにしても，定義は不完全なのだが，できれば内包で定義したい。

9.1.2 行為による定義

　社会規範の定義として「社会の大多数の成員がそれに従って行為する基準」
というものがある。しかしこの定義は不完全だ。

　社会の大多数の成員がしたがっていない規範が存在しうるからだ。たとえ
ば，制限速度 80 キロの高速道路で 80 キロで走っている車はほぼない。ほとん
どの車は 80 キロを超えた速度で走っている。だから大多数はこの規範にした
がっていないことになる。それゆえ，この定義を採用すると，制限速度 80 キ
ロというのは規範ではないということになってしまう。しかしそれは日常用法
に反する。

9.1.3 意識による定義

　行為という見地から離れ，「社会の大多数の成員が望ましいと思っている行
為の基準」を社会規範の定義とするのがいいと思うかもしれない。しかし，そ
れもうまくはいかない。

　生類憐みの令というものが江戸時代にあった。これは五代将軍徳川綱吉によ
って発布された過度の動物愛護を要求するもので，「天下の悪法」といわれた
とされている。綱吉はこれは望ましい行為の規定だと考えたかもしれないが，
社会の大多数の成員が望ましいと思っていたかどうかは疑問だ。したがって，
社会の大多数が望ましいと思っている行為の基準という社会規範の定義からす
ると，生類憐みの令は社会規範ではなくなってしまう。しかし，それは日常用
法に反する。

9.1.4 サンクション（制裁）からの定義

　行為や意識から離れ，「それから逸脱すればなんらかのサンクション（制裁）
を受けるような行為の基準」と社会規範を定義する立場もある。しかし，この
定義もうまくいかない。

　法律の中には制裁規定のないものが多く存在する。身近な例では自動車に関
する法定 12 カ月点検というものだ。12 カ月ごとに車を点検に出すのは義務な
のだが，罰則規定はない。だから，それをしない人も多く，その法律を知らな
い人もいる。

　法律には行政組織法など，制裁に関わらないものも多い。だから，制裁から社会規範を定義すると，さまざまな法律が社会規範ではないということになってしまう。したがって，こういった定義も採用できない。

9.1.5　多元的無知

　社会規範の定義を考える際に，さらにやっかいな事態がある。次の多元的無知という事態がそれだ。社会規範の定義に際しては，このような事態も合理的に解釈できるようにしておく必要がある。

　ある研究者がある村を調査していた。しばらく調査をしていると，どうもこの村ではだれもお酒を飲まないようであることがわかった。研究者はその村ではお酒を飲んではいけないという社会規範があるのだろうと思った。

　調査を続けている内に，その研究者はある村人と親しくなり，夕食に招待されることになった。夕食が終わり談笑している時，その村人はカーテンを閉めながらこういった。「この村じゃみんなお酒を飲むことはいけないことだと思ってるんだ。でも僕はそう思わない。こっそり2人で一杯やろうよ。でもばれるとまずいのでカーテンを閉めよう」。研究者は彼と一杯やることになった。そして，彼は村の社会規範から逸脱しているのだと考えた。

　しばらくたって，彼は別の村人から夕食に招かれた。その村人はカーテンを閉めながらこういった。「一杯やりながら食事しよう。この村じゃみんなお酒を飲むことはいけないと思ってるのでどうも窮屈でいけない。お酒を飲むのはいいことだと僕は思うんだけどね」。研究者は彼と飲みながら食事をし，彼も村の社会規範から逸脱していると考えた。

　そうこうするうちに研究者は村のほとんどの家に招待され，食事をすることになった。そしてどこでも，こっそりお酒を出してもらった。彼らはみんな「僕は悪いと思わないんだけど，みんなは悪いと思っているんだ」といった。研究者は迷ってしまった。この村にはお酒を飲んではいけないという規範はあるのだろうか，それともないのだろうか。

　こういう事態を多元的無知（pluralistic ignorance）という（Schanck, 1932; Newcomb et al., 1965＝1973: 253-254）。集団の大多数の成員はある行動に対して否定的な評

価を実際にはしていないにもかかわらず，各成員は自分以外の大多数がその行動に対して否定的な評価をしていると考え，公の場でその行動をとることを避けているような事態である。こういった事態において，当該行為を禁止する社会規範はあると考えるべきなのか，それともないと考えるべきなのか。

9.2 社会規範に関わる3つの問題

9.2.1 デュルケムの社会的事実の性質

「社会規範」の定義とその困難さを考えるため，われわれはまず，デュルケムが社会的事実に認めた外在性と拘束性という2つの性質に注目することにしよう（Durkheim, 1895）。この2つは社会規範とは何かということを考えるに際し，適切な準拠点を与えると思われるからである。もっとも，ここではデュルケム自身が限定を加えた意味での外在性や拘束性にあまりとらわれず，これらの用語自体の意味に関連させて社会規範を考えていくことにしたい。

9.2.2 外在性

規範に通常認められる第1の性質は外在性とよばれる性質である。この外在性は，少々複雑な問題に関連している。それは，規範はいったいどこにあるのかという社会規範の所在地の問題である。規範はわれわれの外部からわれわれを拘束する。この「外部から」という部分が外在性の基本的な意味である。では，外部のどこに規範は存在するのか。

法規範が行為者を拘束するという場合，それは，行為者が自己の外部にある法を考慮しつつ行為することを意味する。つまり，規範は焦点となっている行為者にとっての外部に存在するのである。しかし，法が人びとの外部にあるというのはこの「当該行為者の外部」という意味にとどまらない。法は，通常，人びとによって定立されるが，定立されたあとの法はもはや人びとの手をはなれており，仮に成員全員がその法に従うことを正しいと考えていないとしても，それが廃止されるまでは，人びとの意志を越えて拘束するのである。すなわち，規範は社会の成員全体の外部に存在している。

しかし，規範はつねに社会の成員全体の外部に存在しているかといえば，そ

うでもない。人はしばしば集団に参加することによって，その集団から暗黙の圧力を受ける。つまり，暗黙の内に形成された集団内の未定型でインフォーマルな規範に行為者はしばしば拘束されるのである。その拘束力は当該行為者個人にとっては外部からやってくる力にほかならない。しかし，この場合，前述の規範とは異なり「社会の成員全体の外部」に規範があるとはいえない。というのは，仮に全成員が当該行為者の行為に無関心になるならば，この種の規範は自動的に消滅してしまうことからもわかるように，規範の拘束力は全成員の外部にではなく，集団内の多数の成員に端を発するものなのであるから。したがって，この規範は，（当該行為者の外部にあるものの）成員の集合の内部に存在基盤をもつと考える必要がある。

　これらの位置づけの問題は，より基本的な問題に関わっている。すなわち，規範の所在地の前者のようなとらえ方は，規範を客観的な実在としてとらえる方向に傾き，後者のようなとらえ方は，規範を主観的な事実（成員の意識）としてとらえる方向に傾くのである。そこで，問題を次のようにまとめ，次節で詳しく検討することにしよう。「社会規範は社会の成員の意識の総和なのだろうか，それともそれを越えた実在なのだろうか」。

9.2.3　拘束性

　規範に認められる第2の性質は拘束性とよばれる性質である。拘束力は規範的影響力（normative influence），あるいは社会的圧力（social pressure）と表現されることもある。ところで，「規範が人びとを拘束する」という場合，そこには2つの意味がある。第1の意味は，人びとが規範に従って行為するという意味である。この意味で，拘束性をもった規範は，人びとの行為にある種の斉一性や規則性をもたらすひとつの要因となる。この拘束性は規範の側からとらえると，実効性と表現できる。この意味での拘束性を規範の定義的特徴と考えるならば，すぐさま問題が生じよう。明らかに人びとは規範を知りつつも，それには従わずに行為することがあるからである。そこで，拘束性の第2の意味が重要になってくる。

　拘束性の第2の意味は，人びとが，規範に従わねばならないという圧力を感

じながら行為するということを指している。そこでは，人びとの行為が実際に規範に従っているかどうかということは問題ではない。規範の存在を意識して人びとが行為しているか否かだけが問題なのである。ウェーバーのいうように，規範に違反した行為者が何らかのいいわけをするという事態は，その規範の拘束性の現れだと考えられる（Weber, 1921a=1972: 51）。

　この第2の意味での規範の拘束性は，第1の意味での拘束性にくらべるとより一般的で広い意味をもっている。したがって，以下で拘束性（あるいは，拘束力・規範的影響力・社会的圧力）という時，この第2の意味を指すことにしよう。第1の意味での拘束性にくらべると弱いが，この拘束性も行為に（規範に従わせる方向での）斉一性や規則性をもたらすという機能をもっている。

　さて，拘束性をこのようにとらえる時，規範と拘束性の関係はどのようになるのだろうか。一般的には，拘束性は規範の定義的要件であり，拘束力があるか否かということこそ，規範であるか否かについての決定的な基準であると考えられている。この立場は集団力学の集団規範研究において，ひとつの強力な立場を形成している（Rommetveit, 1955; 佐々木，1963）。そこで定義される規範とは，たとえば次のようなものである。

　「（集団レベルで定義される）規範は，繰り返し生起する事態において集団のすべての成員に共通に妥当する，と（成員 Mi によって）認知されている特定の行動型 Bi（認知，態度，行為を含む）に同調するように成員 Mi に作用する社会的圧力 Pi の合成されたものである」（佐々木，1963）。

　すなわち，拘束力の合成されたものこそが規範なのである。彼らによれば，規範は行為の斉一性を説明するための概念であるから，当然拘束性はその意味の中心と考えねばならないのである。

　しかし，これと真っ向から対立するもうひとつの立場も存在しうる。すなわち，規範と拘束性のあいだには，経験的にはともかく概念的にはまったく関係がないとする立場である。常識的にいえば，前者の立場の方が合理的であるかにみえる。しかし，そうとばかりもいえないのである。次のような事例を考えてみよう。

「ある町内の小さな会議において，かつての重要な会議での申し合せが参照されずに議事が進行し，満場一致である決定がなされた。しかし，あとになって，その申し合せにしたがっていればそのような決定はできなかったことが判明し，決定は撤回された」。われわれは，このような事態を「集団的忘却の事態」とよぶことにしよう。

このような場合，申し合せは，決定時においては，会議の成員を拘束していなかったと考えられる。というのは，人びとは申し合せを認知していなかったのであるから，当然，それを考慮して行為できないはずである。しかし，その時，その申し合せは存在していなかったといえるのだろうか。日常的な言語の使用法から考えると，決してそうはいえない。われわれはこのような場合，「申し合せはなかった」とはいわず，「申し合せはあったが忘れていた」と表現するのである。したがって，この立場からすると，規範と拘束性は概念的には独立していることになる。

以上より，規範と拘束性のあいだには複雑な問題が存在することが明らかになったであろう。われわれは，この「拘束性は規範の定義的要件か否か」という問題を，規範の定義に関わる第2の論点として取り上げ，より整理された図式の中に位置づけよう。

9.2.4　勢力と規範

次に勢力に関わる論点について述べておくことにしよう。勢力と規範の関係については次の2つの焦点がある。第1は規範の成立に関する点，すなわち，規範は社会の全成員の意思を何らかの形で反映する形で形成されるのか，それとも特定の勢力をもつ成員の意思を基礎に形成されるのかという点であり，第2は規範の内容および適用に関する点，すなわち，規範が社会の全成員を拘束することを目指すのか，特定の成員を拘束することを目指すのかという点である。ここでの論点は前者である。

われわれが規範について研究をすすめる時，基本的にはそれを勢力の問題から切り離してとらえるのが一般的であろう。組織研究において「インフォーマルな集団規範が発生する」という時，その規範はおおよそ成員全体の意思の

現れとしてとらえられている。集団力学における規範研究においてもそのことは同様である。インフォーマルな規範だけでなく，民主制国家を念頭においている法規範研究も一応，法を，人びと全体の意思から形成されたものととらえている。しかし，このような立場に対しては当然疑問も存在する。マルクス主義法学の法概念は，これと真っ向から対立した見解をとり，たとえば「法とは，支配階級が自己の支配関係を維持するために，国家権力を用いて被支配階級に強制する規範」であると述べたりする（長谷川，1969：113）。また，小集団内における取り決めも，勢力のないものの意向が必ずしも反映しているとはいえない。

　ところで，このような規範の存在を認めるならば，従来よくなされている「多くの成員によって社会的に望ましいとみなされている行動の基準」という規範の定義は，不十分なものと考えなくてはならない。というのは，勢力をもつものの意向に従って形成された規範においては，規範に不満をもつものが小数派であるとは限らないわけであるから。そこで，このことを，規範の定義に関わる第3の論点とみなすことにする。すなわち，「規範の成立への勢力の関わりをどのように考慮して規範を定義すればいいのか」。

9.3　社会規範の意味と定義

9.3.1　社会規範の統一的理解のために

　以上，外在性に関わる論点，拘束性に関わる論点，勢力に関わる論点という規範に関連した3つの論点について述べてきた。われわれは，これらの論点についていかなる立場を採用すべきであろうか。取り扱う対象に応じてもっとも適切な立場を採用すればよいというのもひとつの回答であろう。すなわち，集団規範を研究する際には，規範の外在性の意味をそれが他者の意識であるということに求め，拘束性を規範の定義的要件とし，規範を勢力から切り離してとらえるといった具合に。この回答は特定領域の研究の内部では妥当なものだと思われる。しかし，この研究をより広い社会学の文脈に位置づける時には問題を残す。というのは，そこでとらえられている規範と，法のような規範との概

念的な関係が明らかになっていないからである。したがって，規範を統一的に把握できる図式を構成し，それぞれの分野で取り扱っている規範をそれに明確に位置づけることが必要なのである。立場の選択は，立場の位置づけのあとに生じる問題である。

9.3.2　2種類の社会規範

社会規範についての第1の論点（外在性の論点）を注意深くみてみると，一般に規範とよばれているものの中には，かなり性質を異にする2種類のものがあることがわかる。外在性問題の複雑性は，この2種類の規範を区別せずに議論することにあるのである。

第1の種類の規範を代表するものは法規範であるが，他にも集団内の取り決めやゲームのルールなどがここに含まれる。この種の規範は，社会集団の各成員や成員全体の意識を越えて存在している。それゆえ，全成員がその規範の存在を忘れていても（集団的忘却），規範が自動的になくなるわけではない。このような規範は社会的規則（social rule）と表現できよう。社会的規則は単位としての集団の次元に存在するものであり，集団の成員個人の次元，あるいはその集合の次元に存在するものではない。

第2の種類の規範を代表するものは，いわゆる生産水準規範のような規範であり，その集団に参加すれば従わざるをえなくなるような暗黙のムードなどもこれに含まれる。集団力学における集団規範研究は主としてこのような規範を取り扱っている。

ところで，第1の種類の規範とは異なり，この種の規範は成員の意識を実質的な内容とする。すなわち，社会集団の成員全体が考えている「望ましい行為」こそがこの規範なのである。したがって，この種の規範は社会的期待（social expectation）と名づけることができよう。社会的期待は集団の成員の総和，すなわち，集合体の次元に存在する規範であり，社会的規則とは存在の次元を異にする。集団の目標が成員の個人目標の総和に還元できないように，社会的規則も社会的期待に還元できないのである。集団的忘却という事態は社会的規則に関しては生じうるが，社会的期待に関しては生じない（図9-1）。

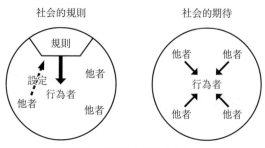

社会的規則　　　　　　社会的期待

実線の矢印は拘束を意味し，
他者とは他者の期待を意味する。

図9-1　2種類の社会規範

　2種類の社会規範の区別は，方法論的個人主義か方法論的全体主義かという問題に関連している。単純化していうと次のようになる。個人主義的立場からすると，集団は成員の寄せ集め（集合体）でしかなく，社会規範も各成員の意識の総和，すなわち社会的期待ということになる。これに対して全体主義の立場からすると，集団は単なる集合体ではなく，ひとつの実在であり，社会規範も成員の意識には還元できない実在，すなわち社会的規則になるのである。

　ところで，実際の社会集団を分析するためには，このどちらか一方の立場に立って規範をみていけばいいというわけにはいかない。なぜなら，通常どちらの規範も同時に行為に影響しているからだ。たとえば，片側1車線しかない高速道路を走っていると，交通標識は「70kmで走りなさい」といってくる（規則）。しかし同時に後ろの車列からは「もっと速く走ってくれよ」という期待が投げつけられる。運転者はこの規則と期待を同時に考慮しつつ，自分の欲求にも影響され速度を決定するのである。

9.3.3　社会規範と拘束性

　規範に関わる第2の論点は，それが拘束性を定義的要件とするかどうかというものであった。この問題を処理するにあたって注意すべきことは，社会的規則，社会的期待のいずれの規範においても，人びとが拘束されているのは，人びとによって認知された限りでの規範であるということである（図9-2）。人は知らない規範を考慮することはできず，したがって，知らない規範を考慮して

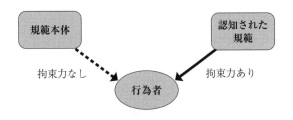

図9-2　規範と拘束力

行動することはできないからである。

　ここで，拘束性を規範の要件とすると，社会や集団の規範とは，それらの成員によって認知された規範の総体ということになる。これに対して，この立場に反対する人びとが目を向けるのは，認知された規範の背後にある「規範そのもの」「規範本体」である。拘束性を規範の要件とするか否かという対立は，このように認知された規範（perceived norm）を規範とみなすか，それとも規範本体を規範とみなすかという対立でもあるのだ。

　筆者は，規範とは基本的には認知された規範ではなく規範本体を指すと考える方が合理的であると思う。社会的規則と社会的期待のそれぞれについて述べよう。

　社会的規則については，認知された規範ではなく規範本体を規範と考えるべきだという見解に異論はなかろう。すでに述べた集団的忘却の事例が示しているように，規則は成員の意識とは独立に存在するのである。この場合，個人的な水準における認知された規則とは，成員個人が認知した規則を意味し，社会的な水準における認知された規則とは，それの全成員を通しての合成を意味する。

　では，社会的期待に関してはどうか。社会的期待とは，社会集団の各成員が保有している「望ましい行為」に関する意識を，全成員を通して総合したものである。すなわち，個人的期待の総和が社会的期待なのである。この時，個人的水準における認知された社会的期待とは，各成員が認知した社会的期待を意味し，社会的な水準における認知された社会的期待とは，集団の全成員を通してそれを総合したものとなる。

　こう考えると，先に引用した集団力学での規範の定義は，社会的な水準にお
ける認知された社会的期待に対応していることになる。ところで，社会的期待
の場合，社会的規則と異なり，このように認知された規範こそ規範であるとい
っていいのだろうか。

　このことを考えるために，すでに述べた「多元的無知」といわれる事態につ
いてみてみることにしよう。多元的無知とは次のような事態を指す。すなわ
ち，集団の大多数の成員はある行動（たとえば飲酒）に対して否定的な評価を実
際にはしていないにもかかわらず，各成員は自分以外の大多数がその行動（飲
酒）に対して否定的な評価をしていると考え，公の場でその行動をとることを
避けているような事態である（図9-3）。

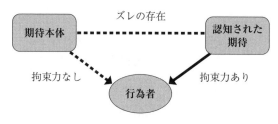

図9-3　多元的無知

　このような場合，認知された期待から規範を考えると，その集団には飲酒を
禁止する規範が存在していることになる。しかし，この事態のからくりが成員
の前にさらされたとしたら，その成員はどういうだろうか。おそらく，「期待
はあった」とはいわず，「あると思ってたのだが，そんな期待はなかったのだ」
というに違いない。すなわち，人びとは，認知している期待の背後にある本当
の期待（期待本体）を「期待」とよぶのである。したがって，社会的期待の場
合も，認知されたものを規範ということはできない。

　以上，認知された規範は，社会的規則の場合も，社会的期待の場合も規範と
はいえないということが明らかになったであろう。このことは，拘束性は規範
に内在的な性質とはいえないということを意味する。このあたりの事情を考慮
に入れるならば，規範は，「認知されれば」という限定つきで拘束力をもちう
ると考えなければならないのである。

　われわれはしばしば，行動から規範本体を推定する。このような推定は規範本体の二次的近似である。そして，認知された規範による規範本体の推定は規範の一次的近似となる。

9.3.4　社会規範の定義

　前 2 項では，① 社会規範には社会的規則と社会的期待という性質の異なった 2 種類の規範が含まれること，② 社会規範と規範的影響力は混同してはならず，規範的影響力は，厳密にいえば，規範本体ではなく認知された規範に存在する性質であることが確認された。ここではそれらの確認事項をふまえるとともに，規範に関わる第 3 の論点（勢力の論点）にも考慮を払いながら規範の定義を行う。

　社会規範はもっとも基本的には次のように定義される。

【定義1】「社会規範とは望ましい行為様式についての命題である」。

　ここでの望ましいというのは，正しいという意味（当為）において望ましいということである。ここでは，誰によって，あるいは，いかなる意味で望ましいと思われているかは問題ではない。というのは，社会的規則の場合と社会的期待の場合とでは，この部分が変わるからである。社会規範とは社会的規則と社会的期待の総称であり，両者は，望ましい行為についての命題であるという点に共通点があるので，両者をまとめるとこのような定義になるのである。具体的な行為はこの命題の示す行為様式の一例と判断される。また，命題とは言葉で表現可能な概念である。

　社会的規則は次のように定義される。

【定義2】「社会的規則とは，社会的に望ましいと定められた行為様式についての命題である」。

　ここで，「社会的に定められた」というのは，ひとつの単位としての社会の名の下に決定されているという意味である。すなわち，ひとつの単位としての社会がその成員に要請する行為についての命題が社会的規則なのである。決定は，成員全体の合意や一部の成員による強制といった過程を経ることが一般的である。いずれにせよ，ここでもっとも重要なのは，単位としての社会に規則

の存立基盤があるということである。

　次に，「望ましい」とは，望ましいと定められたという意味であり，成員が望ましいと考えているという意味ではない。もちろん，規則の制定時においては，通常，成員の誰かがその規則が規定している行為を望ましいと考えているだろう。しかし，制定時から時間がたつと，全成員がその行為に対して否定的になるかもしれない。集団には成員の交替があるし，交替がなくても成員の意識は変化していくからである。したがって，規則の意味する望ましさを成員の意識する望ましさからとらえることはできない。なお，集団が別の集団になったり消滅したりした場合，その集団の規則も消滅するということには注意が必要である。

　社会的期待は次のように定義される。

【定義3】「社会的期待とは社会の多くの成員が望ましく思っている行為様式についての命題である」。

　この定義における「望ましい」は，文字通り多くの成員が望ましいと考えているという意味である。定義では「多くの成員」としているが，この点には疑問が生じるかもしれない。すなわち，集団が等質的ではなく，そこに勢力差がみられる場合，少数の勢力をもつものだけが考える「望ましい行為」こそが成員の行動に影響を与える可能性があるので，社会的期待を個人的期待の単純な和ではなく，勢力差を考慮した和とすべきではないか，という疑問である。しかし，そのように社会的期待を概念化することは，不要であるばかりか問題の焦点をぼやけさせる。大多数の成員の期待に反して少数の勢力ある成員の期待に従うことは，規範に従った行為というよりも，むしろ規範に逆らい少数の意向に従った行為と考える方がスッキリするからである。行為を規範ですべて説明しようとすることは，逆に規範の説明力を低下させる。

　以上で，基本的な3つの概念は定義できたが，次の2点には注意しなければならない。第1に，社会的規則と社会的期待において，勢力と規範の関係が異なることに注意が必要である。社会的規則は，社会的決定という過程を通して勢力と直接関連している。つまり，社会的規則は，勢力をもつ者の意向に従っ

て直接形成される可能性があるのだ。それに対して，社会的期待はそこまで直接的には勢力にかかわっていない。それと勢力との関係は，宣伝・説得などを通した間接的なものである。

　第 2 の注意点は，社会的規則と社会的期待の区別は分析的なものであるということである。現実に存在する社会規範はいずれかの一方であるとは限らず，その双方でありうる。つまり，行為には，社会的にも望ましいと決定されているし，社会の諸成員にも望ましいとみなされているものがあるのだが，その場合，その行為についての命題は社会的規則であり，かつ社会的期待なのである。個々の具体的な社会規範は，社会的規則か，社会的期待か，それともその双方かのいずれかなのである。

　さて，次に，2 種類の社会規範と認知された規範との関係について，きちんと整理しておこう。

A1：社会的に決定された望ましい行為様式についての命題＝社会的規則

A2：各成員個人が認知した A1 ＝（個人的水準における）認知された社会的規則

A3：A2 の成員全体を通しての総和＝（社会的水準における）認知された社会的規則

B1：各成員個人の考える望ましい行為様式についての命題＝個人的期待

B2：B1 の成員全体を通しての総和＝社会的期待

B3：各成員個人の認知した B2 ＝（個人的水準における）認知された社会的期待

B4：B3 の成員全体を通しての総和＝（社会的水準における）認知された社会的期待

このうち，個々の行為者を拘束しうる社会規範は，A2 と B3 である。B1 も行為者の行為を拘束するが，それは自己の行為に向けられた個人的期待（義務感）として行為者の内部から行為を拘束するものであり，社会規範とはいえない。規範の内面化とは A1 や B2 の内容が B1 に注入されていく過程である。

　ところで，規範は認知されれば拘束力をもちうることはすでに述べた。したがって，正しい認知を前提とすれば規範はおおむね拘束力をもつと考えていい。しかし，より詳細にみると，規範が正しく認知された場合でも必ずしも拘

束力が生じるかというとそうはいえない。というのはサンクションのない社会的規則が存在するからである。社会的規則に関連した諸概念のサンクションと拘束性についてまとめたものが表9-1である。

表9-1　社会規範とサンクション・拘束性

	サンクション	拘束性
社会的規則自体	場合による	ない
社会的期待自体	ある	ない
認知された社会的規則	場合による	場合による
認知された社会的期待	ある	ある

　まず，社会的規則について。通常，法規範は罰則の規定を含んでいる。しかし，制裁のない法規範は存在することからもわかるように，社会的規則につねにサンクションがともなうとはいえない。

　では，社会的期待についてはどうか。社会的期待が指し示す行為は，成員によって望ましいと思われているものであるから，それに逸脱し発覚した場合，おそらく批判や白眼視などの負のサンクションが引き起こされることは容易に想像がつく。したがって，社会的期待の場合はサンクションがつねにともなうと考えてもよかろう。

　このように，サンクションに関しては，社会的規則と社会的期待の間で，アンバランスな事態が成立している。そして，このことは拘束力にも影響を与えるのである。それゆえ，「aという行為をせよ」という社会的規則があり，それが正確に認知されていても，その規則に罰則規定がなく，「aという行為をせよ」という（認知された）社会的期待も存在しないならば，その規則はおそらく守られないのである。このような場合の成員の通常の反応は，「こういう規則は無意味だから廃止しよう」というものだろう。しかし，そう思ったからといって，規則が自動的になくなるわけではない。

　以上から明らかなように，社会規範すべてにサンクションを認めることはできないし，「認知されれば拘束される」という性質も認めることはできない。したがって，社会規範にはおおむね拘束力があるとはいえても，拘束力を社会

規範の定義的要件にはできないのである。

　以上で，最初に述べた規範の定義の困難さは克服できたはずだ。「社会の多くの成員が従わない社会規範」や「社会の多くの成員が望ましいと思っていない社会規範」は当然ありうる。それらは通常，社会的規則という意味で社会規範であり，社会的期待という意味での社会規範ではない。また，これまでの議論から多元的無知についても合理的に理解できるはずだ。それは実際にはない社会的期待が成員にあると誤認され，その誤認された社会的期待に従って成員が行動している事態だったのである。

9.4　社会規範の測定

9.4.1　規範の強度

　さて，前節で定義された社会規範を測定する方法について考えよう。測定とは，社会規範の何らかの性質を程度として把握することを意味する。その場合，社会規範のもっとも重要な性質は規範の「強度」，すなわち，社会規範が明らかにしている「行為の望ましさの程度」のことである。強度は社会的規則，社会的期待だけでなく，認知された規範や，個人的期待にも認められる性質である。

　今，ある社会集団が行為 a について何らかの規則をもっていると仮定しよう。その時，この社会的規則の強度とは，「その規則が a をどの程度望ましいと規定しているか」ということを意味する。望ましさを直接知るのが困難な場合には，便宜的に，規定されている行為へのサンクションの程度からも把握可能である。規則が成文化されていない場合には，統制主体の見解を規則の規定と考えることも許されよう。

　社会的規則以外の規範関連概念の性質については，調査によって知ることができる。まず，「a をどの程度望ましいと思うか」といった質問に何段階かの回答カテゴリーを設けることによって個人的期待の強度を測定し，それを全成員についてまとめることにより社会的期待の強度を測定できる。この場合，まとめる方法はいろいろ考えられるが，もっとも多い回答カテゴリーを社会的期

待の強度とみなすのも一案である。全成員を通した，回答カテゴリーの分散を
とると，社会的期待のもうひとつの性質，結晶度（crystallizationof a norm）をと
らえることもできる。

　認知された社会的規則の強度については，「規則は a をどの程度望ましいと
規定していると思うか」という問い，認知された社会的期待の強度について
は，「みんなは a をどの程度望ましいと考えていると思うか」という問いを各
成員にすることによって，個人水準の情報が獲得でき，それら全成員を通して
何らかの方法でまとめると，社会水準の情報も獲得できる。社会水準の場合，
ここでも結晶度を問題とすることができる。

　以上，個人的期待，社会的規則，認知された社会的規則，社会的期待，認知
された社会的期待の測定方法の概略を述べてきた。ところで，これらの期待や
規則の相互関係のいくつかは，従来しばしば問題とされてきた法社会学上の重
要テーマに対応する。たとえば，「法知識」は社会的規則と認知された社会的
規則のズレであるし，「法意見」は社会的規則と個人的期待あるいは社会的期
待とのズレととらえることができるのである（六本，1986：165）。

9.4.2　行為の程度と規範の強度

　さて，今までは，特定の固定化された行為に関する規範について，その強度
を中心に議論してきた。しかし，場合によっては行為も程度として把握可能で
ある。たとえば，遅刻（何分遅刻するか，何回遅刻するか）やスピード違反（何キロ
オーバーしているか）や選挙候補者の運動員へのペイ（何円）などは，程度として
把握できる行為である。このような場合，規範の構造をとらえるのにもっとも
有用なのは，佐々木（1963）によってわが国に紹介された，ジャクソンのリタ
ーン・ポテンシャル・モデル（return potential model）である（Jackson, 1965）。

　このモデルは，規範を，① 評価の次元と，② 行動の次元という 2 つの次元
からとらえようとするものである。評価の次元とは，今までの議論の規範の
「強度」を意味し，行動の次元とは行為の程度を意味する。ここでジャクソン
が提案するのは，両者を縦軸と横軸に組み合せた図 9-4 のようなグラフであ
る。

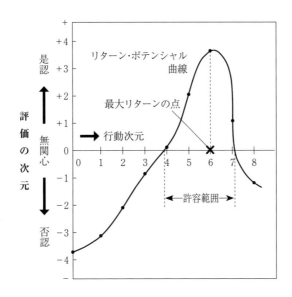

図9-4　規範のリターン・ポテンシャル・モデル

出典）佐々木（1963）p.24より作成

　たとえば，学生集団の遅刻についての社会的期待については，「あなたは授業の10分前に教室に到着する学生についてどう思うか」「ちょうどに到着する学生についてどう思うか」「はじまって10分後に到着する学生についてどう思うか」「20分後に……」といった質問をそれぞれの学生にして，それぞれの時点についての学生の評価の平均をとり，その平均の各点を結べばリターン・ポテンシャル・モデルの曲線が描ける。認知された社会的期待については，「みんなはどう思っているとあなたは思うか」という問いをもとに同じような手続きをとればいい。

　ジャクソンはこのグラフを用いて，先に述べた強度や結晶度以外に，① 許容範囲（range of tolerable behavior），② 最大リターン点（point of maximum return）（以上図9-4参照），③ ポテンシャル・リターン差（potential return difference）（行動座標の各点における評価得点を総和したもので，この値は規範の寛容度に対応している）などが明らかにできるとしている。リターン・ポテンシャル・モデルは，通常，

個人的期待，社会的期待，認知された社会的期待をとらえるために利用されている。しかし，スピード違反のように，行為が程度でとらえられ，かつ，評価の次元もサンクションの程度でうまく処理できるならば，社会的規則や認知された社会的規則においても利用可能と思われる。

自習のために

■ 文献案内

本章は次の文献をもとにしている。少し古いがこの中に社会規範関係の種々の文献についての記載がある。

小林久高，1991「社会規範の意味について」『社会学評論』42-1：32-46

社会学の基本的な諸概念について学ぶ時には，ウェーバーの次の文献をまず参照する必要がある。

Weber, M., 1921a, *Wirtschaft und Gesellschaft,* Erster Teil. Kap. 1.（ヴェーバー『社会学の根本概念』清水幾太郎訳，岩波文庫，1972）

本章の議論をさらに深く批判的に検討するためには，次の3冊が参考になる。

Durkheim, E., 1895, *Les Règles de la méthode sociologique.*（デュルケム『社会学的方法の規準』宮島喬訳，岩波文庫，1978）（デュルケーム『社会学的方法の規準』菊谷和宏訳，講談社学術文庫，2018）

Durkheim, E., 1912, *Les formes élémentaires de la vie religieuse.*（デュルケム『宗教生活の原初形態』古野清人訳，岩波文庫，1975）

Berger, P. L., & T. Luckmann, 1966, *The Social Construction of Reality : A Treatise in the Sociology of Knowledge,* Doubleday.（バーガー・ルックマン『日常世界の構成：アイデンティティと社会の弁証法』山口節郎訳，新曜社，1977）（バーガー・ルックマン『現実の社会的構成：知識社会学論考』山口節郎訳，新曜社，2003）

✐ 練習問題

(1) 社会学にはここで述べた社会規範という概念だけでなく，行為，集団，権力，競争，平等，差別，疎外，都市，犯罪などいくつかの基本概念がある。そういった基本概念のひとつについて，辞典などを参照しつつ自分で納得のいく合理的な定義をしてみよう。

(2) 今の日本では毎年さまざまな法律が改正されている。どんな改正があるのかをまず調べ，法律の改正と社会的な状況，社会的期待の関係について考えてみよう。

社会の秩序3：同調行動

　同調行動という用語はかなり広い意味をもっている。同調とは調子を合わせることであり，集団や社会のメンバーと調子を合わせることすべてが同調行動である。自然に同調すること，命令に従って同調すること，規範に従って同調すること，これらすべてが同調行動だ。同調行動の研究は，実験社会心理学の分野で多くなされてきた。今回はその中でも有名な3つの実験を紹介する。読者は以下の内容をみると，「同調＝善」という単純な図式から解放されるはずだ。今回のキーワードは次の通り。

◇　用　語　◇

アッシュの実験，ミルグラムの実験，アイヒマン実験，ジンバルドーの実験，正当性の圧力，既成事実の圧力，正当的支配の三類型，伝統的支配，カリスマ的支配，合法的支配，没個人，全制的施設

◇　人　名　◇

アッシュ，ミルグラム，ジンバルドー，ウェーバー，丸山眞男，ゴッフマン

10.1　アッシュの実験

　アッシュは知覚判断に及ぼす集団圧力の効果を実験的に検討した（Asch, 1951）。課題は図10-1に示すようなものであり，左側の「標準刺激」とおなじ長さの線分を右側の3本の比較刺激の中からみつけ出すものだ。この図の課題の標準刺激は8インチ，右の刺激は1から順に6.5インチ／8インチ／6.75インチだ（1インチは25.4mm）。

　こういったものを18セット準備して実験を行う。これらの課題は非常に簡単なため，一人で行った時には被験者全員がほとんど誤答しなかった。

　次に，被験者を50人集め，正規の被験者一人にたいしてサクラを7人とした8人集団を50作る。それぞれの集団では18回の試行がなされるが，18回

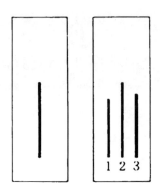

図10-1　アッシュの実験の課題

出典）齊藤勇（編），1987-1999『対人社会心理学重要研究集（1）』p.70-71

表10-1　18回の試行における線分の長さ

試行	比較線分の長さ(インチ)			標準線分の長さ(正答)	サクラの判断
	1	2	3		
1	8.75	10	8	2	2
2	2	1	1.50	1	1
3	3.75	4.25	3	3	1*
4	5	4	6.50	1	2*
5	3	5	4	3	3
6	3.75	4.25	3	3	2*
7	6.25	8	6.75	2	3*
8	5	4	6.50	1	3*
9	6.25	8	6.75	2	1*
10	8.75	10	8	2	2
11	2	1	1.50	1	1
12	3.75	4.25	3	3	1*
13	5	4	6.50	1	2*
14	3	5	4	3	3
15	3.75	4.25	3	3	2*
16	6.25	8	6.75	2	3*
17	5	4	6.50	1	3*
18	6.25	8	6.75	2	1*

＊圧力試行──サクラの一致した誤りの判断がないことを示す（1インチは約2.50cm）

出典）齊藤勇（編），1987-1999『対人社会心理学重要研究集（1）』p.70-71

表10-2　12回の圧力試行での被験者の誤りの数

圧力試行で間違えた回数	実験群（n=50）		対象群（n=37）	
	人	回数×人	人	回数×人
0	13	0	35	0
1	4	4	1	1
2	5	10	1	2
3	6	18	0	0
4	3	12	0	0
5	4	20	0	0
6	1	6	0	0
7	2	14	0	0
8	5	40	0	0
9	3	27	0	0
10	3	30	0	0
11	1	11	0	0
12	0	0	0	0
計	50	192	37	3
総誤答率		0.320		0.007
平均誤答回数		3.840		0.081

実験群の誤りはすべてサクラの判断の方向への誤り

出典）齊藤勇（編），1987-1999『対人社会心理学重要研究集（1）』p.70-71

のうち12回はサクラが一致して誤った答えをいう「圧力試行」である。各集団で行われる試行はどれも表10-1のようなものだ。

　実験の結果は表10-2に示されている。すなわち，被験者50人は，サクラが誤判断する圧力試行12回にそれぞれ直面するが，この時の全判断600（50×12）において，32%（192）は誤るというものである（総誤答率）。誤りはサクラのいう方への同調だ。

　この実験が示しているように，われわれは集団の圧力にきわめて弱い。容易に集団の規準に同調してしまうのである。後の面接で，同調を誘う次の3つの原因が明らかになった。それらは次のものだ。

（1）　知覚のゆがみ：本当にそうみえた。

（2）　判断のゆがみ：自分の知覚が信じられなかった。

（3）　行動のゆがみ：ちがう答をいうのがいやだった。

しかし，実験状況を少し変えるとまったく異なった状況が生じる。サクラが一人正解をいうと，他のサクラに引きずられた同調はほとんどなくなるのである（総誤答率5.5%）。

アッシュの実験はもっとも有名な同調の実験だ。しかし，それは別の視点からみると同調から離脱できる可能性を示した実験ともいえる。一人の仲間がいるだけで，われわれは集団の圧力に抵抗する力を得ることができるのである。

10.2 ミルグラムの実験

10.2.1 実　験

ここで紹介しておきたいもうひとつの実験は，ミルグラムによって行われた実験だ。ミルグラムはまず新聞にアルバイトの実験協力者を募集する公告を掲載し，20歳から50歳の男性40人を集めた。公告に掲載されていた実験の目的は「記憶に対する罰の効果を調べる」というものである（Milgram, 1974）。

この実験は，① 実験者，② 教師役の実験協力者，③ 生徒役の実験協力者という3人の人間と，④ 1台の電気ショック装置を使って行われる。それらの配置状況は図10-2のようなものだ。

まず教師役は生徒役に対して「青い箱，よい日，野性の鴨……」などと書かれたリストを読み上げ，そのあと「青い？」と問題を出題する。そこで生徒役が「箱」といえば正解となり，その他の答えをすれば間違いとなる。実験はこれを何度か繰り返して行われる。

ところで，教師役は，生徒役が正解の場合は何もしないが，間違えた場合は生徒役に電気ショックを送ることになっている。電気ショックを送る装置には15ボルトから450ボルトまでの表示があり，生徒が間違えるたびに電気ショックの量を増やすことになっている。

以上がこの実験の名目的な状況である。これで「記憶に対する罰の効果」を調べるというわけである。

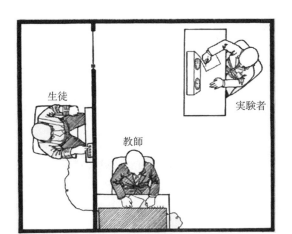

図10-2　実験室の様子

出典）Milgram, 1974＝1995『服従の心理』, p.131より作成

10.2.2　実験のタネ

　上で名目的状況といったのは，この実験には「タネ」が隠されているからである。この実験の本当の目的は，最初に述べた「記憶に関する罰の効果」を明らかにすることではなく，「人が命令に服従してどの程度残酷な行為をしてしまうのか」を明らかにすることなのである。すなわち，実験で注目されているのは生徒役の記憶能力ではなく，教師役の実験者への服従と生徒役への攻撃という行動なのであり，真の被験者（実験される人のこと）は生徒役ではなく教師役なのである。生徒役は実験者と共謀して教師役の被験者をだましているのだ。

　教師役の被験者が電気ショック装置のボタンを押しても，実際には生徒役には電気ショックは送られていない。そうとは知らず生徒役が使う電気ショック装置には，ボタンに応じてどの程度のショックを送れるかが「危険・猛烈なショック」などと言葉で表示されている（図10-3）。生徒役は教師役が押すボタンにしたがって，75ボルトでは「不満とうめき」，150ボルトではでは「実験からの開放の要求」，180ボルトでは「もはや痛みに耐えられないという叫び」，300ボルト（強烈なショック）では「実験からの解放の主張と，心臓の苦痛によ

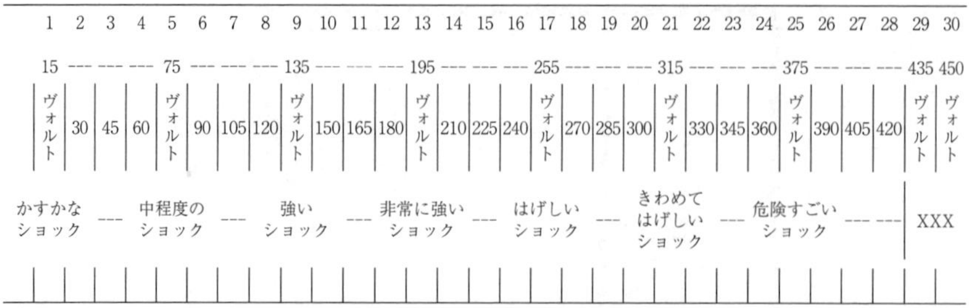

1	2	3	4	5	6	7	8	9	10	11	12	13	14	15	16	17	18	19	20	21	22	23	24	25	26	27	28	29	30
15	---	---	---	75	---	---	---	135	---	---	---	195	---	---	---	255	---	---	---	315	---	---	---	375	---	---	---	435	450
ヴォルト	30	45	60	ヴォルト	90	105	120	ヴォルト	150	165	180	ヴォルト	210	225	240	ヴォルト	270	285	300	ヴォルト	330	345	360	ヴォルト	390	405	420	ヴォルト	ヴォルト

| かすかな
ショック | --- | 中程度の
ショック | --- | 強い
ショック | --- | 非常に強い
ショック | --- | はげしい
ショック | --- | きわめて
はげしい
ショック | --- | 危険すごい
ショック | --- | --- | XXX |

図10-3　電気ショック装置の表示

出典）Milgram, 1974＝1995『服従の心理』，p.47

る絶叫・悲鳴」，それ以上の電圧では「ぐったりとした様子で無反応」という演技をする（実験によっては録音テープを用いる）。

　教師が次のショックを与えることにためらったら，実験者は「お続けください」「実験のためあなたが続けることが必要です」「あなたが続けることが絶対に不可欠です」「迷うことはありません。続けるべきです」といって教師を説得する。実験が終了するのは，これらの説得に教師が応じない時および，最後のボタンまで押した時である。

　さて，この実験の計画が立てられた時，「何人ぐらいの被験者が実験を途中で止めずに最後の450ボルトのスイッチまで押すと思うか」という質問が，精神科医・学生・民間の人びとなどになされた。そこでの予想は，「最後まで押すのは100人中3人以下だろう」というものであった。生徒役の抗議の声，電気ショック装置の「危険」といった表示を無視してまでショックを送り続けるのは，ほとんどの被験者にはできないと彼らは考えたのである。

　しかし，実験結果はこの予想を大幅に上回るものであった。40人の内の25人（62％），すなわち約3分の2の被験者が，生徒役の抗議を無視して，最大の罰である450ボルトのスイッチまで押し続けたのである。教師役は実験を続けることを物理的に強制されていたわけではない。教師役は4つの教示に反抗することでいつでも実験からおりることができたにもかかわらずである。

10.2.3　アイヒマン実験

　この実験は「アイヒマン実験」という名前でよばれることがある。アイヒマンとは，ナチスのゲシュタポ・ユダヤ人課課長であったアドルフ・オットー・アイヒマンのことである。彼はヨーロッパ各地からユダヤ人をポーランドの絶滅収容所へ列車輸送する最高責任者であった。彼は敗戦後アルゼンチンで捕まりイスラエルで裁判にかけられる。そして，裁判の様子をみた者を驚かせる。彼は化け物ではなく，実に普通の人であったのだ。そして，彼は命令に従っただけであると主張する。

　哲学者のハンナ・アーレントはこういう。「アイヒマンという人物の厄介なところはまさに，実に多くの人が彼に似ていたし，しかもその多くの者が倒錯してもいずサディストでもなく，恐ろしいほどノーマルだったし，今でもノーマルであるということなのだ。われわれの法律制度とわれわれの道徳的判断基準からみれば，この正常性はすべての残虐行為を一緒にしたよりもわれわれをはるかに慄然とさせる」(Arendt, 1964)

　この実験で最後のボタンまで押した者も，サディスティックな性格の者ではない。それは，パーソナリティ・テストによって確認されている。

10.2.4　状況の圧力

(1)　正当性の圧力

　実験から，特定の状況におかれると，私たちは，自分たちが基本的にもっている価値に反した命令やルールにでも従うということがわかる。ところで，ナチスの場合やミルグラムの実験はいわばひとつの極限状態であるが，日常生活の中でも同様のことは生じている。私たちには，状況の圧力に屈して理不尽な行為をとってしまうことがあるのだ。では，その圧力とは何か。ここでは 2 つのものについて述べよう。ひとつは正当性という圧力であり，もうひとつは既成事実という圧力である。

　多くの状況において私たちが支配者の命令に従うのは，私たち自身がその命令に従うことが正当であると考えているからである。支配する側からとらえると，被支配者に自分たちの支配が正当であると思い込ませることによってはじ

めて，その支配は安定したものとなるのである。先のミルグラムの実験では，教師役の被験者（被支配者）は，科学者である実験者（支配者）を，自分たちに命令を下す正当な権利をもっていると考えていた。そしてまた実験者のことを自分の行為の結果に対して責任をもつ「合法的」な権力者ととらえていた。多くの被験者は，実験者による支配が正当であるが故にその命令にしたがわざるを得ず，また，結果の責任は自分たちにはないと考えていたのである。

　では，いかなる場合に私たちは自分たちの受ける支配を正当だと考えるのであろうか。この点については，マックス・ウェーバーの見解が参考になる（Weber, 1921b）。彼は人びとが支配を正当とみなす3つの場合を考え，それぞれに対して伝統的支配，カリスマ的支配，合法的支配という名前をつけた。伝統的支配とは，過去から長く存続してきた伝統にしたがっているという理由で，人びとが支配者の権力の行使を正当であるとみなしているような支配である。昔の君主制国家において，人びとが国王の命令にしたがった理由は，国王が絶えずそれを強制したからではなく，国王が自分たちを支配することは伝統的であり「そういうものだ」と人びとが考えていたからである。

　第2のカリスマ的支配とはカリスマ的指導者による支配を意味する。カリスマの原義は神から賜った卓越した能力のことだが，人びとによって非日常的で卓越した能力があるとみなされている指導者による支配は，その能力ゆえに正当であるとみなされる。この時，能力が実際にあるかどうかは問題ではない。あると思われているかどうかが重要なのである。ナポレオンやナチスのヒトラー，レーニン，毛沢東などはカリスマ的指導者の例である。また宗教教団などにおける教祖は，教団のメンバーからカリスマ的指導者とみなされていることが多く，このような教団における教祖とメンバーの関係はカリスマ的支配関係にある。なお，カリスマ的指導者は社会の混乱期に出現する傾向がある。

　第3の合法的支配とは，ある人びとの権力の行使が，定められた形式的なルールにしたがったものであるため，それを人びとが正当であるとみなすような場合の支配のことである。現代社会におけるもっとも代表的な支配の形はこの合法的支配である。人が手続き上の正しさに惑わされて，本来的な問いを発せ

られなくなることは，ミルグラムの実験が明らかにしている通りである。

　ちなみに，ウェーバーは行為について，感情的行為，伝統的行為，価値合理的行為，目的合理的行為の4類型を設定しているが，伝統的支配において生じやすいのは伝統的行為，合法的支配で生じやすいのは目的合理的行為，カリスマ的支配で生じやすいのは感情的行為や価値合理的行為ということができるだろう。

(2)　既成事実の圧力

　次に，状況のもつ第2の圧力について述べよう。ミルグラムの実験の被験者はどうして途中で実験を放棄できなくなったのか。ここで考えるべきことは，被験者は徐々に電気ショックを強くしていくように要請されていたということである。60ボルトの電気ショックを送った被験者は，その前には45ボルトのショックを被験者に与えている。同様に300ボルトのボタンを押した被験者はその前に285ボルトボタンを押している。このような場合，途中で実験を放棄することは非常にむずかしくなる。というのは，被験者には前のボタンを押したという既成事実があり，今度押すボタンは前のボタンよりわずかに強いショックを与えるだけであるからである。そして結果的には，強い電気ショックを生徒に与えてしまうことになるのである。

　既成事実の圧力により，状況がなし崩し的に悪化するのはこのような実験だけでなく，多くの社会場面で生じる。旧日本軍の指導者たちの多くは，戦争が終わった時，自分は内心戦争には反対だったが，拡大する戦争の勢いには従うほかなかったと弁解したが，ここにおいても既成事実の圧力が働いているのがわかるだろう（丸山眞男，1964）。戦争は，ミルグラムの実験の場合と同様，少しずつ拡大し，ついには破局を迎えたのである。現代の社会においても，一旦作成された政策の変更は，たとえそれが現状にそぐわなくなっても困難であることが多い。ここにもこの既成事実の圧力が働いていることは明らかである。

(3)　反抗の可能性

　アイヒマン実験をみていると人間はどうしようもない絶望的な生き物だと感じてしまう。だが，この実験の条件を一部変えると，状況はかなり好転する。

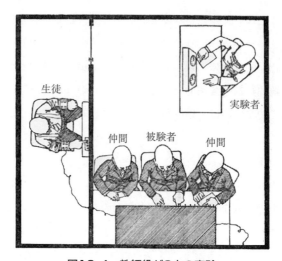

図10-4 教師役が3人の実験

出典）Milgram, 1974=1995『服従の心理』，p.161

　それは何かわかるだろうか。

　いろいろなことがいえるのだが，大きな影響を及ぼすものは仲間の存在である。教師役を3人にして，2人のサクラが実験を途中で降りるという状況では，教師役は最後までボタンを押すことはずっと少なくなる（図10-4）。仲間の存在が命令への反抗を生み出すのである。アッシュの同調実験でもいえることだが，孤立した個人は圧力に抵抗できない。しかし，仲間の存在は圧力への抵抗の重要な基盤となるのである。

10.3　ジンバルドーの実験

10.3.1　疑似刑務所実験

(1)　留意事項

　イラク戦争のあと，アメリカ管理下のアブグレイブ刑務所において，大規模な捕虜虐待が起こった。知らない人はネットなどで調べてみるといいだろう。どうしてこんなことが起こるのか。それを明らかにするのがジンバルドーの疑似刑務所実験だ（Zimbardo, et. al., 1977）。

　ただこの実験については，後日，ジンバルドーの助手である刑務所長役が看守役に厳しくふるまうように指示していたことが判明したとされ，実験の結果については疑義が生じている。というのは，この実験では同調は，自然・盲目的・必然的であり，放っておくと攻撃が生じるという問題の立て方になっているが，指示があるとこんなことはいえないからだ。

　しかし，そうであったら，この実験の刑務所長—看守—囚人という系列にミルグラムの実験の実験者—教師役—生徒役という系列との類似性をみることができる。攻撃を促進—阻害する要因の探求というように問題を組みなおし，実験結果の検討を進める方がいいと筆者は思っている。

(2) 実験方法

　新聞で2週間の刑務所体験の学生アルバイトを募集し，応募者から11名の看守役と10名の囚人役が選ばれた。看守役は三交替制で1日8時間，囚人役には1日24時間の実験参加で1日につき15ドル支払われる。使われるのは大学に作られた疑似刑務所である。

　できる限り現実感を出すため，囚人役はある日予告なしに本当の警察に疑似刑務所まで連行される。刑務所では指紋が取られ，裸にされ，しらみ退治のスプレーをかけられる。そのあと，刑務所の規則が説明され，それから囚人服と帽子を与えられ，3人ずつ監獄に入れられる。タバコを制限され，トイレにいくにも許可が必要というように，きびしい行動制限がなされる。囚人は名前ではなくID番号でよばれ，私物はない。看守役はカーキ色の制服を着用し，ミラーグラスをかけ，警棒，笛，監獄の鍵をもち囚人を監視する。

(3) 実験結果

　各人はこれが実験であることを知っている。にもかかわらず，2，3日すると，囚人も看守もそれぞれの役割を完全にとるようになってくる。看守役の学生は，必要以上に囚人の学生に制限や罰を加えはじめる。囚人の学生は，ふさぎがちになり，受身的になり，看守の無理な要求にも服従するようになる。何日かすると，囚人の学生に本当に精神的混乱が生じて発作が起きたりしたので，2週間予定されていた実験は急遽6日で打ち切ることになった。

10.3.2　議　論

　社会的な状況や役割は，われわれの行動や心理に実に大きな影響を与えている。特殊な状況では，没個人の心理状態になり，このように行動を極端にさせたのである。役割に徹しすぎると，人間としての基本的な倫理をはみだしてしまう危険がある。

　自我はたまねぎのようなものだ。それは自分の服，自分の髪型，自分の持ち物など，多くのものに支えられている。それらがすべて奪われて役割に従うことを要求される時，没個人的な役割没頭や過剰同調が生じる。

　ゴッフマンは外部から社会的・物理的に隔絶されていて，その生活が包括的に統制される施設のことを全制的施設（total institution）とよぶ。刑務所，強制収容所，寄宿型の学校，入院施設などがそれにあたる（Goffman, 1961）。こういったところでは没個人化のメカニズムが働く可能性が高い。このあたりのことを感覚的に知るには，映画『カッコーの巣の上で』をみるといい。

　アッシュの実験，ミルグラムの実験，ジンバルドーの実験からみえてくることは，われわれがある状況におかれると，一元的な価値から脱出できなくなり，他の価値や可能性について配慮できなくなる傾向があるということだ。そこでは強力な同調行動が生じる。集団においても国家レベルの全体社会においてもそういうことは起こりうる。注意しておく必要があるだろう。

自習のために

📖 文献案内

　本章で紹介したような社会心理学の実験研究について，具体的な方法や結果を調べるには下の文献が便利だ。

　齊藤勇（編），1987-1999『対人社会心理学重要研究集（1-7）』誠信書房

　同調や服従の問題については，「権威主義的パーソナリティ研究」という領域もあり，こちらは実験ではなく調査を重視している。次の文献が参考になる。

　Adorno, T. W. et al., 1950, *The Authoritarian Personality*, Harper and Brothers.（アドルノ『権威主義的パーソナリティ』田中義久・矢沢修次郎・小林修一訳（部分訳），青木書店，1980）

小林久高，1989「権威主義・保守主義・革新主義—左翼権威主義再考」『社会学評論』39-4：392-405

さらに広い文脈で現代社会における同調や服従，支配の問題を考える際には，以下の文献が役に立つだろう。

Fromm, E., 1941, *Escape from Freedom*. （フロム『自由からの逃走』日高六郎訳，東京創元社，1951）

Riesman, D., 1950, *The Lonely Crowd : A Study of the Changing American Character*, Yale University Press. （リースマン『孤独な群衆』加藤秀俊訳，みすず書房，1964）

丸山眞男，1964『増補版 現代日本の思想と行動』未來社

本章で紹介したウェーバーの「支配の3類型」については，ウェーバー『権力と支配』に記述があるが，事前の知識なしに読むのはたいへんだと思う。前に紹介した経済史の本を読んでから，原典に向かうのがいいだろう。

小野塚知二，2018『経済史：いまを知り，未来を生きるために』有斐閣

Weber, M., 1921b, *Wirtschaft und Gesellschaft*, Erster Teil 1, Kap. 3. （ウェーバー『権力と支配』濱嶋朗訳，講談社学術文庫，2012）

練習問題

(1) 「日本社会は同調圧力の強い社会だ」という議論はよくなされる。そういった議論をひとつ探し出し，どういう論拠でその主張が述べられているのか検討しよう。

(2) 昨今の日本社会では，一方で厳罰化や監視の強化といった同調を強めるような状況が生じているとともに，他方ではアイデンティティの尊重やマイノリティの権利擁護といった非同調を許容していくような傾向もみられる。この相反する2つの傾向が同時に存在するのはなぜなのだろうか。考えてみよう。

社会の秩序4：逸脱行動

（11）

前回の講義では同調行動についての議論がなされたが，今回は同調行動の反対の逸脱行動について議論する。ここでも「逸脱＝悪」という単純な図式を越える基盤を提供したい。キーワードは次の通りだ。

◇ 用　語 ◇

正常なものと病理的なもの，犯罪，イタリア学派，生来性犯罪人説，統制弛緩論，社会解体論，模倣論，学習説，犯罪文化，非行的若者文化，欲求不満論，アノミー，ラベリング論，同調と逸脱の諸類型（同調，革新，儀礼主義，逃避主義，反抗），階級，社会階層，社会移動，職業移動，ジニ係数，開放性係数

◇ 人　名 ◇

ロンブローゾ，デュルケム，マートン，ベッカー，安田三郎

11.1　逸脱行動とは何か

11.1.1　正常と異常

　逸脱行動といえば犯罪や非行のことが思い浮かぶ。しかし，逸脱行動はもっと広い意味をもっている。このあたりのことを理解するためにはデュルケムの『社会学的方法の規準』をみてみればいい。関連する議論は「正常なものと病理的なものの区別に関する規準」という章の中で展開されるのだが，この「病理的なもの」が逸脱であり，行動にそれが適用された場合，逸脱行動になる。ここでは「病理的なもの」を「異常」と表現して解説しよう。

　デュルケムの正常と異常を分ける規準はきわめて単純なのだが，同時にきわめてラディカルなものともいえる。彼は正常なものを一般的なものとし，異常なものを一般的でないものと規定するのである。社会の中の人びとの行動については，よくある行動は一般的で正常となり，あまりない行動は異常となる。よくある考えやよくある組織は正常であり，あまりない考えやあまりない組織

は異常だ。デュルケムはその社会の維持・存続に役立つかどうかを正常と異常の規準に加えるが，こちらは補助的な基準であり，基本はやはり一般的かどうかである。

　殺人や自殺は社会の少数者がなす行動なので，異常な逸脱行動となる。同様に，社会に大変革をもたらすような思想や理論の提案も，少数者によってなされるがゆえに異常で逸脱的な活動だ。

　次に少し水準を変えて，どんな社会が正常でどんな社会が異常なのかを考えてみよう。さまざまな社会をずらりと並べた時，どの社会でも必ず普通とちがった行動をとる逸脱者がある比率で存在する。この比率が他の社会と比べてそう変わらない場合，その社会は一般的で正常である。その比率が他の社会と比べて大きく異なる場合，その社会は一般的でなく異常である。この意味で，殺人や自殺がまったく生じない社会は異常な社会ということになる。

　正常と異常について考える際には，ひとつの社会の中での正常―異常な行動・意識・集団などの問題と，社会自体の正常―異常な状態の問題について，きちんと水準の違いを分けて考える必要がある。

11.1.2　犯罪とは

　社会の中で，犯罪は一般的ではないので逸脱行動に含まれる。しかし，逸脱行動，すなわち一般的でない行動のすべてが犯罪というわけではない。犯罪は逸脱行動の一部にすぎず，犯罪でない逸脱行動は多く存在するのである。では犯罪とは何か。

　現代の法律学では「構成要件に該当する違法で有責な行動」というのが一般的だ。ここで，構成要件に該当するというのは法律に書いてあるということであり，違法というのは悪いということであり，有責というのは責任が認められるということだ。だから，法律に書いていないことは犯罪にはならないし，治療のために医者が患者にナイフを入れることは違法性がないので犯罪にはならない。また，何もわからない小さな子が万引きしたとしても有責性がないので犯罪にはならない。

　しかし，こういう考えが一般的になる以前から犯罪はあったし，それに対す

る罰も存在した。では犯罪とはそもそも何なのか。ここにおいても，デュルケ
ムはわれわれをうならせるような議論を提出する。

　デュルケムはこういう。「我々は，それが犯罪であるから非難するのではな
くて，我々がそれを非難するから犯罪なのである」(Durkheim, 1893)。常識的に
は犯罪→非難なのだが，デュルケムがいうのは逆で非難→犯罪なのである。で
はその非難はなぜ生じるのか。彼がいうのは，その行為は共同意識を傷つける
からということである。この共同意識は社会意識の根源にある社会の一体感を
支える感情ともいえるだろう。社会の秩序を乱す少数派の行動は排除されねば
ならないという異分子排除の感情が，ある行為を非難し，それを犯罪とするの
である。結局のところ犯罪とは共同意識を傷つけ，人びとの強烈な否定的感情
を引き起こす行動なのである。

　ところで，本書のはじめの方で社会意識は国レベルの全体社会にも存在する
し，その内部にある部分社会にも存在するということ述べた。上で述べた共同
意識といった根源的な社会意識についても同じである。全体社会の社会意識と
部分社会の社会意識は合致することも齟齬があることもある。齟齬がある場
合，全体社会での異分子であるマイノリティが部分社会では正常なマジョリテ
ィである，といったことが生じる。革命集団や犯罪集団の鉄の掟に従うこと
は，それぞれの部分社会では正常なものであり，それに従わない行動は強烈な
メンバーの否定的感情を引き起こすだろう。しかし，それらの掟に従うことは
全体社会では異常なこととなる。後に述べる犯罪文化や非行的若者文化もこの
ことに関連している。また，いじめといった集団からの異分子の排除の問題を
考える際にも，この全体社会と部分社会（若者集団）の社会意識の齟齬につい
て押さえておくことは重要だ。

　これらのことを前提としつつ，以下では逸脱行動の理論をいくつか紹介しよ
う。どれも逸脱行動全体についての理論ではなく，犯罪や非行についての理論
である。

11.2　逸脱行動の理論

11.2.1　イタリア学派

　古典的な犯罪研究として「イタリア学派」がある。ここで有名なのがロンブローゾの生来性犯罪人説である。これは次のような理論だ。① 犯罪者は生まれつき特異な人類学的類型であり，② この類型に属するものは，因果的に関連のある一定の身体的並びに精神的特徴をもち，③ これら身体的特徴は，それ自体犯罪の原因となるものではないが，犯罪を行うべく運命づけられた人格の現れで，この人格は野蛮人の類型への復帰であることを示し，④ このような人間は，その人格の本性のために，生活環境が余程良好でない限り，必然的に犯罪に陥る。ロンブローゾはこのような考えをもとに，犯罪者の頭蓋などを測定した。

　イタリア学派には，ロンブローゾほど過激でないフェルリという学者もいる。彼は「犯罪者はほとんど生まれつきのものだ」としたロンブローゾとは異なり，素質要因と環境要因の協働作用によって，犯罪を説明しようとした。

　これら古典的な犯罪学の議論に対して，社会学での逸脱行動の理論は概して環境に焦点をおくものだ。順番にみていこう。

11.2.2　統制弛緩論（社会解体論）

　国，地域社会，学校，家庭などに，道徳的な意味でのタガの緩みがあって，このことで相互の監視体制は弱体化し，その間隙に，犯罪，非行がはびこるという考え方を統制弛緩論という。きちんとした社会規範がなかったり，あっても十分監視されていないために逸脱行動が生じるというのが統制弛緩論の立場である。こういった規範の効力がない社会の無規制状態をアノミーとデュルケムはよんだ。そこでは社会自体がいわば解体した状態なのである。それゆえこういった逸脱行動の説明は，社会解体論やデュルケムのアノミー論による逸脱行動の説明ということもできる。

　この立場から少年非行について考えてみると次のようになる。少年たちは家庭と学校とを往復する。家庭ではそれなりに規範や監視体制があり，学校でも校則があり教員などの監視体制がある。では，少年たちが過ごすのは家庭と学

校だけかというとそうではない。その間にもうひとつの空間がある。それは「第三空間」ともいえる領域で，盛り場などは少年たちにとっては，道徳的な真空地帯となっている。この第三空間は学校や家庭のような規範や監視体制がない。それゆえそこで犯罪や非行がはびこるということになる。これが統制弛緩論による少年非行の説明である。

　こういった統制が緩んでいるから逸脱が生じるという説明はいたるところでなされる。厳しく対処すると犯罪はなくなるというわけである。しかし，この統制弛緩論は十分な説明なのだろうか。次の模倣論からするとこの説明は決して十分なものとはいえない。

11.2.3　学習説（模倣論）

　たとえば，次のようなことを考えてみよう。今下宿生の僕と君はお金がなくて困っている。大学には銀行のキャッシュ・ディスペンサーがあり，そこにはたんまりとお札がたまっている。僕と君はなんとかそれをものにできないかと考え，機械を破壊してお金をいだだくことを計画する。これが成功すると君は思うだろうか。おそらく失敗すると思うだろう。すぐ捕まってしまうと思うに違いない。そう思って僕たちはこの計画を実行に移さない。

　では，ここに新たな情報を付け加えよう。僕はもと銀行員で ATM にやたら詳しく，君はもと警察官で捜査方法を隅から隅まで知っているとする。そして2人は電気や通信についてプロ並みの知識をもっているとする。さて，この計画は成功するだろうか失敗するだろうか。今度はひょっとすると成功するかもしれないと思うかもしれない。2人には知識と技術があるからである。

　そうなのである，犯罪，非行は統制弛緩論がいうのと異なり，蓋がとれると噴出するような本能的な何物かではない。そこには具体的な知識や技術が必要なのだ。犯罪もまた学習の結果はじめて成立するものなのである。万引きをするためには店員の目をどのように盗むかを知らねばならない。自転車を盗むにはキーの壊し方を知らねばならない。バイクを盗むにはハンドルのロックの外し方やキーを使わずエンジンをかける方法を知らねばならない。恐喝をするためには，最初優しい声で語り，急に大声で怒り出すといったテクニックを身に

付ける必要がある。こういった学習をもとにはじめて犯罪や非行は可能になるのである。これが学習説による逸脱行動の見方である。

　さきに，「第三空間は規範の真空地域であり，そこに犯罪や非行がはびこる」という統制弛緩論の立場について述べた。学習説からするとこの考えはまったく間違いだ。そこは何もない真空地域ではない。そこは逸脱行動についての知識や技術を学べる文化があり，逸脱をよしとする価値を学べる文化がある。

　こういった文化のことを犯罪文化といい，若者を対象とするこういった文化を非行的若者文化という。非行的若者文化はさまざまな芸術作品に顔を出す。ニューヨークの下町のジェット団とシャーク団という2つの若者集団の抗争の場面から始まる『ウェスト・サイド物語』は，その中でも最高傑作のひとつだろう。そこには若者のどうにもならないエネルギーと馬鹿さ加減，そして美しさが描かれている。

　さて，ではこの学習説での逸脱行動の説明は十分なのか。決してそうとはいえない。というのは，この学習説ではそもそも犯罪文化や非行的若者文化がなぜ生まれるのかが説明できないからである。われわれはここで社会学のエースであるマートンに登場してもらうことになる。

11.2.4　欲求不満論（マートンのアノミー論）

　本書でこれまで何度か登場したマートンはアメリカの有名な社会学者だ。写真をみると白髪（銀髪？）のいかにも育ちのよさそうな風貌だ。しかし，それは本当の姿ではない。彼はスラムの厳しい生活の中で育ってきたからだ。彼はそのあとハーバードに進学しパーソンズの下で学んだ。彼の使う多くの概念はパーソンズの概念を洗練化したものだ。地位，役割，機能分析など，パーソンズではあまり使いよくない諸概念が彼の手にかかると身近で使いやすいものになる。そして文学的な様相を帯びる。彼は小さい時には手品師になりたかったそうだ。それゆえか，彼の書く論文は手品のようなものが多い。以下で紹介する『社会理論と社会構造』にある逸脱行動についての議論もそうだ（Merton, 1957）。

　マートンは，まずこんなことをいう。「我々はよい原因から良い結果が生ま

れると考え，悪い原因から悪い結果が生まれると考える。しかし，それは本当だろうか。よい原因から悪い結果が生まれることもあるのではないか」。そしてここから彼はアメリカの下層階級に集中する犯罪，非行の原因についての議論を始める。

マートンがアメリカ社会に認める「よいもの」とはいわゆるアメリカン・ドリームだ。アメリカン・ドリームとは金銭的な大成功のことである。一介の農夫からから大富豪になる，新聞王になる，鉄道王になる，金融の大立者になる，そういった成功の可能性がアメリカ社会にはあり，それはアメリカの何よりもよきものとされ，それを達成する者は誰よりも尊敬される。アメリカ社会では成功して大金持ちになるのはよきことであり，それをした人は偉い人なのである。このアメリカン・ドリームとよばれる金銭的成功への文化的プレッシャーは，機会平等というこの国の神話の故に，出身階層のいかんを問わず，すべての者をとらえて離さない。

だが，実際の社会をみてみると，大成功はそう簡単ではない。無限のフロンティアを残していた時代ならともかく，今では成功のルートも固定し，下層の者がこの成功ルートにのることはきわめて難しい。チャンスは平等にはないのである。したがって，アメリカ社会では，大成功という目標だけはすべての階層に平等に分配されているが，目的を達成するための手段（資源）の方は階層ごとに不平等にしか分配されていないということになる。

このような状態において下層の者はどのような決定ができるのか。「成功をあきらめて下層に甘んじるのが普通だ。そこでそれなりの暮らしをするしかない」と多くの読者は考えるだろう。しかしそう簡単にはいかないのである。というのは「成功こそが望ましい」という文化の下では，下層にいつづけることは単に生活が苦しいということを意味するわけではないからである。いつまでも下層にいるということは，たんに貧困であるという以上に，道徳的な悪ということになる。そしてダメな人間であると烙印を押されることを意味する。

そうなると下層の者は，制度的に許されない手段（行動）に頼ることが多くなる。すなわち，許されない手段を用いての成功である。これこそが，とくに

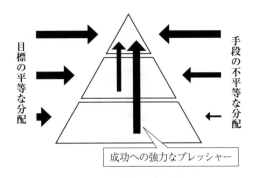

図11-1　アメリカ社会の成功プレッシャー

下層階級に多発する犯罪，非行である。アメリカン・ドリームという「よきこと」が，下層の犯罪という「悪しきこと」を生み出しているというのがマートンの議論の核心である（図11-1）。

　マートンは，少年のころスラムでみてきた犯罪文化や非行的若者文化が成功へのプレッシャーに関わっていることを感じ取っていたのだろう。そしてその基礎には「よき」アメリカン・ドリームがあると思ったのだと思う。

　マートンの議論をヴィヴィッドに理解するためにはアメリカ社会とまったく異なる社会を考えてみるといい。すなわち，「成功は悪」とされる社会である。そんな社会はないと思う読者もいると思うがそんなことはない。身分が固定されている社会は近代以前にはたくさんあった。インドのカースト制や日本の身分制もそんな社会だ。そこでは分限を知ることが大事であって身分を越えての成功は許されない（図11-2）。

　このような社会では「成功」への文化的プレッシャーはなく，逆に「分を知れ」「現在の地位に甘んじよ」という文化的プレッシャーがある。そこでの下層に生じる犯罪は，生活の苦しさによるかもしれないが成功という文化的プレッシャーを背景にしたものではない。

　成功のプレッシャーが強すぎる社会は追い立てられていてさぞ暮らしにくいだろう。しかし，分を知れというプレッシャーが強い社会も閉塞感で息が詰まりそうだ。どのような社会が望ましいのかはわれわれ自体が考えなくてはなら

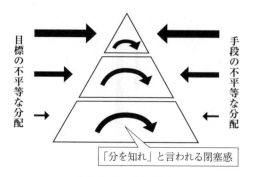

図11-2　身分社会

ない問題だが，現代の資本主義に適合的なのはどうも成功プレッシャーの強い社会のように思われる。資本主義のこういったぎらついた側面については，ゾンバルトの『ブルジョワ』や，デュルケムの『自殺論』にある「豊かさのアノミー」についての議論が参考になるだろう（Sombart, 1913; Durkheim, 1897）。

11.2.5　ラベリング論

さて，最後に，もうひとつだけ逸脱行動の理論について追加的に述べておこう。それはラベリング論（レイベリング論）という立場だ。これは逸脱行動の原因を，逸脱行動を起こした行為者と直接，間接に関わるほかの人びととの認知，評価によって説明しようとする立場である。そこでは，関係者の当事者への犯罪者，非行者というレッテル貼りが，当の行為者を犯罪者，非行者にするとされる。代表的な研究者はベッカーだ（Becker, 1963）。

予言の自己成就のところで，ローゼンタールの実験の話をしたと思う。そこで偶然「隠れた犯罪者」と認定された者が逸脱をした時，「やっぱり！」という反応が出ることを話した。これが犯罪者を作り上げていく。そういった過程に注目した理論がラベリング論だ。再犯の問題などを考える際には，この見方は欠かせない。

11.3　犯罪統計について

さて，みんなの中にはこれから逸脱行動をテーマとしてレポートや卒論など

を書こうと思っている人もいると思う。そんな人に注意をひとつしておこう。それは犯罪などに関する官公庁の統計に関わることだ。

官公庁データが直接示しているのは，犯罪者の動向であるよりも取締り当局の動向ではないかと疑ってみることが必要である。なぜならデータは，通常取締りの活動のありように左右されるからである。すなわち，ある犯罪をきびしく取り締まれば，その犯罪は増えて計上されてしまう。そして，取締りの活動は決してコンスタントではない。どの方面を重点に取り締まるかは，政府やマスコミ，世論の圧力に大いに左右される。

たとえば，筆者が中学生のころ，学校での体罰は普通のものだった。今は体罰は問題のある暴力とされている。もし，教師による暴力という統計が取られているなら，おそらく，現実には少なくなってきている暴力が，多くなってきているような統計が得られるだろう。昔は体罰という名前で暴力にカウントされなかったものが，今では問題のある暴力としてカウントされるからである。

交通法規の違反などについてもそうだ。春と秋には交通安全週間というものがある。運転者はその時にはスピードを控えたりする。それは多くの警察官が街に出動しているからだ。けれど，スピードを控える者が多くても，スピード違反で捕まる者も多くなるような気がする。取り締まりが多くのところで行われるからだ。そうなると交通安全週間ではスピード違反をするものは少ないが捕まる者は多いという逆転現象が発生する。そして記録に残るのは実際の違反者ではなく検挙者である。以上のことは予測であり実際には異なるのかもしれない。しかし，犯罪統計を用いた研究ではこのあたりのことについてきちんと検討しておく必要がある。

11.4 同調と逸脱の諸類型

マートンはアメリカン・ドリームというアメリカ社会で望ましいとされている価値について議論した。ここからさらに，彼は社会的に望ましいとされる「目的」と，この目的を達成するための社会的に望ましいとされる「手段」について，人びとがどう思っているかという観点から，人びとや行動を分類した

（表 11-1）。

表11-1　個人的適応様式の諸類型

	社会的に望ましいとされている	
	目的に対して	手段に対して
同調	＋	＋
革新	＋	－
儀礼主義	－	＋
逃避主義	－	－
反抗	±	±

＋は個人的な承認，－は個人的な否認
±は否認して別の価値による目的・手段を立てること

　ここで示されているのは，目的と手段双方を承認する「同調」，目的は承認するが手段は承認しない「革新」，目的は承認しないが手段は承認する「儀礼主義」，目的も手段も承認しない「逃避主義」，目的と手段をともに否定しつつ，新たな価値に基づいて新たな目的と手段を打ち立てる「反抗」である。

　たとえば，一生懸命働いて（手段），お金持ちになること（目的）はよいことだとされている社会があるとする。この社会において，目的も手段も受け入れて，一生懸命働いてお金持ちになろうとする人は「同調」の類型に属することになる。

　それに対して，お金持ちになるという目的は承認するのだが，一生懸命働くといった手段を承認しない人がいるとすると，その人は「革新」に位置づけられる。革新はイノベーションの訳語なのだが，この社会でのイノベーションを志向する人は金を儲けるという目的は認めつつ，それまでの方法を否定するところに特徴がある。多くの非行や犯罪もまたこの「革新」的行動に位置づけられる。イノベーションと犯罪を同一に議論するあたりがマートンらしい。

　「儀礼主義」は，目的は承認しないが手段は承認するという立場である。金持ちには別になりたくはないが，一生懸命働くことはよしとされるので働こうとするわけだ。行動は目標が不明確な儀礼的な意味を帯びる。

　「逃避主義」はその社会の目的も手段も承認しない立場だ。いわば世捨て人

的な生き方をする人がそれにあたる。

　最後の「反抗」の類型は，社会的に認められている目的と手段をともに否定しつつ，新たな価値に基づいて新たな目的と手段を打ち立てる立場である。この社会における「一生懸命働いてお金持ちになる」という手段と目的をともに否定し，新たな価値に基づいた手段と目的を設定するのだ。イエスもマルクスも，時の社会の支配的な価値が示す目的や手段を否定し，新たな価値に基づき新しい目的や手段を打ち立てた。彼らの適応様式は「反抗」ということになる。

　「革新」「儀礼主義」「逃避主義」「反抗」といった「同調」以外の類型はすべて「逸脱」といっていい。というのは，デュルケムの正常—異常の規準をもとにすると，それらはすべて一般的ではないので異常であり逸脱的ということになるからである。

11.5　補：社会階層と関連する指数

11.5.1　階級と社会階層

　マートンはアメリカ社会の犯罪について「豊かな層と貧しい層」との関係で議論した。このように，社会を豊かさ—貧しさの地位の層に分けて，社会のさまざまな問題を考えていくことは，社会学ではきわめて重要である。

　豊かさ—貧しさに関わる重要概念として階級という概念がある。マルクス主義的にいうと，階級とは生産手段の所有の状況によって分けられる社会の区分けである。生産手段とは，労働と結合されて生産物を生み出す物質を意味し，機械，道具など労働手段と，労働の対象である原材料に分けられる。生産手段を所有する者が資本家であり，それをもたず労働力のみを提供する者が労働者だ。この資本家と労働者がマルクス主義の階級の要素であり，「豊かな資本家と搾取される労働者」という文脈で社会はとらえられる。

　それに対して社会階層は多元的に社会の垂直的な区分けをする。そこで，問題にされるのは，収入階層，資産階層，学歴階層，職業階層などである。人がこの階層を移動することを社会移動（階層移動）という。社会移動は収入階層，

資産階層などさまざまな階層で考えられるが，個人の諸職から現職までの職業階層の移動や，親子間での職業階層の移動（世代間職業移動）が問題とされることが多い。

　階級の概念も社会階層の概念も社会の不平等に密接に関わっている。この社会の不平等を測定するために社会科学はさまざまな装置を生み出してきた。社会科学全体でよく利用されるものとして「ジニ係数」があり，社会学の分野でしばしば利用されるのが「安田の開放性係数」である。

11.5.2　経済的不平等とジニ係数

　ジニ係数は社会全体が経済的にどの程度不平等かを明らかにする指数である。よく使われる係数だが，きちんと理解している人は少ないと思うのでここで解説しておこう。

　今ある社会 A について，貧乏な人からお金持ちの人までを順に並べるとしよう。そして，その人たちを最下位 25％，次の 25％，次の 25％，最上位 25％に分ける。そして，この 4 つのグループがそれぞれ社会全体の富の何パーセントをもっているかを調べる。ここでは，最下位が 10％，次が 20％，次が 30％，次が 40％の富を所有しているとしよう。全部で 100％だ。次に，この社会が仮に完全に平等だったらどうなるかを考えよう。この場合，4 つのグループはどれも社会全体の富の 25％をもつことになる。以上のことを表にまとめると表 11-2 のようになる。

表11-2　富の分布

	最下位25％	次の25％	次の25％	最上位25％	計
社会 A	10％	20％	30％	40％	100％
完全平等	25％	25％	25％	25％	100％

　次に，この表をもとに富の累積％を出す。すなわち，社会 A と完全平等社会において，それぞれ下位 25％の人がもっている富，下位から 50％までの人がもっている富，75％までの人がもっている富，100％までの人がもっている富を計算するのである。結果は表 11-3 のようになる。これをグラフに表すと図 11-3 が得られる。

表11-3　累積した富の分布

	25%まで	50%まで	75%まで	100%まで
社会A	10%	30%	60%	100%
完全平等	25%	50%	75%	100%

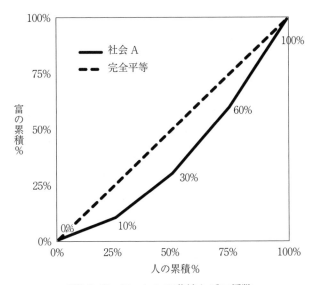

図11-3　ローレンツ曲線とジニ係数

　ここに描かれている社会Aを表す線をローレンツ曲線というのだが，社会が不平等になるほど，このローレンツ曲線は完全平等の線から離れていく。ここから，「右下の三角形の面積」に占める「ローレンツ曲線と完全平等線に囲まれた弓部分の面積の割合を出せば，それが社会の不平等の程度を表す指標になることがわかる。これがジニ係数である。ジニ係数はその社会が平等であるほど小さな値になり，完全に平等な時0となる。社会が不平等になるほどその値は1に近づいていく。

　社会Aのジニ係数を計算するためにはまず弓の部分の面積を求める必要がある。これは三角形と台形の面積の求め方を知っているなら，簡単に計算できる。各人でやってほしいが，今回の例では0.125になる。下の三角形の面積は

0.5 であるからジニ係数は 0.125 ÷ 0.5 = 0.25 である。

　例では人びとを 25％ずつ 4 つに分けたので，最大限の不平等な社会でもこの値は 1 にはならない。一人が社会のすべての富を所有しているような，もっとも不平等な社会でも 1 にはならないのである（0.75 になる）。しかし，25％ずつの 4 つの分け方を小さくして 1％ずつの 100 の分け方に変えたりすると，最大限の不平等はほぼ 1 になることは図からわかると思う（0.99 になる）。

　インターネットで調べると，世界各国のジニ係数の値がわかるし，それぞれの国の歴史的推移もわかる。各自で調べてみるといい。

11.5.3　社会移動と開放性係数

　社会階層という考えは，経済的な次元だけでなく職業や教育の次元における人びとの差異についても目を向けるものだった。その中で，親の職業が子の職業にどのように影響するのかが問題とされることがある。ある社会では親の職業にかかわらず子は自由に職業を選択できるが，別の社会ではそのようなことはなく，親の職業によって子の職業が決まるということがあるからだ。このような親と子の職業の違いは親子間の職業移動といわれる。この職業移動の程度を表す指標が安田三郎の考案した開放性係数である（安田，1971）。少々複雑なので順を追って説明していこう。

　今，ある社会 A において a, b, c の職業があるとする。そこで本人の職業と親の職業についての調査をした結果，表 11-4 のデータが得られたとしよう。

表11-4　社会 A の職業移動の表

		親の職業			計
		a	b	c	
子の職業	a	16	6	18	40
	b	2	20	18	40
	c	2	4	14	20
計		20	30	50	100

事実移動　50
強制移動　30
純粋移動　20

　この場合，親と子の職業が同じなのは，両方とも職業 a の 16 人，両方とも職業 b の 20 人，両方とも職業 c の 14 人である。そこから，親の職業と子の

職業が異なる人数は $100 - (16 + 20 + 14) = 50$ であることがわかる。この移動者数は実際に移動の生じている数なので「事実移動」といわれる。

　次に行と列の計に目を向けよう。親の職業がaの人は20人いるが，子の職業がaの人は40人となっている。増えた人数は20名だ。職業bでは，親の職業は30，子の職業は40となっており，ここでもこの職業が拡大しており，10名増加していることがわかる。このように，子の世代のほうが親の世代よりも職業a，職業bについている人が多いのは，それらの職業が，時代の進展にともなって拡大しているからである。たとえば，情報関係やサービス業などがそれにあたるだろう。次いで，職業cに注目すると，今度は逆に親の職業が50で，子の職業が20になっている。この職業は，たとえば農業のように時代とともに縮小しているのである。ここで，50人が20人に減少することによって余った30人が，さっきの拡大する職業aの20名と職業bの10名の増加分に流れていっていることがわかる。この30人の職業移動は，時代の変化にともなう強制的な移動なので「強制移動」とよばれる。

　ところで，事実移動は50人だった。それに対して強制移動は30人だ。ここで $50 - 30 = 20$ は，強制によらず，自由に移動した数と考えられる。そこで，この20を「純粋移動」とよぶ。

　事実移動，強制移動，純粋移動の概念が明らかになったので，さらに先に進もう。今，職業の構造が前述のように（すなわち，行と列の計で示されているように）変化していることを前提とする時，親の職業が子の職業にまったく影響していないとするならば，親子間の職業移動はどのようなものになるだろうか。そのことを考えるためには表11-4の行と列の計の欄をもとに，職業移動の期待値を考えればいい（これを完全移動という）。すなわち，子の職業は職業a，職業b，職業cでそれぞれ40，40，20になっているのだから，親職の影響がなければ，aの職業の親をもつ20人の子は4：4：2の割合で，それぞれ職業a，職業b，職業cに就くことになる。同様に，親職bの30人の子も4：4：2の割合で，それぞれ職業a，職業b，職業cに着くことになるし，親職cの50人の子も4：4：2の割合で，それぞれ職業a，職業b，職業cに着くことにな

る。この計算を行った結果が表11-5に示されている。

表11-5　社会Aの完全移動の表

		親の職業			計
		a	b	c	
	a	8	12	20	40
子の職業	b	8	12	20	40
	c	4	6	10	20
計		20	30	50	100

事実移動　70
強制移動　30
純粋移動　40

　この表11-5をもとにすると，強制移動は表11-4と変わらず30である。事実移動は $100-(8+12+10)=70$ となり，純粋移動は $70-30=40$ だ。

　ここで次のように考えることができる。もし，親の職業が子の職業に影響を及ぼさないとするなら，純粋移動は40となるはずだ。しかし，実際の純粋移動は表11-4で示されているように20である。したがって，$20\div40=0.5$ は，その社会の職業についての，親の影響によらない自由な職業選択の程度を表す。これが「開放性係数」の意味である。

　開放性係数は，別の時代や別の社会とくらべてはじめて意味をもつ。たとえば，上の例とは異なる次の社会Bを考えてみよう（表11-6）。ここでも，期待値を考えてみると表11-7のようになる。

表11-6　社会Bの職業移動の表

		親の職業			計
		a	b	c	
	a	8	10	12	30
子の職業	b	6	14	20	40
	c	6	6	18	30
計		20	30	50	100

事実移動　60
強制移動　20
純粋移動　40

表11-7　社会Bの完全移動の表

		親の職業			計
		a	b	c	
子の職業	a	6	9	15	30
	b	8	12	20	40
	c	6	9	15	30
計		20	30	50	100

事実移動　67
強制移動　20
純粋移動　47

　ここから，開放性係数は 40÷47＝0.851 となる。社会Aの開放性係数が0.5，社会Bの開放性係数が0.851であるから，社会Aよりも社会Bの方が開放性が大きい，すなわち職業移動の自由が大きいということになるのである。

　以上，社会階層との関連でジニ係数と開放性係数について解説してきた。これらの係数のもつ意味は大きい。しかしながらもちろん，これらは絶対的なものではない。社会の階層や不平等の検討に役立つさらによい指標はないかと社会学者は考え続けているのである。

自習のために

📗 文献案内

　逸脱や同調に関してはみておくべきいくつもの映画がある。『タクシードライバー』，『ゴッドファーザー PART II』，『暗黒街のふたり』などはここでみてきた逸脱の諸理論に関わっている。『カッコーの巣の上で』や『真夜中のカーボーイ』は本章だけでなく，本書のほかの章にも関連している。これらはみんな1970年代の映画だ。70年代になぜこんな映画が生まれたのかを考えるのも面白い。比較的最近のものとしては『ジョーカー』は必見だろう。若者文化に関するものとして『ウェスト・サイド物語』を紹介したが，『岸和田少年愚連隊』や『パッチギ！』も名作だ。『にっぽん昆虫記』『神々の深き欲望』『復讐するは我にあり』といった古い日本映画も，同調，逸脱，アノミー，共同体といった問題を考える際の参考になる。『セントラル・ステーション』は筆者が大好きな映画なのでどこかの章で紹介しようと思っていた。ここであげておくことにする。もちろん逸脱にも関わっている。

　本章に関わる基本的な文献としては，次の3冊をあげたい。『新版 非行の社会学』は少し古いがとてもわかりやすい。あとの2冊はこの分野の必読古典だ。
　大村英昭，1989『新版 非行の社会学』世界思想社

238

Durkheim, E., 1895, *Les Règles de la méthode sociologique.*（デュルケム『社会学的方法の規準』宮島喬訳，岩波文庫，1978）（デュルケーム『社会学的方法の規準』菊谷和宏訳，講談社学術文庫，2018）

Merton, R. K., 1957, *Social Theory and Social Structure* (revised ed.), Free Press.（マートン『社会理論と社会構造』森東吾他訳，みすず書房，1961）

さらに，読んでおくべき古典として，次の3冊をあげておこう。

Durkheim, E., 1893, *De la division du travail social.*（デュルケーム『社会分業論』田原音和訳，青木書店，1971）（デュルケム『社会分業論』井伊玄太郎訳，講談社学術文庫，1989）

Durkheim, E., 1897, *Le suicide.*（デュルケーム『自殺論』宮島喬訳，中公文庫，1985）

Becker, H. S., 1963, *Outsiders: Studies in the Sociology of Deviation,* The Free Press.（ベッカー『アウトサイダーズ』村上直之訳，新泉社，1978）

本章の最後では階級・階層について述べた。この分野に関しては『共産党宣言』は必読だ。『社会移動の研究』は日本の社会学の金字塔ともいえる研究なので紹介しておく。

Marx. K., & F. Engels, 1848, *Manifest der Kommunistischen Partei.*（マルクス・エンゲルス『共産党宣言』大内兵衛・向坂逸郎訳，岩波文庫，1971）

安田三郎，1971『社会移動の研究』東京大学出版会

本章では精神疾患や引きこもりといった重要な逸脱的現象については触れていない。社会学の観点からみても興味深い本を3冊だけあげておく。いずれもとても面白い。

中井久夫，1982『治療文化論』岩波書店（新版 岩波現代文庫，2001）

中井久夫，1990『分裂病と人類』東京大学出版会（新版 2013）

岡田尊司，2019『死に至る病 あなたを蝕む愛着障害の脅威』光文社新書

✎ 練習問題

(1) 上で紹介した映画からひとつ選び，本章の逸脱行動についての議論と関連させて映画解説をしてみよう。他の章の議論と関連させてももちろんいい。

(2) 現代の日本ではアメリカン・ドリーム的な出世を求める若者は多いのだろうか少ないのだろうか。時代的な趨勢はどうなっているのだろうか。このあたりのことを明らかにできるデータの所在を調べ，利用できるデータがあるならそれを使って事実を明らかにしよう。

⑫ 政治1：民主的決定

　これまで，社会規範や同調，逸脱について話をしてきたが，これは大きくいえば，ホッブズのいう「自然状態において，人びとはまず平和のための契約を思いつく」ということに関わる話だった。すなわち，人びとは規範を考え，それに従って社会の秩序を構築するということに関連する話だったのだ。

　ホッブズのそれに続く議論はこうだった。「しかし，人々がそのような平和のための契約を思いついたとしても，それは履行されることはない。なぜなら履行を保証する絶対的な権力がないからだ」。すなわち，政治権力が必要だというのである。そこで，今回と次回，政治について議論することにする。今回のキーワードは以下の通り。

◇**用　　語**◇

民主的決定，多数決，少数意見の尊重，政治的自由，情報公開，教育の役割，大衆社会，中間集団

◇**人　　名**◇

トクヴィル，コーンハウザー

12.1　政治と民主的決定

12.1.1　2つの疑問

　まず政治というものを次のように定義しよう。すなわち，多数の成員を拘束するような決定を行うこと，これが広い意味での政治である。政治をこのようにとらえる時，政治という現象はさまざまな場面で生じることがわかる。一般に政治については国家や自治体，国際関係について語られることが多いが，広い意味での政治的決定は家族や組織，学級やサークルなどでもなされるものなのである。

　さて，こういったさまざまなところでなされる決定の内，学級での意思決定について考えてみよう。今，学級会で「A君をいじめよう」という決定が，

多数決でぱっと決定されたとする。このような決定は民主的な決定といえるのだろうか。

こんな質問をすると，学生たちからはさまざまな意見が出される。多数決という手続きをとっているから民主的な決定だという学生がいる。いじめなどという人権に反した決定は民主的決定とはいえないという学生もいる。

こんなことも考えてみよう。民主主義は多数決をルールとして採用するけれど，他方で「少数意見の尊重」というのも民主主義ではとても大事だとされる。でも，この多数決と少数意見の尊重というのは矛盾しないのだろうか。

私たちは小さな時から学級会などを通して民主主義を学んできているし実践もしてきている。でも，こういった問いを突き付けられると，いじめの多数決による決定は民主的決定かどうか，少数意見の尊重と多数決は矛盾しないのか，ということで悩んでしまうのである。というわけで，今回は根本的なところから話したい。

12.1.2　民主的決定とは

民主的決定においては多数の意思が尊重され，多数決という決定ルールが採用される。全員一致や3分の2の承認といったルールが採用されることもあるが，これも多数決の一種だ。だから，多数決こそ民主主義だと考えられることも多い。しかし，多数決よりもさらに重要な必要条件が民主的決定には存在する。それは議論，あるいは対話ということである。

このことを理解するためには，なぜ多数決ルールが採用されるかを考えるといい。多数決が採用されるのは，多数者の意見がいつも正しいという考え方によるものではない。そうではなく，「正しいことがあればそれは多数者に理解される」という考えから生じたものである。「初めは少数者の意見であってもそれが正しい意見であるならば，対話を経てやがては多数者の意見になる」というのが民主主義が前提としている考え方なのである。

このような考えからすると，単に多数の意思や多数決ということで民主主義を定義することは，その決定を妥当だとする根拠をむしろ損なってしまう。単なる多数決を民主主義の原理と考えることは，むしろ多数決そのものを根拠づ

けている基礎を破壊してしまうのである。したがって，民主主義は「多数の意思」だけでなく「対話」も必要とすると考えなくてはならない。民主的決定とは「対話を重視し多数の意思に従った決定」なのである。対話を軽視しているという意味で，「強行採決」は多数決ルールに基づいていようとも民主主義的とはいえないのである。

　ここまで述べてきたことから，民主的決定には，対話によって妥当な見解をもつ多数派が形成されるという「議論の段階」と，その多数派の見解が決定において採用されるという「決定の段階」が含まれることがわかる。そして，対話の段階において妥当な多数派が形成されるためには，以下に述べるいくつかの条件が不可欠となる。

12.2　民主的決定の条件

12.2.1　意見表明に関して

(1)　意見表明の保証

　まず，意見を述べる自由が最大限，保証されていなければならない。言論の自由，集会・結社の自由といった政治的自由はそれ自体価値のあるものだが，それだけでなく，民主的決定というメカニズムを生み出す重要な歯車でもあるのだ。そのような保証がなければ，議論に基づいて妥当な意見をもつ多数派が生まれる余地はなく，それゆえ形式的に多数決を行ったとしても，民主的決定とは言い難い。

(2)　少数意見の尊重

　この際，少数意見の尊重ということがとても重要になる。少数意見の尊重と多数決は一見矛盾するようにみえるが，決してそうではない。「少数意見の尊重」は民主主義の第 1 段階「対話」に関わり，「多数決」は民主主義の第 2 段階「決定」に関わるからである。第 1 の「対話」段階において，「少数意見が議論によって多数派の見解になる可能性を十分確保しておく」ことは民主主義の絶対の必要条件である。それが将来多数派の見解になる一番いいアイデアかもしれないからである。

(3) 自由闊達な風土

以上のことは制度的に保証されているだけでなく，実質的に保証されていなければならない。そういった風土がなければ，大きな声をもつ者によって議論が支配され，表明されたならば支持を得ることのできたかもしれない妥当なアイデアが表に現れないといったことが生じる。

民主主義は，「よいアイデアはだんだんと大きな支持を受けるようになり，ついには多数派の支持を得る」という考えに基づいている。この原理を作動させるには「相手の意見が合理的ならば自分の意見を躊躇なく変える」という態度が必要となるが，それを実質的に保証するためにも自由闊達な風土が必要なのである。

12.2.2 情報に関して

(1) 情報の公開

民主的決定においては，情報の公開と共有は決定的に重要な意義をもつ。正しい情報をもとにしなければ，議論を経て，大多数が妥当な結論に到達することは不可能だからである。民主主義において，情報公開は「不正を防ぐ」といった消極的な意味だけでなく，「正しい情報をもとにアイデアを出し合って皆でよい解決策を考える」という積極的な意味をもっている。

(2) 記録の確保

民主的決定は，その時点での相対的に妥当な結論を導く手続きであるが，常にもっともよい結論を導くとは限らない。民主的決定を特定の時点についてのものだけでなく時間的な連続性をもつプロセスと考える時，過去の決定の誤りは次の意思決定に反映されねばらならない。そういう意味で，記録とその記録の公開が民主的決定には不可欠である。

この「記録と公開」によって，かつて「少数者の意見」として採用に至らなかったアイデアが，新たに多数派の支持を得て採用されるという事態が生まれ，民主主義がゆっくりと深化していくのである。記録を残すことには「責任追及の根拠」といった消極的な意義ではなく，「未来に向けてよりよい決定を行うための基礎」という積極的な意義があると考えなければならない。

12.2.3　教育に関して

(1)　教育の充実

　民主主義を存続させるためには教育はきわめて重要である。過去の教訓や現在の正確な情報をもとに合理的な判断を下せる人びとから集団が構成されていなければ，「対話によって妥当な見解をもつ多数派が生まれる」ことは難しいからである。

(2)　リーダーシップ

　以上で述べた自由な見解を表明できる条件作り，情報公開，記録の確保，教育の充実などは，民主的決定に不可欠のものだが，それらは全体でひとつのシステムをなしている。意思決定の場のリーダーに求められるのは，こういったシステムを維持・拡充することに他ならない。こういった資質をもつリーダーを養成することは，教育の重要な機能である。

12.2.4　最初の問いへの回答

　以上みてきたことから，最初の問いには次のように回答できることがわかる。すなわち，第1の「彼をいじめることを学級会でぱっと決める」という問いで，一番の問題は「ぱっと」という部分にある。これでは対話や議論のプロセスがない。だから民主的決定とはいえない。

　第2の問いについては，多数決と少数意見の尊重は矛盾しないというのが答えだ。少数意見の尊重は，議論の段階に不可欠の原理であり，多数決は決定の段階で採用される原理だ。多数決が正当化されるのは，対話によって多数は妥当な見解をもつにいたるという考えによるが，このプロセスがうまく機能するためには妥当かもしれない少数意見が表明されることが重要だ。それゆえ少数意見の尊重は後に多数決を行うために不可欠なものであり，それらは矛盾するものではないのである。

12.3　民主政治の危機

12.3.1　民主政治のコスト

　「対話と多数決によって妥当な決定をなすこと」として民主政治をみる時，

その実現にはいくつもの作業が必要であることがわかる。人は問題になっていることについて考えなくてはならず，他者の意見には耳を傾けねばならない。正しいと考えることは主張せねばならず，対立する意見に対しては説得しなければならない。そして，最終的には自己の立場を明確にして決定に望まなければならない。これらは確かに面倒なことである。そして効率の悪さも容易に予想できる。しかし，これらは民主政治が要請するコストであり，そのコストが払えなければ民主政治は瓦解せざるを得ない。

　コストの大きさから，「有能で善良なリーダーにすべてをまかせればいいんじゃないか」と考えるのも自然である。しかし，民主政治を重視する者はそのような「少数者政治」はまずいと考える。天使のようなリーダーはいつ悪魔のようになるかわからない。そして，いったん悪魔になったリーダーを排除することはなかなか困難である。決定を任されたリーダーには強力な権限が与えられているため，リーダー自らが自身を追放することができないように制度的条件を改変してしまうことさえあるからだ。ナチスの場合が典型例であるが，われわれの社会は長い歴史の中で何度もそのようなことを経験してきた。ではこのコストのかかる民主主義をどのように維持すればいいのか。鍵は中間集団にあると筆者は考える。

12.3.2　中間集団の危機

　政治参加に注目して社会を眺めてみる時，いろいろな種類の社会があることがわかる。選挙制度が十分整っており，また，選挙以外にも，さまざまな政治的要求を政府に訴える通路がある社会もあれば，政府が国民の要求をまったく聞き入れない社会もある。

　コーンハウザーはこのようなさまざまな社会を2つの軸に注目して分類した（Kornhauser, 1959）。第1の軸は人びとのエリートへの接近しやすさを表す。つまり，人びとが政治にどのぐらい参加できるかということをこの軸は表している。第2の軸は人びとの操縦されやすさを表す。この軸は，政府やマスコミ，あるいは他の団体などの暗示・説得に，人びとがどの程度容易に乗せられてしまうのか，抵抗なしにしたがってしまうのか，ということを意味する軸であ

る。これら2軸を組み合せると，共同体的社会，大衆社会，全体主義社会，多元的社会という4つの社会を導き出せる（図12-1）。

人々の操縦されやすさ

		低	高
政治参加の可能性	低	共同体的社会	全体主義社会
	高	多元的社会	大衆社会

出典）Kornhauser, 1959=1961『大衆社会の政治』p.42より作成

図12-1　4つの社会類型

　第1の共同体的社会というのは，政治への人びとの参加が限られており，かつ，人びとが政府などによって操縦されにくい社会である。人びとの参加の程度も低いが政府の権力も弱いというこの社会は，それなりに均衡した社会であったが，現代のほとんどの先進社会は，国家の強大化にともなって，すでにこの段階を離脱している。

　第2の大衆社会とは，共同体的社会の反対の性質をもつ社会である。そこでは，人びとは広範に政治に参加するが，自分自身の確固とした意見がもてず，世論操作などに乗せられて付和雷同的に行為する傾向がある。

　第3の全体主義的社会は，人びとの政治参加の程度は低く，政府による人びとの操縦が容易になされるような社会である。この社会では，政府が人びとに影響力を行使する通路はあるが，人びとが政府に影響力を行使する通路はほとんどない。

　最後の多元的社会は，いわば理想的な民主主義社会であり，政府の政策を絶えず合理的にチェックできる市民から構成されているような社会である。このような社会が多元的社会とよばれるのは，社会の中に多数の自立的な集団が存在するという特徴をこの社会がもっているからである。

　個人と政府の間に存在する集団を中間集団というが，中間集団の存在こそ民主政治の必要条件なのである。ばらばらな個人は政府の影響になかなか抵抗できないが，政府と個人の間に自立的な集団が存在することによって，人びとは政府からの影響に抵抗できるようになるし，政府に影響力を行使できるように

なるからだ。

　ところで，上で中間集団の存在が「必要条件」といったのは，それがあるだけでは十分といえないからである。民主主義の根幹には対話がある。そしてこの対話が成立するためには集団内部に基本的な信頼感が存在しなければならない。集団内での信頼に基づく対話は冷静な状況認識を生み出す。その状況認識やそれに基づく行動が，政府の活動に対するチェック機能をもつのである。トックビルは『アメリカの民主政治』の中で初期のアメリカにおいて，中間集団が民主主義に果たす機能がきわめて重要なことを指摘している。そこでの活動に垣間みえるのは，議論と参加を面倒なコストとしてではなく，それらを楽しむ姿勢だったのである（Tocqueville, 1835/1840）。

　では，現代の世界においてこういった中間集団は十分に機能しているのだろうか。残念ながらそうはいえないだろう。同業組合や労働組合といった仕事に関わる団体，自治会や町内会といった居住に関わる団体，宗教や教育に関わる団体など，さまざまな中間集団は衰退し続けている。参加している人びとの意識も活動を楽しみとしてではなくコストととらえることが一般的になってきているようだ。

　そんな中，インターネットの世界の中で，SNS といった新たな活動が生まれてきた。当初，それは新たなネットワークを構築し，人びとの議論を活性化し，合理的な参加につながるという期待もあった。しかしながら現在のところ，そこでの議論は民主政治が前提としているような，少数意見を尊重する信頼に満ちた楽しい対話からは程遠い。

　現実の中間集団をどう再構築するのか，ネット空間に新たに生まれた人びとのネットワークをどう成長させていくのか，これらは今後に開かれた問題である。押さえておくべきことは，どちらにおいても，基本的な信頼があってこそ有意義な対話が成立するということだと思われる。

自習のために

📖 文献案内

本章の議論は次の文献をもとにしている。

小林久高，2000「政治意識と政治参加の動態」間場寿一編『講座社会学9 政治』東京大学出版会，43-88

小林久高，1990「民主主義を実現するために一権力と参加」中野秀一郎編『ソシオロジー事始め』有斐閣

　この分野に関しては，なんといってもまず『12人の怒れる男』という映画をみてほしい。これをみると，この章に書かれていることの意味がクリアに理解できるはずである。同時にみてほしいのは『アラバマ物語』という映画である。これを同時にみないとどうもおめでたくなりすぎる。民主主義は歴史的に進化するものなのである。

　社会が危機的な状況になると人びとは容易に民主主義を手放す。このあたりのことについての作品にはいろいろなものがあるが，NHKスペシャルの『かくて"自由"は死せり～ある新聞と戦争への道』もいい。大正デモクラシーの崩壊の流れがうまくまとめられている。

　本章に関わる入門書としては，最近出た次の本をすすめたい。よくまとまっている良書だと思う。

宇野重規，2020『民主主義とは何か』講談社現代新書

　読んでおいてほしい古典は次のものだ。ゼミ生たちと『国家』を読んでいた時には，「ゼウスに誓って」という言葉がはやった。トクヴィルの冴えにはみんなで驚いた。「〈ルソー〉−〈ジャコバン主義〉＝〈デュルケム〉やな」なんていいながらルソーを読んだ。

Plato, (Πλάτων), 360 BC, *The Republic (Πολιτεία)*. （プラトン『国家（上・下）』藤沢令夫訳，岩波文庫，1979）

Rousseau, J., 1762, *Du contrat social*. （ルソー『社会契約論』桑原武夫・前川貞次郎訳，岩波文庫，1954）

Tocqueville, A., 1835/1840, *De la démocratie en Amérique*. （トクヴィル『アメリカのデモクラシー（第1巻上下，第2巻上下））』松本礼二訳，岩波文庫，2005/2008）

練習問題

(1)　『12人の怒れる男』と『アラバマ物語』をみて，民主主義には何が必要か，どのような条件で成立するか考えてみよう。

(2)　本章では中間集団について述べたが，人びとが自由にさまざまなことを語り合える集団や場にはいろいろなものがある。趣味のサークルや喫茶店という場もそういったものだ。人びとが集う集団や場をひとつ取り上げ，その歴史的な推移について調べてみよう。そしてその推移を生み出すものについて考えてみよう。

政治２：政治意識とイデオロギー

今回は政治意識について議論する。キーワードは次の通りだ。

◇ 用　語 ◇

政治意識，政治的有効性感覚，政治的疎外感，政治的無関心，政党支持，イデオロギー，アイゼンクのイデオロギー図式，イデオロギーの存在被拘束性，イデオロギーの虚偽性，イデオロギー４次元図式，民主主義，自由主義，社会主義，産業主義，全体主義

◇ 人　名 ◇

マルクス，マンハイム，アイゼンク

13.1　政治意識とイデオロギー

13.1.1　政治意識

　まず政治意識に関連する諸概念について整理しておこう。まず押さえておくべきことは，政治意識とは基本的には価値意識であるということである。政治とは社会を方向づける営みである。その方向づけには当然「このような社会にするのが望ましいのだ」という価値的判断が内在している。したがって政治に対する人びとの意識，すなわち政治意識も価値判断を含んだ価値意識と考えることができるのである。

　価値意識としての政治意識にはさまざまなものが含まれる。「社会を何らかの状態にするために，成員の多くの行動を拘束するような決定を行うこと」という政治の定義との関連で整理すると，それらは，決定の内容についての意識，決定の方法についての意識，決定主体に対する意識，それら全体に対する意識などに区別される。政党支持は決定主体についての意識，保革イデオロギーや争点についての意見は決定内容や決定方法についての意識，有効性感覚・疎外感・無関心などは政治全体についての意識である。

13.1.2　イデオロギーの概念

　次にイデオロギーという概念について。本章でいうイデオロギーとは「望ましい社会とはいかなる社会か」ということについての基本的な考え方のことである。イデオロギーは日常用語における「主義」にもっともよく対応している。この意味でのイデオロギーと関連する諸概念の関係について整理したものにアイゼンクのイデオロギー図式がある（図13-1）。

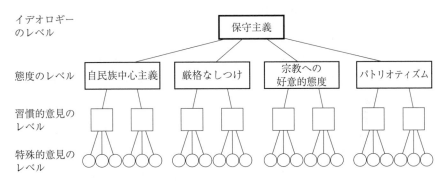

図13-1　アイゼンクのイデオロギー図式

出典）Eysenck, 1954, p.112

　図が示しているように，彼は，イデオロギーという一般的意識の下位に，順番に，態度のレベル，習慣的意見のレベル，特殊的意見のレベルが存在するとみなした（Eysenck, 1954）。

　本章で採用したいのは，態度や習慣的意見といった個々の概念ではない。そうではなくイデオロギーのもとにさまざまな政治的争点についての意見があり，全体として階統構造が存在するという考えである。政治的争点にはもちろん一般的なものから特殊なものまで存在する。「福祉を充実すべきか」という争点は「高齢者の医療費の自己負担率をどうすべきか」という争点に対してより一般的である。同様に，「環境保護を進めるべきか」という争点は「湖沼環境の保存をすすめるべきか」という争点に対してより一般的である。イデオロギー，一般的な争点についての意見，特殊的な争点についての意見という水準で，政治の方向についての意識が存在すると以下では考えることにしよう。

　階統構造という特徴に加え，イデオロギー概念についてもうひとつ押さえておくべきことは，存在被拘束性や虚偽性という特徴だ。これはマルクスの『経済学批判』やマンハイムの『イデオロギーとユートピア』で議論される論点だ（Marx, 1859; Mannheim, 1929）。

　存在被拘束性というのは，イデオロギーが人びとのおかれている物質的諸条件に影響されて形成されるという性質を意味する。これは「意識が存在を拘束するのではなく存在が意識を拘束する」というマルクス主義の基本的な議論に基づいている。時代によって人びとのおかれる立場はさまざまだ。現代の資本主義社会の中では私的所有権は人権の一部として最大限尊重される。私的所有権の尊重は現代の基本的なイデオロギーなのである。しかし，ずっと昔の封建社会ではそれほど確立された考えとはいえなかっただろう。だから，資本主義の成立とともにそのイデオロギーが生まれたともいえる。同じ社会の中でも階級が異なれば立場はちがう。こういった立場の違いもイデオロギーの違いに影響する。ブルジョワのイデオロギーと労働者のイデオロギーは異なるといったことになるのである。これも存在被拘束性という論点に関わる。

　もうひとつの特徴である虚偽性はこの存在被拘束性に関わる。基本的な発想は，「多くの人々は，イデオロギーが特定集団にとって有利な条件であることを知らず，騙されてそのイデオロギーを信じている」というものだ。「私的所有権の尊重というイデオロギーは労働者を含め広く人びとに受け入れられているが，それはブルジョワの営利追及の条件であり，労働者が本来もつようなイデオロギーではない。労働者は騙されているのだ」といった発想は，イデオロギーの虚偽的側面の指摘であり，そのようなイデオロギーは虚偽意識といわれる。

　2つの特徴は，イデオロギーが物質的根拠をもちつつも，宣伝などさまざまな影響を受け，人びとの間に無意識裡に受け入れられることを示している。以下で議論するイデオロギーは「望ましい社会とはいかなる社会か」ということに関する基本的な考え方のことだが，この意味でのイデオロギーにも，こういった側面があることは忘れないでおいたほうがいいだろう。

13.2　政治イデオロギーの整理

13.2.1　イデオロギーの4つの軸

　さて，一般的な政治意識であるイデオロギーについては，従来しばしば保守―革新，あるいは左翼―右翼というイデオロギーが議論されてきた。共産党が最左翼に位置づけられ自民党が最右翼に位置づけられるこのイデオロギー軸は，かつては（とくに55年体制初期には）確かに有効な軸であった。しかし，この軸だけでは，もはや政治イデオロギーを語ることはできない。実際，現代の政治的争点のひとつである環境問題を取り上げても，運動を進めることが保守的なのか，革新的なのかを判断するのはなかなか困難なのである。われわれは保守―革新というイデオロギー軸にかわる新しいイデオロギー軸を考えていかねばならない。そのためには従来主張されている種々のイデオロギーについて整理しておく必要がある。

　政治イデオロギーについては，民主主義，資本主義，社会主義，社会民主主義，自由民主主義，全体主義，伝統主義など，多くについての議論が存在し，それらを整理するのは非常に困難であるかにみえる。しかし，基本的な見地からすると，「政治はいかなる形態で社会を運営していくべきなのか」ということについての考えと，「政治的決定によっていかなる社会の状態が実現されねばならないのか」ということについての考えの2者から整理できると思われる（小林，2010）。このような考え方をとり，本章では運営方法と社会目標の双方について，それぞれ2軸を設定し政治イデオロギーを整理してみよう。

　運営方法に関する2つの軸とは，政治的意思決定に関わる参加志向の軸と，政府と人びととの関係に関する放任志向の軸である。参加志向の軸は一方の極に参加を，もう一方の極に委任をもっており，決定について，多くの者の意思に基づいてなされねばならないと考えるか，少数のエリートにまかせたほうがいいと考えるかということに関連する。この軸は前章での民主主義の定義の要素の一つである「多数の意思」に関わっている。一方，放任志向の軸は放任の対極に介入志向をもっており，政府の民間領域への介入を否定するか肯定するかということを意味する軸である。いわゆる「小さな政府か大きな政府か」とい

う問題がこの軸に関連している。

　これら2軸を考える際に注意しておかねばならないことは「言論の自由」を代表とする政治的自由の問題は，放任志向の軸ではなく参加志向の軸に位置づけられるということである。

　社会目標についての2軸としてここで取り上げたいものは，平等志向の軸と成長志向の軸である。これらはいうならば，「パイをどう分配すべきか」という問題と「パイを大きくすべきか」という問題に関わっている。平等志向の対極は不平等の許容である。一方，成長志向の対極には反成長志向が位置づけられる。この成長―反成長という軸は産業志向―反産業志向とも表現できる。産業発展と環境保護がバーターの関係であるということを前提とするならば，この軸は産業志向―環境志向とも表現できる。

　このように4つの軸からイデオロギーをとらえることは，既存の価値意識に関する議論の整理に役立つだろう。たとえば，イングルハートが主張した先進諸国における「物質主義から脱物質主義へ」という流れは，人びとの関心が，成長軸から参加軸に移り変わっていくことを主として意味しており，それを批判したフラナガンの「権威主義的価値から自由人的価値へ」という議論は，参加軸の内部において委任志向から参加志向へと人びとの意識が変化していることを主に述べていると考えられるのである（Inglehart, 1977; Flanagan, 1982）。

13.2.2　イデオロギー4次元図式

　参加軸，放任軸，平等軸，成長軸という4つの軸によって，さまざまな政治イデオロギーを整理したものが表13-1である（イデオロギー4次元図式）。そこではまず民主主義から産業主義までが基本的なイデオロギーとして設定されている。すなわち，民主主義とは参加―委任軸での「政治への人びとの参加」が重要とするイデオロギーであり，自由主義とは放任―介入軸での「政府の民間領域への非介入」をよしとするイデオロギーであり，社会主義とは平等―不平等軸での「平等な社会」を作ろうとするイデオロギーであり，産業主義とは成長―反成長軸での「物質的に豊かな社会」が重要だとするイデオロギーである。ここでの参加重視の民主主義イデオロギーは，必ずしも対話を志向するも

表13-1　イデオロギー4次元図式

イデオロギー名	政治の運営方法		政治が目指す社会の状態	
	参加―委任軸	放任―介入軸	平等―不平等軸	成長―反成長軸
	参加志向	放任志向	平等志向	成長志向
民主主義	+			
自由主義		+		
社会主義			+	
産業主義				+
権威主義	−			
伝統主義				
自由民主主義	+	+		
社会民主主義	+		+	
全体主義	− −	− −		

注1）表内に示されている「＋」や「−」は，各イデオロギーが基本的にめざす状態であ
　　り，その状態の実現に伴って生じる結果ではない。
注2）「＋」はその志向性が正の方向に強いことを意味し，「−」は負の方向に強いことを意
　　味する。

のとは限らないことには注意が必要だ。

　このような基本的なイデオロギーの組合せとしてさまざまな派生的なイデオ
ロギーを考えることができる。代表的なものは自由民主主義と社会民主主義だ
が，それらはそれぞれ，政治参加と民間領域の独立性をともに重要だとするイ
デオロギー，政治参加を重視しつつ平等な社会を実現しようとするイデオロギ
ーである。政府による介入の拒否と成長志向の組合せは自由競争主義とでも表
現できるが，オーソドックスな資本主義は本章の図式の中ではここに位置づけ
られる。

　基本的なイデオロギーの否定や否定の組合せによっても派生的なイデオロギ
ーができる。たとえば，伝統主義は産業主義の反対物として存在する物質的発
展を拒否し，社会の停滞を許容するイデオロギーであり，全体主義は，民主主
義の反対物である権威主義と，放任主義の反対物である介入主義とを合成し，
それを極端にまで押し進めたものと考えることができるのである。

　参加・放任・平等・成長というイデオロギーの4つの軸は論理的には独立で

ある。したがって，4つの軸がどのような値をとる社会も論理的には想定できる。参加・放任・平等・成長という社会も，参加・介入・平等・停滞（反成長）という社会も想像することは可能なのである。しかし，経験的な事実からすると，実現の容易な組合せと困難な組合せがあることは確かである。

たとえば，自由・社会主義というものを考えてみよう。上の図式からすると，それは，政府の介入を否定し，かつ平等を実現しようとするイデオロギーである。しかし，そのようなイデオロギーに従った社会を実際に発見することは難しい。経験的にいえば，所得の再分配など，政府によるなんらかの介入政策がなければ，平等の実現は困難だからである。

実現が容易か困難かには，時代の制約も関係している。たとえば，旧ソ連で目指されていたものは平等で豊かな社会であり，そのためには前衛の指導による民間領域への介入が必要であると考えられていた。それは上のイデオロギー図式でいうならば，委任・介入・平等・成長の組合せであり，前衛統制型産業社会主義とでも表現できるだろう。当初，このイデオロギーの組合せはある程度実効的なものであった。このイデオロギーによって，少なくとも旧秩序にくらべて，より平等で産業化された社会がもたらされたのである。しかしそれは永遠には続かない。ソ連の崩壊期において現れたものは，エリート主義的な介入政策に基づいて構成された成長の鈍化した平等とはいいがたい社会に他ならなかったのである。

このように，論理的には想定可能であっても，実現可能なイデオロギーの組合せには限りがある。そして基本的なイデオロギー対立は実現可能と信じられているイデオロギーの組合せの間で生じる。

13.3 現在のイデオロギー対立

13.3.1 2つのイデオロギー系列

現在，イデオロギー対立構造は「平等—介入—反成長」と「不平等—放任—成長」だと考えられる。このような組合せ間の対立構造になっているのは，かつての社会主義国の崩壊から，平等の実現のためには介入が必要だが，それは

同時に成長を阻害しやすいという認識が生まれ，それが今も信じられているからに他ならない。

図13-2はこのことを図式的に表現したものである。そこには，平等社会を目標とするならば，平等主義的な介入政策が必要であり，その結果，現実に平等は獲得できるかもしれないが，社会は停滞する可能性が高いこと，また成長する社会を目標とするならば，統制経済のようなことを行うよりも民間の自発性を尊重すべきであるが，副次的結果として社会は不平等になっていくだろうということが示されている。

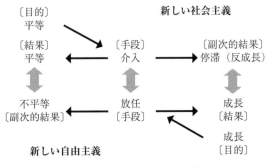

図13-2 2系列のイデオロギー

ここでは「平等─介入─反成長」という系列を「新しい社会主義」とよび，「不平等─放任─成長」の系列を「新しい自由主義」とよぶことにしましょう。新しい社会主義は成長に対する懐疑をより鮮明にしている点で単なる社会主義と異なる。また，新しい自由主義は不平等を積極的に肯定するものであり，いわゆる新自由主義はこれに含まれる。

13.3.2 民主主義の位置

参加軸・放任軸・平等軸・成長軸の4つの軸の内，参加軸を除いた3軸をもとに，2つのイデオロギー系列が抽出できたが，参加軸は両イデオロギー系列にどのように関わっているのだろうか。実は参加軸についてはこれら2つのイデオロギー系列との明確な関係を想定することはできない。新しい自由主義系列も新しい社会主義系列も，参加重視傾向になることもあれば参加軽視傾向になることもある。

　ひとつ指摘できそうなのは次のことである。すなわち，対話を重視した参加志向は穏健なスタイルでの２つのイデオロギー系列と結びつきやすいが，対話を軽視した参加志向は過激なスタイルで２つのイデオロギー系列と結びつきやすいということだ。対話を重視した参加志向は，前章での民主主義の定義に合致しており，「社会の４類型」では多元的社会に成立するものだ。そこでは多数の開かれた中間集団があり，成員相互の基本的な信頼感を前提としつつ親密な対話がなされる。こんな中で生み出されるのは調和のとれた意識であり，穏健な形をとる２つのイデオロギー系列が採択される。

　逆に対話を欠いた参加への渇望は，前章での「社会の４類型」の大衆社会で生じやすい。そこでの人びとは付和雷同的に動き，扇動にも乗りやすい。その結果，「すべてに管理が必要である」といった極端な介入志向，「平等は悪である」という極端な不平等志向，「産業をどんどん発展させればそれだけでいいのだ」という極端な成長志向が生じたり，あるいは逆に，「政府など不要なのだ」といった極端な放任主義，「完全無欠な平等だけが価値がある」といった極端な平等主義，「伝統に帰ることだけが正しい道である」という極端な反産業主義が生じたりする傾向が強くなる。

　図13-3はこのあたりの事情を説明するものだ。「対話あり状況」の山型カー

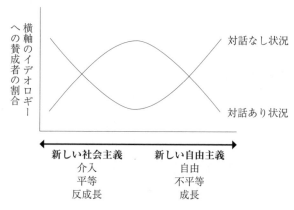

図13-3　新しいイデオロギー系列と民主主義

ブは穏健なイデオロギー系列の採用，「対話なし状況」の谷型カーブは過激な
イデオロギー系列の採用を示している。

　状況によって時代によって社会には山型カーブが出現したり谷型カーブが出
現したりする。山型カーブは調和した時代に出現し，谷型カーブは分断の時代
に出現するカーブだ。時に短期間に山型カーブが谷型カーブに変わっていくこ
ともある。

　カーブの形態の変化を生み出す要因の中でもっとも重要なのは中間集団の存
在とそのありようだろう。互いに信頼できるメンバーから構成され，楽しく対
話のできる開かれた中間集団があれば，カーブは山形になっていく。民主主義
の未来はこのことに関わっていると筆者は思う。

自習のために

■ 文献案内

　本章は前章と同様，次の文献をもとにしたものだ。
　小林久高，2000a「政治意識と政治参加の動態」間場寿一編『講座社会学9 政治』
　　東京大学出版会，43-88

　この分野についても関連する多くの小説を読んだり映画をみてほしい。『嘘つきア
ーニャの真っ赤な真実』（米原万里）といった小説，『よき人のためのソナタ』や
『キリング・フィールド』といった映画などからさまざまなこと感じてほしい。筆者
の大好きな映画『アンダー・グラウンド』もここにあげておこう。

　この分野に関して，これまで紹介できなかった筆者が執筆した文献をあげておく。
概念分析，計量分析，歴史記述，といった具合に分類するのが親切だと思ったのだ
が，そう簡単には分類できなかった。年数順に並べておくことにする。風変わりな
題のものもあって「えっ」と驚くかもしれない。
　小林久高，1995「政治社会学の基本構図」『奈良女子大学社会学論集』奈良女子大
　　学文学部社会学科，2：59-75
　小林久高・堀川尚子，1996「流動層のコミュニティ意識—その現実と可能性」『ソ
　　シオロジ』41-2：55-74
　小林久高，1997「地域社会における行政とボランティア」『地域社会教室論集』島
　　根大学法文学部，6：139-162
　小林久高，1998「地域集団と政治」間場寿一編『地方文化の社会学』世界思想社，

258

125-149

小林久高，2000b「政治イデオロギーは政治参加にどう影響するのか—現代日本における参加と平等のイデオロギー」海野道郎編『日本の階層システム 2 公平感と政治意識』東京大学出版会，173-193

小林久高，2002「漂流する政治意識」原純輔編『講座社会変動 第5巻 流動化と社会格差』ミネルヴァ書房，233-265

小林久高，2009「共同性の精神的基盤と社会階層—他者への信頼・弱者への配慮・不満・アノミー」『評論社会科学』同志社大学社会学会，87：1-28

小林久高，2010「投票行動と政治意識」日本社会学会『社会学事典』丸善，852-853

小林久高，2011「政党好感度・政党支持・投票行動—政権交代の基礎にあるもの」斎藤友里子・三隅一人編『現代の階層社会 第3巻 流動化のなかの社会意識』東京大学出版会，341-355

小林久高，2012「公共性の精神的基盤」『社会分析』日本社会分析学会，39：7-24

小林久高・猿渡壮，2014「幽霊と参加」『評論・社会科学』同志社大学社会学会，110：1-19

練習問題

(1) メディアで報道された犯罪をひとつ取り上げ，加害者になったつもりで，どんな気持ちでその事件を起こしたのかを考えてみよう。また，なぜそんな気持ちになるのか考えよう。また，それがなぜ犯罪とされるのか考えよう。

(2) 本章で解説したイデオロギーの概念を3.4で述べた「社会意識」に位置づけるとともに，6.2.3「社会的現実の構築」や7.4.6「資本の増殖」の議論にも関連づけてひとつの論文を作成してみよう。

(3) 社会学者の鈴木広は，現代社会について「たえず全体化する全体性と，たえず私化する私性」と語った。この言葉からあなたの受けるインスピレーションをもとに，現代社会を分析してみよう。

あとがき

　この講義の最初のところで，3つのことを重視して話を進めると述べた。第1は，受講者自身の身近な経験と関連させて社会学の内容を説明しようとしたこと，第2は，社会学の基本的な枠組をこの講義で提出するということ，これは具体的には「行為論的社会学」の枠組を提示し，その枠組のもとで議論することだった。第3は，この講義で「社会というものは一筋縄では解けない代物だ」ということを受講者に理解してもらうということだった。この第3の点がもっとも重視したことなのだが，うまくいっているかどうかは皆さんの判断を仰ぐほかはない。

　最初に述べたように，「一筋縄では解けない」というのは「絶対に解けない」ということを意味するわけではなく「簡単には解けない」し「解けたと軽々しく判断するのは危険だ」ということを意味する。筆者は自分なりにそれをなんとか解こうとしてこれまで努力してきたが，皆さんもこのことを心にとめると同時に，複雑で一筋縄では解けない社会の問題をぜひ解いていってほしい。

　そのために必要なのは，権威や常識や自己をそのまま信じることでもなく，それらを無視することでもない。それらを支える根拠を問う自由さを得ることである。皆さんには大いに頑張ってもらいたい。そして，この自由の獲得には，学問の自由や大学の自治はなくてはならないということを理解してほしい。大学生が自由であるのは，権利というだけでなく社会に対する義務でもある。自由を楽しんでほしい，自由に深く考えてほしい。そして自由に語り合ってほしい。そして自由を大切にしてほしい。

　「まえがき」でも述べたように，今回の書籍化にあたって「マルクスと資本主義」という項を付け加え，デュルケムの議論について補強した。もとの資料は行為論的立場からの講義に対応するものだった。そのため，ウェーバーの議論に比べ，デュルケムに関わる議論は少なく，マルクスの議論にはほとんど触

れていなかった。それでは現代社会の分析は弱くなる。

　デュルケムは「集団」から孤立する個人の不幸について語った。ウェーバーは「思想」の力とそれが人びとにとって思いもよらぬ鉄の檻を生み出すことを指摘した。マルクスは「資本」の巨大な力と疎外される人びとについて議論した。今の社会や未来の社会について考える際には，これらの巨人すべての力を借りる必要があると思う。新自由主義という「思想」が勢いづく現代社会では，「集団」から愛されず「集団」を愛せない孤立する人びとが増えてきており，その背後には「資本」の運動が見え隠れしているからである。皆さんはどう思うだろうか。皆さんが時代を乗り越える思想を生み出してくれることを期待したい。

　最後になったが，本書の出版を勧めてくださった山本努先生と，書籍化に際して数々の有益なアドバイスをいただいた学文社の田中千津子社長に厚くお礼申し上げたい。どうもありがとうございました。

2023 年 9 月

著　者

文　献

Adorno, T. W. et al., 1950, *The Authoritarian Personality*, Harper and Brothers.（アドルノ『権威主義的パーソナリティ』田中義久・矢沢修次郎・小林修一訳（部分訳），青木書店，1980）

青山秀夫，1951『マックス・ウェーバー：基督教的ヒューマニズムと現代』岩波新書

Arendt, H., 1964, *Eichmann in Jerusalem : A Report on the Banality of Evil* (rev. ed.).（アーレント『イェルサレムのアイヒマン：悪の陳腐さについての報告』大久保和郎訳，みすず書房，1969）

Asch, S. E., 1951, "Effects of group process and distortion of judgements", D. Guetzkow (ed.), *Groups, Leadership and Men*, Carnegie Press.

Becker, H. S., 1963, *Outsiders: Studies in the Sociology of Deviation*, The Free Press.（ベッカー『アウトサイダーズ』村上直之訳，新泉社，1978）

Bell, D., 1976, *The Cultural Contradictions of Capitalism*, Basic Books.（ベル『資本主義の文化的矛盾（上・中・下）』林雄二郎訳，講談社学術文庫，1976）

Berger, P. L., 1967, *The Sacred Canopy : Elements of a Sociological Theory of Religion*, Doubleday.（バーガー『聖なる天蓋』薗田稔訳，ちくま学芸文庫，2018）

Berger, P. L., & T. Luckmann, 1966, *The Social Construction of Reality : A Treatise in the Sociology of Knowledge*, Doubleday.（バーガー・ルックマン『日常世界の構成：アイデンティティと社会の弁証法』山口節郎訳，新曜社，1977）（バーガー・ルックマン『現実の社会的構成：知識社会学論考』山口節郎訳，新曜社，2003）

Bourdieu, P., 1979, *La Distinction : Critque sociale du jugement*, Minuit.（ブルデュー『ディスタンクシオン―社会的判断力批判（Ⅰ Ⅱ）』石井洋二郎訳，藤原書店，1990）

Bukharin, N. I. (Бухáрин, Н. И.), 1921, Теория исторического материализма.（ブハーリン『史的唯物論』佐野勝隆・石川晃弘訳，青木書店，1974）

Durkheim, E., 1893, *De la division du travail social.*（デュルケーム『社会分業論』田原音和訳，青木書店，1971）（デュルケム『社会分業論』井伊玄太郎訳，講談社学術文庫，1989）

Durkheim, E., 1895, *Les Règles de la méthode sociologique.*（デュルケーム『社会学的方法の規準』宮島喬訳，岩波文庫，1978）（デュルケーム『社会学的方法の規準』

菊谷和宏訳，講談社学術文庫，2018)

Durkheim, E., 1897, *Le suicide.*（デュルケーム『自殺論』宮島喬訳，中公文庫，1985）

Durkheim, E., 1912, *Les formes élémentaires de la vie religieuse.*（デュルケム『宗教生活の原初形態』古野清人訳，岩波文庫，1975）

遠藤周作，1982『イエスの生涯』新潮文庫

Eysenck, H. J., 1954, *The Psychology of Politics,* Routledge and Kegan Paul.

Festinger, L., 1957, *A Theory of Cognitive Dissonance,* Stanford University Press.（フェスティンガー『認知的不協和の理論　社会心理学序説』末永俊郎監訳，誠信書房，1965）

Flanagan, S. C., 1982, "Changing values in advanced industrial societies: Inglehart's Silent Revolution from the Perspective of Japanese Findings", *Comparative Political Studies,* 14-4: 403-44.

Freud, S., 1899, *Die Traumdeutung.*（フロイト『夢判断（上・下）』高橋義孝訳，新潮文庫，1969）

Freud, S., 1917, *Vorlesungen zur Einführung in die Psychoanalyse.*（フロイト『精神分析学入門』懸田克躬訳，中公文庫，1973）

Fromm, E., 1941, *Escape from Freedom.*（フロム『自由からの逃走』日高六郎訳，東京創元社，1951）

Goffman, E., 1961, *Asylums : Essays on the Social Situation of Mental Patients and Other Inmates,* Doubleday & Company.（ゴッフマン『アサイラム』石黒毅訳，誠信書房，1984）

Harari, Y. N., 2014, *Sapiens : A Brief History of Humankind.*（ハラリ『サピエンス全史（上・下）』，柴田裕之訳，河出書房新社，2016）

Hardin, G., 1968, "The Tragedy of the Commons", *Science,* 162: 1243-1248.

Harvey, D., 2010, *A Companion to Marx's Capital,* Verso Books.（ハーヴェイ『〈資本論〉入門』森田成也・中村好孝訳，作品社，2011）

Harvey, D., 2013, *A Companion to Marx's Capital, vol 2,* Verso Books.（ハーヴェイ『〈資本論〉第2巻 第3巻入門』森田成也・中村好孝訳，作品社，2016）

Harvey, D., 2017, *Capital and the Madness of Economic Reason,* London, Profile Books.（ハーヴェイ『経済的理性の狂気』大屋定晴監訳，作品社，2019）

長谷川正安，1969「マルクシズム法学と法社会学」藤田勇・江森五夫編『文献研究―日本の法社会学』日本評論社

波多野誼余夫・稲垣佳世子，1981『無気力の心理学』中公新書

Heider, F., 1958, *The Psychology of Interpersonal Relations,* Wiley.

日高晋，1988『経済学 改訂版』岩波全書

Hobbes, T., 1651, *Leviathan.*（ホッブズ『リヴァイアサン』水田洋訳，岩波文庫，1954）

Inglehart, R., 1977, *The Silent Revolution*, Princeton University Press.（イングルハート『静かなる革命―政治意識と行動様式の変化』三宅一郎・金丸輝男・富沢克訳，東洋経済新報社，1978）

Jackson, J. M., 1965, "Structural characteristics of norms", I. D. Steiner & M. Fishbein (eds.), *Current Studies in Social Psychology*, Holt.（ジャクソン「規範の構造的特質」香川健一訳，スタイナー・フィッシュバイン編『現代アメリカ社会心理学』田中靖政編訳，日本評論社，1970）

河合隼雄，1977『無意識の構造』中公新書

北村洋基，2013『改訂新版 現代社会経済学』桜井書店

小林久高，1989「権威主義・保守主義・革新主義―左翼権威主義再考」『社会学評論』39-4：392-405

小林久高，1990「民主主義を実現するために―権力と参加」中野秀一郎編『ソシオロジー事始め』有斐閣，121-137.（新版 1996）

小林久高，1991「社会規範の意味について」『社会学評論』42-1：32-46

小林久高，1995a「政治社会学の基本構図」『奈良女子大学社会学論集』奈良女子大学文学部社会学科，2：59-75

小林久高，1995b「合理的選択理論からの展開―秩序問題の経験的研究に向けて」荻野昌弘・正村俊之・三上剛史・中島道男・小林久高共編『社会学の世界』八千代出版

小林久高，1996「社会学的行為分析の基礎」『奈良女子大学社会学論集』奈良女子大学，3：197-217

小林久高，1997a「地域社会における行政とボランティア」『地域社会教室論集』島根大学法文学部，6：139-162

小林久高，1997b「社会学と主体性」『社会システム論集』島根大学法文学部，2：41-61

小林久高，1998「地域集団と政治」間場寿一編『地方文化の社会学』世界思想社，125-149

小林久高，2000a「政治意識と政治参加の動態」間場寿一編『講座社会学 9 政治』東京大学出版会，43-88

小林久高，2000b「政治イデオロギーは政治参加にどう影響するのか―現代日本における参加と平等のイデオロギー」海野道郎編『日本の階層システム 2 公平感と政治意識』東京大学出版会，173-193

小林久高，2002「漂流する政治意識」原純輔編『講座社会変動 第 5 巻 流動化と社会格差』ミネルヴァ書房，233-265

小林久高，2009「共同性の精神的基盤と社会階層―他者への信頼・弱者への配慮・不満・アノミー」『評論社会科学』同志社大学社会学会，87：1-28

小林久高，2010「投票行動と政治意識」日本社会学会『社会学事典』丸善，852-853

小林久高，2011「政党好感度・政党支持・投票行動―政権交代の基礎にあるもの」

斎藤友里子・三隅一人編『現代の階層社会 第3巻 流動化のなかの社会意識』東京大学出版会，341-355

小林久高，2012「公共性の精神的基盤」『社会分析』日本社会分析学会，39：7-24

小林久高・堀川尚子，1996「流動層のコミュニティ意識―その現実と可能性」『ソシオロジ』41-2：55-74

小林久高・猿渡壮，2014「幽霊と参加」『評論・社会科学』同志社大学社会学会，110：1-19

Kornhauser, W., 1959, *The Politics of Mass Society,* Free Press.（コーンハウザー『大衆社会の政治』辻村明訳，東京創元社，1961）

Laing, R. D., 1970, *Knots,* Tavistock.（レイン『結ぼれ』村上光彦訳，みすず書房，1973）

Löwith, K., 1932, "Max Weber und Karl Marx", *Archiv für Sozialwissenschaft und Sozialpolitik,* 67-2.（レービット『ウェーバーとマルクス』柴田治三郎他訳，未來社，1966）

Mannheim, K., 1929. *Ideologie und Utopie.*（マンハイム『イデオロギーとユートピア』鈴木二郎訳，未來社，1968）

丸山眞男，1964『増補版 現代日本の思想と行動』未來社

Marx, K., 1859, *Kritik der Politischen Ökonomie.*（マルクス『経済学批判』武田隆夫他訳，岩波文庫，1956）

Marx, K., 1867/1885/1894, *Das Kapital.*（マルクス『資本論（1-9）』岡崎次郎訳，大月書店，1972-1975）

Marx. K., & F. Engels, 1848, *Manifest der Kommunistischen Partei.*（マルクス・エンゲルス『共産党宣言』大内兵衛・向坂逸郎訳，岩波文庫，1971）

的場昭弘，2008a『超訳 資本論』祥伝社新書

的場昭弘，2008b『超訳 資本論 第2巻』祥伝社新書

的場昭弘，2009『超訳 資本論 第3巻』祥伝社新書

的場昭弘，2022『資本主義全史』SB新書

Merton, R. K., 1957, *Social Theory and Social Structure* (revised ed.), Free Press.（マートン『社会理論と社会構造』森東吾他訳，みすず書房，1961）

Merton, R. K., 1976, "The Sociology of Social Problems", R. K. Merton & R. Nisbet (eds.), *Contemporary Social Problems,* (4th ed.), Harcourt.

Milgram, S., 1974. *Obedience to Authority : an experimental view.*（ミルグラム『服従の心理』岸田秀訳，河出書房新社，1995）（ミルグラム『服従の心理』山形浩生訳，河出文庫，2008）

Mills, C. W., 1959, *The sociological imagination,* Oxford University Press.（ミルズ『社会学的想像力』鈴木広訳，紀伊國屋書店，1965）（ミルズ『社会学的想像力』伊奈正人・中村好孝訳，ちくま学芸文庫，2017）

三隅二不二，1984『リーダーシップ行動の科学（改訂版）』有斐閣

見田宗介，1965『現代日本の精神構造』弘文堂

見田宗介，1966『価値意識の理論』弘文堂

見田宗介，1978『近代日本の心情の歴史』講談社学術文庫

見田宗介，2008『まなざしの地獄』河出書房新社

見田宗介他編，1994『縮刷版　社会学事典』弘文堂

見田宗介他編，2014『縮刷版　社会学文献事典』弘文堂

中井久夫，1982『治療文化論』岩波書店（新版　岩波現代文庫，2001）

中井久夫，1990『分裂病と人類』東京大学出版会（新版 2013）

中島岳志，2013『秋葉原事件』朝日文庫

中島義道，2015『ヒトラーのウィーン』ちくま文庫

中村明子，2017『ビジュアルワイド　図解　聖書と名画』西東社

中野秀一郎編，1996『ソシオロジー事始め』有斐閣

Newcomb, B., R. H. Turner & P. E. Converse, 1965, *Social Psychology : The Study of Human Interaction*, Holt.（ニューカム・ターナー・コンバース『社会心理学』古畑和孝訳，岩波書店，1973）

NHK 世論調査部，1991『現代日本人の意識構造（第 3 版）』日本放送出版協会

野崎昭弘，2017『詭弁論理学　改版』中公新書

岡田尊司，2019『死に至る病　あなたを蝕む愛着障害の脅威』光文社新書

奥村隆，2014『社会学の歴史 I』有斐閣

奥村隆，2023『社会学の歴史 II』有斐閣

小野塚知二，2018『経済史：いまを知り，未来を生きるために』有斐閣

大村英昭，1989『新版　非行の社会学』世界思想社

大塚久雄，1966『社会科学の方法』岩波新書

Parsons, T., 1937, *The Structure of Social Action I, II*, McGraw-Hill.（パーソンズ『社会的行為の構造 1-5』稲上毅・厚東洋輔・溝部明男訳，木鐸社，1974-1989）

Parsons, T., 1951, *The Social System*, Free Press.（パーソンズ『社会体系論』佐藤勉訳，青木書店，1974）

Parsons, T., & E. Shils, 1951, *Toward a General Theory of Action*, Harvard University Press.（パーソンス・シルス『行為の総合理論をめざして』永井道雄・作田啓一・橋本真訳，日本評論社，1960）

Parsons, T., & N. J. Smelser, 1956, *Economy and Society*, Routledge.（パーソンズ・スメルサー『経済と社会（I，II）』富永健一訳，岩波書店，1958/1959）

Parsons, T., & R. F. Bales, et al., 1956, *Socialization and Interaction Process*.（パーソンズ・ベールズ『家族』橋爪貞雄他訳，黎明書房，1981）

Plato, (Πλάτων), 360 BC, *The Republic (Πολιτεία)*.（プラトン『国家（上・下）』藤沢令夫訳，岩波文庫，1979）

Riesman, D., 1950, *The Lonely Crowd : A Study of the Changing American Character*, Yale University Press.（リースマン『孤独な群衆』加藤秀俊訳，みす

ず書房，1964)

六本佳平，1986『法社会学』有斐閣

Rommetveit, R., 1955, *Social Norms and Roles*, Akademisk Forlag, Oslo.

Rousseau, J., 1762, *Du contrat social.* (ルソー『社会契約論』桑原武夫・前川貞次郎訳，岩波文庫，1954)

Russell, B., 1912, *The Problems of Philosophy.* (ラッセル『哲学入門』高村夏輝訳，ちくま学芸文庫，2005)

相良守次，1968『心理学概論』岩波書店

齊藤勇編，1987-1999『対人社会心理学重要研究集（1-7)』誠信書房

作田啓一，1972『価値の社会学』岩波書店

作田啓一他編，2011『命題コレクション社会学』ちくま学芸文庫

佐々木薫，1963「集団規範の研究：概念の展開と方法論的吟味」『教育・社会心理学研究』4-1

Schanck, R. L., 1932, "A study of a community and its groups and institutions conceived of as behaviors of individuals", *Psychological Monograph*, 43-2

Schutz, A., 1962, *Collected Paper 1 : The Problem of Social Reality,* (ed. by M. Natanson), Hague. (シュッツ『A. シュッツ著作集第1巻—社会的現実の問題[1]』渡部光・那須壽・西原和久訳，マルジュ社，1983)

盛山和夫，1991「秩序問題の問いの構造」盛山和夫・海野道郎編『秩序問題と社会的ジレンマ』ハーベスト社

白井聡，2023『今を生きる思想 マルクス 生を呑み込む資本主義』講談社現代新書

Sombart, W., 1913, *Der Bourgeois : Zur Geistesgeschichte des modernen Wirtschaftsmenschen.* (ゾンバルト『ブルジョワ：近代経済人の精神史』金森誠也訳，講談社学術文庫，2016)

Stouffer, S. A.,1949, *Studies in Social Psychology in World War II*, Princeton University Press.

鈴木晶，2004『フロイトの精神分析』ナツメ社

鈴木広，1983「たえず全体化する全体性と，たえず私化する私性」『社会学評論』34(2)：159-163

鈴木廣，2007「社会学50年の総括と展望（その2)」『久留米大学文学部紀要 情報科学科編』3：7-12

田中正人・香月孝史，2019『社会学用語図鑑』プレジデント社

田中正人・斎藤哲也，2015『哲学用語図鑑』プレジデント社

Tocqueville, A., 1835/1840, *De la démocratie en Amérique.* (トクヴィル『アメリカのデモクラシー（第1巻上・下，第2巻上・下)』松本礼二訳，岩波文庫，2005/2008)

上野千鶴子，1985『構造主義の冒険』勁草書房

宇野重規，2020『民主主義とは何か』講談社現代新書

Varoufakis, Y., 2017, *Talking to My Daughter About the Economy*, Bodley Head Ltd.（バルファキス『父が娘に語る美しく深く壮大でとんでもなくわかりやすい経済の話』関美和訳，ダイヤモンド社，2019）

我妻洋，1981『社会心理学諸説案内』一粒社

Weber, M., 1904/1905, *Die protestantische Ethik und der Geist des Kapitalismus.*（ヴェーバー『プロテスタンティズムの倫理と資本主義の精神』大塚久雄訳，岩波文庫，1989）

Weber, M., 1920/1921, *Gesammelte Aufsätze zur Religionssoziologie.*（ヴェーバー『宗教社会学論選』大塚久雄・生松敬三訳，みすず書房，1972）

Weber, M., 1921a, *Wirtschaft und Gesellschaft*, Erster Teil 1, Kap. 1.（ヴェーバー『社会学の根本概念』清水幾太郎訳，岩波文庫，1972）

Weber, M., 1921b, *Wirtschaft und Gesellschaft*, Erster Teil 1, Kap. 3.（ウェーバー『権力と支配』濱嶋朗訳，講談社学術文庫，2012）

Wittgenstein, L., 1922, *Tractatus logico-philosophicus.*（ウィトゲンシュタイン『論理哲学論考』野矢茂樹訳，岩波文庫，2003）

山之内靖，1997『マックス・ヴェーバー入門』岩波新書

安田三郎，1971『社会移動の研究』東京大学出版会

安田三郎，1981「社会過程と社会関係」安田三郎・富永健一・塩原勉・吉田民人編『基礎社会学 第II巻 社会過程』東洋経済新報社

安田三郎・富永健一・塩原勉・吉田民人編，1980-1981『基礎社会学 第I巻〜第V巻』東洋経済新報社

吉田敦彦，2013『一冊でまるごとわかるギリシア神話』だいわ文庫

Zimbardo, P. G. & H. C. Banks, D. Jaffe, 1977, "The psychology of imprisonment: privation, power and pathology", J. C. Brigham & L. S. Wrightman (eds.), *Contemporary Issues in Social Psychology,* 3rd. ed., Cole Publishing Company.

著者紹介

小林　久高（こばやし　ひさたか）

1958 年大阪府生まれ
関西学院大学大学院博士後期課程単位取得退学　博士（社会学）
島根大学法文学部，奈良女子大学文学部，同志社大学文学部を経て，
現在　同志社大学社会学部・教授

基礎社会学講義―社会学的分析の基本枠組

2024年1月20日　　第1版第1刷発行　　　　　　　　　　〈検印省略〉

著　者　小林久高
発行者　田中千津子
発行所　株式会社　学文社

郵便番号　153-0064　東京都目黒区下目黒 3-6-1
電話（03）3715-1501（代表）振替　00130-9-98842

乱丁・落丁本は，本社にてお取替え致します。印刷／株式会社亨有堂印刷所
定価は，カバーに表示してあります。

ISBN978-4-7620-3283-7